山崎明子

Yamasaki Akiko

近代日本の「手芸」とジェンダー

世織書房

目次

凡例

引用に際し旧漢字は新漢字に改めているが、仮名遣いはそのままとしている。

近代日本の「手芸」とジェンダー

序論

1　問題の所在

本書の目的は二つある。ひとつは、近代日本における手芸概念の形成とその奨励策を明らかにすることである。今ひとつは、手芸という行為が婦徳の涵養に深く関わるとする夥しい量の近代の言説を取り上げ、「手芸」が婦徳を象徴する行為として位置づけられたことを考察することである。

この二つの問題を解明することによって、近代日本において、国家に必要とされる女性が作り出される構造と、女性の国民化において「手芸」が果たした役割がきわめて重要かつ不可欠なものであったということが明らかにされるであろう。

本書が取り上げる明治期の「手芸」とは、現在認識されているような、個々人の嗜好によって選び取ることのできる趣味的な行為としての「手芸」と一致するものではない。今日的な意味において「手芸」とは、家庭内において行なう趣味的な制作とされ、その担い手の多くが女性であるとされる。この「家庭」「趣味」「女性」という語を取り上げるだけでも、「手芸」が家父長制・労働の階層性・ジェンダーという問題群と切り離すことができない問題であることは明らかであり、これらは必ずしも個人の趣味に回収できるものではない。この今日的な「手芸」が内包する家内性や趣味性、担い手のジェンダーというものが、「手芸」という手仕事に特徴づけられていった時期こそが明治という時代であった。

現在の「手芸」を特徴付けるものは、前述したように趣味性やアマチュア性である。家庭内において女性に与えられた労働の多くは必要不可欠な「家事労働」であるのに対して、「手芸」は女性に不可欠なものとされながらも、生活に不可欠なものではなかった。この点について上野千鶴子は梅棹忠夫の論をひいて明快に説明している[1]。

家庭の主婦が行なうすべての労働が家事労働だというわけではなく、主婦の労働の中には趣味的な水増し労働(梅棹はこれを「偽装労働」と呼ぶ)が含まれている。これらの水増し労働は、生活を豊かにするという名目によって行なわれ、「主婦」身分が成立した後、その身分に付随して生まれた労働であると上野は説明する。「主婦」身分が大衆化する以前、日常の家事労働は必要十分な衣食住を満たすことが要求されていた。しかし、「主婦」の誕生によって、それにともなう高水準の家事労働が発明された。一方で高度な家事労働に支えられた生活レベルを維持していくために、「主婦」が不可欠な存在となったのである。

近代に概念形成される「手芸」とは、生活の必需性が低く、趣味的であることから、上野の説明する「水増し労働」「偽装労働」の初期段階ととらえることができ、「主婦」の誕生と密接であるといえる。こうした「水増し労働」を行なうことができる「主婦」が誕生するためには、その背景に近代家族の形成や、近代産業構造の形成から波及した「家事の社会化」という現象が不可欠であった。

家事が私的領域から、公共化・市場化され、社会的生産によって代替、つまり社会化されることによって、家事労働は軽減するとともに、家事の内容は変化する。明治初期において「手芸」は養蚕・製糸・紡績などを含む広範な女性労働であったのに対し、それらの領域が産業化されるのにともなって家庭は製品を購入・消費する場となった。労働は外部化されるとともに、家事労働が軽減され、家庭内の女性に閑暇がもたらされる。その閑暇に行なわれる趣味的な家事労働が「水増し労働」「偽装労働」――たとえば「手芸」のようなもの――と呼ばれるものである。

本書が扱う「手芸」の多くは、家庭の主婦が閑暇に（実際には暇であるとは語られないが）行なう高度な家事労働であり、又、生活に必要不可欠なものではなかった。明治前期に製糸・紡績業の産業化によって、養蚕・製糸は家事労働から消え始め、さらには織布業や内職業としての造花や刺繍など、そして裁縫[2]もまた家事労働から省かれ、「偽装労働」としての「手芸」が形成されていくのである。

「手芸」は「偽装労働」であるがために、技能習得に言及されることが少なく、むしろ日常の閑暇を埋め続ける行為として美化されてきた。常に手仕事をし続けることによって閑な時間を過ごしてはならないこと、手仕事の技能は万一経済的な自立を迫られた時には家族の生活を支えるための技能となること、さらに「手芸」とは女性に適した仕事であることという言説によってジェンダー化されてきたのである。さらに、明治期の手芸論者たちは、「手芸」を行なうことによって女性に固有の徳が涵養され、高い婦徳へと導かれると繰り返し説いた。むしろそのことは、手芸技能を身につけること以上に重要視されていた。生活の必需品ではない「手芸」を、〈女性にとって不可欠である〉と「偽装」するための論理こそが「婦徳」による手芸奨励をめざす膨大な言説だったのである。

明治期において「手芸」は、初等教育から高等教育にいたるまで女子教育の中で満遍なく教授されるものとされ、また教育制度の中だけでなく、膨大な著作物によってその重要性が説かれた。その諸々の奨励策は、この時代の「手芸」が個々人の趣味によって選択される余地のあるものではなく、女性に必須の技能として位置づけられてきたことを物語っている。

本書は明治期における「手芸」の国家的規模による奨励策を検証することによって、その政治的意図を読み解く試みである。

まず最初に明治期における「手芸」について論ずるうえで前提となる諸概念を定義するとともに、日本近代における「手芸」を論ずるための前提となる三つの視座を提示する。

1 「芸術」のカテゴリーにおける「手芸」

「手芸」を論ずるための第一の視座は、芸術のカテゴリーにおける「手芸」の位置づけである。日本近代において形成された芸術の諸概念は技法上「手芸」と近似性を示しながらも、芸術概念に関する議論において、これまで「手芸」について論じられることはなかった。なぜなら「手芸」は芸術とはみなされないからである。ここでは、「手芸」の概念を定義するとともに、他の芸術領域との決定的な差異を導き出すものが近代のジェンダー規範であることを明らかにする。

現在の「手芸」とは、「手わざ、手先の技術およびそれによる製作活動をさし、主として糸・布を用いて、日常の生活を美しく豊かにするための実用品を作る手仕事の総称」[3]とされ、その特徴は「手仕事」、「糸・布を用いた制作」、そして日常性と実用性ととらえることができる。具体的には、「刺繍・編物・摘細工・紹刺・綴錦・染織・袋物細工・リボンアート・人形細工・押絵・組糸など」[4]をさしているとされる。

前記の辞書定義は、現在の「手芸」の一般的定義でありながら、「手芸」の最大の特徴を不可視化している。そのことを明瞭に論じているのが、飯塚信雄氏の『手芸の文化史』における、「工芸」と「手芸」の違いに関する叙述である。

同じ手仕事でありながら、手芸が工芸とどうちがうかというと、それは西洋の場合殊に、手芸には、家庭婦人の手すさび、つまり、それを生活の糧にするのではない単なるホビーか、または、よい家庭婦人になるための教養、という考え方がまつわりついているためではないだろうか[5]。

つまり、「手芸」は日常性や実用性を備えた「手仕事」という意味において「工芸」と明確な区別をすることができない。その差を決定付けるものは、作り手のジェンダーなのである。

さらに「手芸」を歴史的に見るならば、いわゆる「手芸」は、前近代には「お細工物」と呼ばれ、袋物制作や押絵などをさしていた。「お細工物」の制作者の多くは女性であったと想定されるが、「手芸」と「お細工物」が同一の概念であるとはいえない。前近代において「手芸」は「手わざ」とほぼ同義に用いられ、その担い手のジェンダーは特定されておらず、この広い意味での「手わざ」「手仕事」の中に、「お細工物」などの布の制作も含まれていたと考えられる。

一八七二（明治五）年の学制において、「手芸」と「女性」との分かち難い結びつきは制度化された。学制の「女児小学」では、「女児小学ハ尋常小学教科ノ外ニ女子ノ手芸ヲ教フ」（第二十六章）として、女子のみに家庭生活に関する科目を課している[6]。この場合の「手芸」は、広く女性の手仕事をさし、裁縫・機織り・洗濯・料理などを包括する広義の名称であった[7]。さらに養蚕や製糸なども、「手芸」としてとらえられた。この学制の中で、なぜ家庭生活全般の女性の手仕事を「手芸」という語で表したのか、またこのような科目の設定は、何を根拠としているのかはわからないが、一つ決定的なことは、「手芸」（現在の意味とは異なるが）とは、女性のみが担うものと位置づけられた点である。この広義の「手芸」概念は、広く明治期を通じて用いられてきた。その扱う領域は明確ではないが、しかし、現在の「手芸」概念とは異なり、養蚕・製糸・紡績・裁縫・刺繡・造花・押絵などが中心である。

このような広義の「手芸」が、現在使われるような狭義の「手芸」へと概念を変え始めるのは明治二〇年代前後である。さらに狭義の「手芸」が教科として明文化されたのは、一八九五（明治二八）年の高等女学校令制定の際であり、裁縫が正科目に、手芸が随意科目に編入されている。さらに一九〇一（明治三四）年高等女学校令施行規則では、手芸の範囲を編物・組紐・袋物・刺繡・造花などとし、狭義の「手芸」が制度化された。しかし、明治期を通じて両者は共存していた。そして、広義の「手芸」が次第に消えていくことによって、現在の「手芸」概念に近づいていったといえる。

以上のように「手芸」は、制度化される以前に明確な概念規定がなく、また技法や内容についても定められていない。つまり、「手芸」概念が編制される前後で共有されたミニマムな要素は、担い手のジェンダーの特定と、手仕事の技能という二点であるといえよう。

一九九〇年代以降の「工芸」に関する一連の議論は、「手芸」概念を定義するための重要な枠組みとなるものであった。北澤憲昭による『眼の神殿』[8]、高木博志による『近代天皇制の文化史的研究』[9]、そして佐藤道信による『〈日本美術〉誕生　近代日本の「ことば」と戦略』[10]等の諸研究は、近代日本における「美術」概念の制度化という問題を、資本主義の形成や近代思想の展開、そして近代国民国家の創出とパラレルな関係にあるものととらえ、美術の制度そのものが、近代天皇制にもとづく「日本文化」そのものの再編であり、創出であることを示した。

これら諸研究によって明らかにされたのは、「工芸」概念の前近代からの包括性と、近代以降の概念再編に伴って起こった「美術」という枠組みからの「工芸」の疎外、そして、近代化の過程において「日本的」なるものを演出していく際に行なわれた「伝統」としての「工芸」の保護というジャンル形成における政治であった。

「工芸」は産業的な側面と、美術的な側面の両者を持ちあわせることにより、その概念が変化する過程において「工業」と「美術」の狭間で多様化していった。美術のジャンルを表す用語である「絵画」「彫刻」「工芸」などの概念と制度は、いずれも明治期に成立し、近代の文脈に則って再編され振興が図られた[11]。前代においては、「工芸」は美術全般を包括する概念として用いられてきたが、「工芸」という語の持つ庶民階級のイメージと「工業」との混同を払拭する目的から、いわゆる現在の美術の領域を「技芸」の語をもって表すようになり、保護の対象となったとされる。この契機となったのが一八八八（明治二一）年の「帝室技芸員」制度であった[12]。保護の対象となった際には「技芸」として、また未来を創出する新たな概念として括られる際には「美術」として、「絵画」「彫刻」「美術工芸」などのジャンルを含む枠組みが形成されていった。この中で「工芸」は、明治初頭において「工業」との近似性を持ちながらも、次第に産業的な性格を消し、伝統性を付与され、一九二七（昭和二）年の帝展第四部「工芸」部門の開設によって「美術」の枠組みへの吸収という状況へとつながっていく。

これらの諸研究を踏まえて、改めて「手芸」という語を見るならば、「美術」に近づく「工芸」とも、「工業」に寄与する「工芸」とも異なる場に位置づけられることがわかる。端的にいうならば、「工芸」を吸収していく「美術」制度からも切り離され、そして工芸的要素を必要とした産業からも切り離され、二重の意味で社会の制度から疎外されていくのが「手芸」であった。この二重の疎外の意味を解く鍵となるのが、近代国家におけるジェンダー編成であり、女性と「手芸」を強固に結びつけるジェンダー象徴体系である。

「手芸」は、芸術のカテゴリーにおいて、「美術」や「工芸」という概念から、作り手のジェンダーによって切り離されてきた。また同時に近代的な「工業」からも、家内性という特徴ゆえに分断されている。さらに後に詳述するが、「手芸」は、伝統的技能を意味する「技芸」に包含されるとともに、「女紅」「女功」という制作者の性が特定されたものと近い意味を持つものとされることによって、「伝統的」に「女性」が行なってきた手仕事として位置づけられる。

2　近代国民国家における女性役割

本書の第二の視座は、近代国家における女性役割である。これは、本書が扱う日本近代の「手芸」を、ジェンダー論の視点から考察するうえで、その基盤となる社会構造と支配的イデオロギーについて検証するための視座である。

本書では、「手芸」の社会的機能を分析するための分析概念として「ジェンダー」[13]を用いる。すでに、「手芸」とは制作者のジェンダーに起因する概念であると述べているように、「手芸」の社会的機能の分析には、ジェンダー概念が不可欠である。

「ジェンダー gender」とは、第二波フェミニズム以降の文脈では、社会的・文化的な性差を表すものとして使われてきた。「セックス」を生物学的性差とし、「ジェンダー」を社会的・文化的性差とする定義は、一九八〇年代までは、男性を「主体」とし女性を「客体」とする男女の非対称なジェンダー構造を暴く分析概念として広く用いられ、これにもとづく議論において、女性はつねに男性を補完する位置に置かれるものと解釈されてきた[14]。

一九九〇年代以降のフェミニズム理論における新たなジェンダー概念の編制は、可変的な「ジェンダー」を根拠付けるとされる生物学的性差の自明性を疑問視する立場から行なわれてきた[15]。

中でも歴史学と深く関わる文脈でこうした提言を行なったのがジョーン・スコットである。スコットは『ジェンダーと歴史学』[16]において、ジェンダーとは単なる直接的な両性関係や性役割の問題ではなく、「肉体的差異に意味を付与する知」と定義するとともに、その人間が世界を認識、構築する際の基本的概念として機能するものであり、世界を秩序立てる知の権力としてとらえている。肉体的にカテゴライズされた「男／女」という既存の区別そのものが、もはやジェンダー化されたものであり、このジェンダーを刻印する過程こそが権力と不可分のものとされる。

つまり、スコットの議論に従えば、「手芸」というきわめてジェンダー化された事象が、その概念形成そのものに多様な権力関係を含みこみ、秩序立てられたものだといえる。

ジェンダー化された「手芸」をめぐる近代日本の諸状況は、支配的イデオロギーである家父長制の下に置かれている。「家父長制」とは、男性の女性に対する支配を可能にする権力関係の総体をさし、フェミニズム理論の鍵となる支配的概念である[17]。

ケイト・ミレットは『性の政治学』[18]において、家父長制とは、年長の男性による年少者の支配と、男性による女性の支配という、年齢と性による二重の支配制度であるという定義を与えた。ミレットは家父長制の概念を軸として、「政治」「権力」「支配」という概念を読み直すことから、男女関係を支配と従属の関係の事例であると指摘する。さらに、シュラミス・ファイアストーンは、家父長制を男性による女性の再生産に対する支配と定義している[19]。こうしたラディカル・フェミニズムによる家父長制の定義は、家父長制下の男／女の二項対立的な支配・従属関係を明らかにしたが、さらにジュリエット・ミッチェルは家父長制を資本制と関連づけることによって、家父長制と資本制の二元論的理論を提起した[20]。ミッチェルによれば、家父長制と資本制は相互依存関係にあり、ミッチェル以降、家父長制と資本制の関係性がこの議論の中心に置かれてきた[21]。

こうした議論の中でも近年、きわめて有効な定義をしているのがマリア・ミースである。国際分業における性分業が資本蓄積に貢献するとするミースは、資本主義と家父長制とが一体となって作用するという資本主義的家父長制の立場を採用する。

資本主義的家父長制とは、家父長制概念を史的唯物論の観点から省察するとともに、資本制を階級支配、家父長制を性支配と位置づけ、両者を統一することを意図して構築された概念である。つまり、家父長制は歴史貫通的な普遍概念ではなく、常に歴史的に可変性を持つ生産様式と密な関連を保ち、資本主義と一体となって社会の抑圧構造を作り上げるものとされる。賃労働と資本の間の中心的な生産関係が成立するためには、その前提条件として女性と土地（ミースは植民地を想定している）の領有が不可欠である。なぜなら、女性と土地は「天然資源」であるとともに、「生産手段」でもある。このように資本主義は家父長制にもとづく支配関係を前提として「発展」することが、自ずと内包されているのである[22]。

こうしたフェミニズム理論による社会構造の分析は、家父長制という大きなイデオロギーに関する分析に留まらず、そこから派生する諸事象の分析にも有効性を持つ。前述したスコットの議論から導かれるように、ジェンダーとは世界を認識し構築する基本概念であり、あらゆる秩序はジェンダーと不可分の関係に置かれているという認識に立つならば、その有効性は否定できないであろう。近年のジェンダー史をはじめとするジェンダー研究は、ジェンダー秩序にもとづく社会構造の分析によって、多くの成果をあげてきた。その成果をここですべて列挙することは困難であるが、本書に関わるいくつかの先行する研究にふれておきたい。

近年の国民国家論の中ではジェンダー的視座にもとづく新たな解釈が提出されてきた。国民国家とは、基本的に国境線で区切られた国土を領有し、主権在民と国家主権を特徴とする国家をさす。その国民国家の形成過程においてジェンダー規範が深く関わるとされている。西川祐子は『近代国家と家族モデル』[23]において、多くの国民国家が限定された男性市民のみを主権者とみなして出発したとして、そもそも国民国家が男性を国民とした男性家長の集合体であると指摘する[24]。このことから、国民と国家の両者がジェンダーによって規定されたものであるといえる。

国家の基礎単位である家族は、男性家長によって管理され、女性は家長に従属させられ、私的領域へ取り込まれた。さらには社会的地位の格差、性による賃金格差、加えて男性と女性の国民化の回路の違いにいたるまで、国家が有するジェンダー規範によって作り出されている。

この規範はすでに明治期に形成された社会のシステムに反映されている。国家は法によって婚姻と家族を規制し、家族政策、社会保障等により性別役割分担にもとづく生産と再生産システムを維持し、さらには、教育、文化政策、あるいはメディアを通じて、ジェンダーやセクシュアリティについての価値や規範を管理している。つまり、ジェンダー概念は国家および国家間システムを維持するイデオロギー装置の一つともいえる。

国家の枠組みそのものがジェンダー概念によって維持されるとともに、国家のさまざまな制度がジェンダー規範にもとづいていることから、近代「家族」やそこから派生する「母」「子ども」「主婦」「妻」など家庭領域を主な存在の場とする人々に関する諸概念もジェンダー研究の中心的テーマとなってきた。こうした問題は主に家族史、家族の社会史的研究によって明らかにされてきた。

フィリップ・アリエスの『〈子供〉の誕生』[25]に始まる家族の社会史的研究としての「近代家族」を相対化して見る視点を打ち出してきた。近代家族とは、保護と教育の対象として誕生した子どもを中心として、親子・夫婦が深い情緒的絆で結ばれた、親密かつ私的な家族をさす。市場化や産業化の進展、さらには近代国家の形成と関係して、家族がそれまで組み込まれてきた地域共同体から切り離され、家内性と公共性が截然と分離したことから成立した。同時に、女性は家内領域、男性は公共領域を司るという性別分業も確立する。こうした家族史の成果は、「家族」は普遍的なものではなく、近代に限定された歴史的特徴にすぎないことを明らかにし、それまでの家族観（家族を普遍的かつ本質的なものととらえる認識）を脱構築するものであった。これによって、社会学等の領域で「家族」を再定義する試みがなされ、その影響下で、自然的と思われがちな性役割もまた社会的・歴史的に構築されたとする枠組みを獲得した。

日本においては、この近代家族の生活様式の理想的状態を「家庭」という語によって表現してきた。主として、明治二〇年代前後に始まる家庭向けの雑誌出版[27]は、旧来の日本の「家」とは異なるものとして、欧米の小家族イメージを「ホーム」として理想化した。それは「家庭」[28]の語によって親密かつ慈愛に満ちた家族生活を表すものであった。「家庭」概念は、大正期の新中間層の出現とともに普及し、その生活形態は、夫婦と子どもによって構成され、子どもの教育や近代的な家庭経営を営むことによる合理的な生活が想定されていた。

近代「家族」研究とともに、国家のジェンダー規範との関連を問題としてきたのが国家における女性役割と女性の国民化に関する諸研究である。牟田和恵による「戦略としての女」[29]は、近代日本においてジェンダーやセクシュアリティの規範や性の秩序が、いかにして国家の観念や国民の意識に浸透するかという点を、女性の言説から導き出している。儒教的家族観や女性観への対抗的な手段として、「母」という性役割を確立し、女性たちが国民として自らの地位を高めていく戦略は、他方で廃娼問題などを経て女性のセクシュアリティの疎外を招いたことを歴史的に跡付けるものである。

また、小山静子は『良妻賢母という規範』[30]において、前近代の儒教的な女性観に対峙するものとして、「賢母良妻」という思想が、きわめて近代的な西欧思想として提唱されたと論ずる。さらに明治後半期には、「良妻賢母」主義として、公教育を通じて規範化され、普及し定着していくと論じている。

これらの研究が明らかにするのは、女性自らが国家の枠組みに適合する女性役割を選び取り、それが規範化されていくという女性の国民化の過程である。近代性を志向する意識によって女性たちが前近代的な女性役割と決別し、新たな女性役割を自らの意志で戦略的に担っていくのだが、その女性役割もまた規範化されていくという性役割固定化の原理の提示でもある。この根底には、二つの性役割のうち男性役割は経済的な報酬を伴う生産活動や方針決定を行なうものとされ、社会的に高い価値づけがなされ、その対極に女性役割が置かれているという構造的な問題がある。つまり、性役割の形成には、生産様式や家父長制が不可欠な要素として取り込まれている。この点を不問に付したまま繰り広げられた儒教的女性観との相克の歴史は、新たな女性役割を形成するのみに終始せざるを得なかったのだといえる。

「手芸」もまた、この構造的問題を踏襲している。広範で雑多な日常の手仕事を表す前近代からの「手芸」は、明治二〇年代から次第に狭義の家庭内装飾品を制作する「手芸」へと概念を変化させる。この狭義の「手芸」の担い手は、中・上流階層の女性たちであり、彼女たちは高い文化を担うものとして、この女性役割を自ら引き受けてきた。本書が論ずるのは、この新たな「手芸」という女性役割が、規範化され、社会に定着し、そして女性性の象徴的行為として価値付けられていくとともに、家庭内に限定された生産活動として周縁化されていく、まさにその過程である。

さらに、このように与えられた女性役割の最たるものが、「母」としての役割である。出産を中心とする再生産において、女性は「母」であることが必然的に求められていく。出産は、社会の再生産を可能にする要として、家父長制社会で重要な位置を占める。

「母」であるということは、単に出産の行為者・当事者というだけでなく、「母性」を有するものととらえられてきた。「母性」とは、「母親らしさ」と定義されるのが一般的であるが、これはきわめて限定的な定義に過ぎない。妊娠・分娩・哺乳にかかわる女性固有の生理的特性や身体的特徴の意味で用いられる場合から、わが子に対する母親としての保護、慈愛や献身的態度を意味する場合まで広く用いられる言葉である。

母親が育児に専念すべきだという母性観は、近代以降、近代家族の誕生とともに登場した理念である。日本では大正期の資本主義化の拡大に伴い、性別役割分担を支持する理念として母性と育児適性とを直結させて強調する傾向が顕著に認められるようになったが、その萌芽は明治期から見られた。資本主義的家父長制においては、生産を担う労働力を確保するために、男は仕事、女は家庭という性別役割分担が効率的と考えられたためである。そして、女性が育児に専念することをよしとする考え方は、良妻賢母思想とつながって、中産階級に浸透していったが、大半の労働者階級にとっては生活実態と乖離したイデオロギーであったと指摘される[31]。

以上のように、近代「家族」とそこから派生する女性・子どもに関する諸研究は、それらの近代における役割が国家のジェンダー秩序にもとづくものであったことを明確に示すとともに、このジェンダー秩序を基盤とする国家体制が創出・維持・強化されてきた側面を明らかにしている。

また、ジェンダー史の天皇制へのアプローチも、近年の皇后研究などに見られるように大きな成果をあげてきた。国民国家はしばしば家族イメージを用いて国民統合を図ってきた。家族国家観は、近年の研究[32]が明らかにするように日本特有のものではなく、国家君主を父のイメージで表象するとともに、その妻、皇后・女王を母のイメージで表象してきた[33]。日本の場合、天皇を父、皇后を母と位置づけることによって、男女は異なる役割を引き受け、異なる国民化の回路が用意されてきた。家族国家観とは、こうした性役割を内包し、ジェンダー秩序にもとづいて国民の精神的な統合を図るものであった。

天皇と皇后が性役割を担うことにより、両者はそれぞれの性にとってモデルとして機能してきた。こうした天皇と皇后の性役割は、天皇＝軍事・政治・近代産業であるのに対して、皇后＝看護・育児・教育・蚕糸業という対比で表わされた。皇后は前近代から女性が中心的に行なってきた領域を女性役割として担っているのである。さらに若桑みどりが示すように、皇后は女性の道徳的な模範でもあった[34]。つまり、男女の国民は異なるモデルを模範として、国民化の過程をたどることになる。

また、国民化の過程はジェンダーによって異なるだけではなく、所属する階層によっても異なっていた。所得や財産、学歴、職業、個人の文化的環境などを共有することによって構成される社会階層は、前近代の明確な階級性とは異なるが、明治期に入ってからも一定の社会集団を形成していた。華族・士族などの階層はいうまでもなく、本書第1章で取り上げるように中流階層の女性たちを集結させた婦人団体なども、そうした社会集団の一つと見なすことができる。女性の階層性について言及するならば、華族・士族などの中・上流階層の主婦から技能者や女工、下婢、女中さらに貧困階層というように、不明瞭な枠組みではありながらも、階層性を意識した社会集団が存在していた。

これらの諸集団は、モデルとなる皇后と直接つながっていたわけではなく、諸集団が階層化され皇后を頂点としたヒエラルキーを形成していたと考えられる。そして、皇后の示す規範が、この構造の中を上から下へと伝播していく。つまり、皇后の言葉や行為、皇后が示す徳や恩恵などは、こうした階層構造を通じて伝播し、女性の国民化に意識的な指標を与えていくのである。

本書は、「手芸」という象徴的行為が、婦徳[35]の獲得をめざすものとして奨励されていく構造を、近代日本における女性の階層構造から読み解くものである。まさにこの構造は、女性の国民化の一つの回路を示すものだといえよう。

3 産業構造における女性労働

本書の第三の視座は、近代産業構造における女性労働である。

資本制下の家父長制社会においては、男性と女性は、生産と再生産という労働をそれぞれ担わされている。再生産とは、もともとマルクス主義の用語であり、物質及び労働力の生産と再生産を通じて生産様式そのものの再生産を行なうことをいうが、フェミニズム理論の中では再生産を「人間の再生産」つまり生殖と育児という限定された意味で用いてきた。資本制は主に生産様式に、また家父長制は再生産様式に対応するものととらえられ、この再生産の領域は専ら女性にあてがわれている。

エンゲルスは『家族・私有財産・国家の起源』[36]の中で、生活手段の生産と人間自身の生産の双方を生産と見なしており、私有財産制のもとでは、家族の内部に生じる分業、つまり男性＝生業と女性＝家事労働の分業は、男性による生産手段やその成果の独占的所有を生み出し、それによって女性の隷属状態が作り出されるとしている。マルクス主義フェミニズムは、エンゲルスが「生産」と呼んだもののうち女性に割り当てられた部分を「再生産」としているが、基本的にはエンゲルスが示した構造を踏襲しているといえる。

生産／再生産の関係は、最も基本的な性別役割分担である。性別役割分担とは、役割つまり社会的地位に付随した行動様式が、各々の性によって区分・区別され、生物学的な男女によって担われる固定的な両性間の分業状態をさす。

前述したマリア・ミースによる家父長制的資本制という概念は、生産／再生産が男女の領域的区分であるとともに、支配／被支配関係を包含するものであり、さらには男性による女性の生産手段の領有という問題を提起するものであった。この議論は、「手芸」をめぐる女性の諸労働に明快な視角を与える可能性を持つ。女性労働は、家父長制と資本制によって二重に搾取・領有されている。家父長制は、女性を再生産のための「天然資源」と位置づけ、それは資本制において労働資源の供給の場となっていく。また、家父長制は、家事労働という無償の労働の場を女性に割り当て、資本制はきわめて低廉な労働力として女性労働を領有する。「手芸」とは、まさにこの構造の中に置かれた女性労働とみなすことができる。「手芸」は、家庭内において家族のために制作することであり、制作されたモノをさす。そして、「手芸」の技術や技能は、産業製品を作り出す基盤でもあった。日本の近代における蚕糸業、縫製業、被服関連業は、その労働力の多くを女性に頼りながらも、女性労働をきわめて低廉な労力と位置づけてきた。

つまり、女性の「手芸」技能とは、そもそも男性によって領有された生産手段であり、産業的には無価値もしくは低価値なものとされる一方で、家庭領域においては女性に必須の技能と位置づけられていく。つまり、家父長制と資本制という二重の支配によって構造化されたものだととらえることができる。

この生産／再生産関係によって、家父長制社会は大きく二つの領域を持つ。男性が従事する生産労働を公的領域とし、一方、女性が従事する再生産労働を私的領域とする。さらに前者は、公共性を有するものとされ、後者は家内性を有するとされる。このような公的領域――私的領域、また公共性――家内性の分離は、市場化や産業化の進展によって家族が生産能力を失うことによってもたらされた。市場労働への男性労働力の集結に対応して、家庭を社会の避難所・再生産の場とするこの分離は、前述した近代「家族」の成立に伴う現象ととらえることができる。

先に述べたように、日本近代、とりわけ本書が対象とする明治期においては、明治二〇年頃から産業構造の変化とジェンダーの再編成が進む。産業革命によってもたらされた市場化と産業化は、職住分離を引き起こすとともに、生産と再生産、公共性と家内性はジェンダー規範によって生物学男女によって担われることとなった。後者の領域とその属性を引き受けて「家庭」を主たる生活の場としてきたのが女性であり、出産・育児・家事をはじめ家内性労働（内職や家族の生活用品の制作）は「女性役割」として割り当てられた。

本書の主題である「手芸」とは、この「女性役割」の一つであると定義できる。「女性役割」とは「男性役割」

の対概念であり、両者を合わせて「性役割（ジェンダー役割）」という。ここであえて「性役割」について言及するのは、一九七〇年代以降のフェミニズムの中心的課題が、性差の社会的意味（つまり単なる性差に応じた役割分担ではなく、役割に価値が与えられ、価値の高低が男女に担わされ、社会化されたもの）に関する論究であったためである。

前項で述べたように、近代家族の成立に伴う男女の領域の区分と役割分担は、「母」を生み出すとともに「妻」「主婦」という存在も作り出した。「主婦」役割は女性役割であり、前節で扱うべき項目ではあるが、ここでは専ら家事労働の担い手として位置づけられる「主婦」を、女性労働という文脈でとらえておきたい。「主婦」とは、基本的に家事責任を負う既婚女性をさす。女性は必ずしも「主婦」と同義ではないが、「結婚」することが前提とされる社会においては、すべての女性が、主婦、もしくは主婦予備軍と見なされているのが現状である。日本の近代社会もこの例だと考えられる。アン・オークレーの『家事の社会学』[37]によれば、主婦役割の特徴は、①専ら女に割り振られる労働、②経済的依存、③認知されない労働、④主たる女性役割、の四点である。こうした特長を持つ「主婦の誕生」は資本主義の進展に伴う現象であり、市場の成立と職住分離によって、男性が賃労働に従事するのに対して、市場化されない家事労働を女性が担うことを要因としている。日本においては、大正時代に新中間層が成立し、ホワイトカラーが生まれ、同時期に家庭を憩いの場として理想化し、主婦という言葉が一般化する[38]。しかし「主婦」が一般化する以前から、中・上流階層において主婦役割は一定度認知された女性役割であった。それは、明治二〇年代から広がる「賢母良妻」という言葉にも表されるように、概念が一般化する以前、一部の階層において理念レベルでの普及があったといえる。

「良妻賢母」とは「良い妻」「賢い母」であれとする女性規範である。良妻賢母という語は前近代にはなく、明治に入り、一八七〇年代に「賢母良妻」、一八九〇年代になって「良妻賢母」という語が用いられるようになった。前近代の女性規範との決定的な違いは、妻と嫁という女性役割に貞操と従順を期待した明治以前から、明治以降、次世代の国民を育成するための母役割の重要性が主張されるとともに、妻役割に従順と家政の管理、さらには家族への献身を求めた点にある[39]。つまり良妻賢母主義とは、家内領域全体を女性の責任とし、再生産とそこから派生する家内労働を女性のみに担わせることを意図した、性役割固定化の論理であるといえる。

良妻賢母思想の登場は、教育制度に反映され、さらにその制度の中で裁縫や家事労働、また修身の中でも、女性に家内労働に従事することを強制してきた。一八九九（明治三二）年の高等女学校令の公布と、それ以降の高等女学校の設立は、良妻賢母思想の定着化の過程であり、その際のイデオロギー伝播もまた、中・上流階層から下の階層へと行なわれた。

教育制度を通じて行なわれた良妻賢母主義の伝播は、実際的な家内労働の技能の獲得と、女性性（フェミニニティ）[40]の獲得を二つの大きな柱としている。前者は技能向上と労働への順応を中心とする女性身体の問題であり、裁縫や家事労働に関する技能を学ぶことによって補完される。また後者は女性に期待される特性を内面化させることにより、家父長制に順応する精神的基盤を与えるものであり、主に修身によって補完されていった。

これまで述べたように、近代日本における女性の国民化の過程には、家父長制と資本制による社会構造を反映したジェンダー役割の分担が基本要件となっている。「家庭」という生活の場において、女性は「母」「妻」という女性役割を引き受け、良妻賢母思想によって女性役割は普及・強化されていったのだといえる。

以上のように、「手芸」をめぐる社会状況は、近代日本の家父長制と資本制、さらには近代家族・家庭・家事労働などの問題群の中に置かれている。本書は、これらの問題群の中で生み出された狭義の「手芸」が女性役割として位置づけられ、奨励されていく言説の分析であり、また「手芸」を通じて婦徳が伝播するシステムを女性の階層構造の観点から明らかにするものである。

2　先行研究

本書の扱う「手芸」が社会的に関連付けられる範囲はきわめて広範であるが、それらの諸領域における先行研究は前項において概ね示している。ここではさらにいくつかの先行研究についてふれておきたい。

これまで「手芸」を扱った先行研究は、家政学の領域が中心であり、「手芸」そのものの技能の研究や、手芸技能の歴史的研究などがなされてきている。たとえば、飯田晴康による「室内装飾としての刺繡——一七世紀イギリスの場合——」[41]や、小林昭子による「手編み手芸について」[42]など、被服研究の一領域として「手芸」は扱われてきた。また、飯塚信雄の『手芸の文化史』[43]は、現在までのところ手芸研究の唯一の単行本である。いずれも「手芸」の概念は自明のものととらえられている点で、共通している。

日本近代における「手芸」教育について、その制度と概念に関して詳細に論じた研究としては、桜井映乙子による「近代学校成立期における手芸教育」[44]をあげることができる。氏の研究は、学制において「手芸」と位置づけられたものが、現在の「手芸」概念と決定的に異なる点を指摘し、その意味で「手芸」の自明性を疑い、近代において作り出されたことを示唆する、本書の出発点となる研究である。

しかしながら現在まで、近代日本の「手芸」をジェンダーの視点から論じた研究は、皆無である。むしろ、「手芸」を社会のジェンダー構造の問題としてとらえる研究は、主に欧米の研究者によってなされてきた。

ロジカ・パーカーによる *THE SUBVERSIVE STITCH, Embroidery and the Making of the Feminine* [45]は、イギリスの刺繡を取り上げ、刺繡をすることが歴史的に女性性を作り出す行為であったことを明らかにしている。さらに、バーバラ・バーマン編による *The Culture of Sewing : Gender, Consumption and Home Dressmaking* [46]もまた、裁縫という家庭内の被服制作がきわめてジェンダー的な構造の中に置かれていることを示すものである。さらに、ノーマ・ブルードによる「ミリアム・シャピロとフィメージ」[47]は、手芸を題材としたフェミニスト・アーティストの作品分析を通して、手芸的作品がフェミニストの戦略としての有効性を持つことを示した。

狭義の「手芸」という問題だけでなく、ジェーン・シュナイダーとアネット・B・ワイナーによる『布と人間』[48]は、広く布とジェンダーの関わりを指摘し、女性の織布労働が社会的機能を有し、儀礼を通じて権力と不可分な関係にあることを論証している。

さらに、中谷文美による『「女の仕事」のエスノグラフィ　バリ島の布・儀礼・ジェンダー』[49]は、現在のバリ島の女性による布の制作が、儀礼やジェンダーと深く関わることを社会人類学の方法で示すものである。

以上のように、布とジェンダーが密接に関係付けられ、布に関わる労働が女性役割として位置づけられているという点については、美術史のみならず人類学の領域で注目されつつある。

これらの先行研究を踏まえて、本書の位置づけを改めて記しておこう。

第一に、本研究は、芸術のカテゴリーにおいて「美術」とも「工芸」とも位置づけられず、二重の意味で周縁化されてきた「手芸」を、担い手のジェンダーの問題ととらえることにより、近代日本において起こった芸術概念の編制が、「芸術」の枠組みの外部に女性的なものを位置づけていくジェンダー規範を内包していることを示唆するものである。

そのことにより、近代における芸術概念の編制を、これまで指摘されてきた資本主義の形成や近代思想の展開、近代国民国家の創出などとパラレルな関係にあるものととらえてきた近年の研究に、さらにジェンダーの視点を用いることにより近代的「芸術」が取り込まなかったものを提示し、近代芸術の枠組みの境界線を再定義するものである。

第二に、下田歌子研究は、これまで文学、教育、女性史の領域で研究が蓄積されてきたが、下田の手芸論は未だ論じられていない。実利実益主義という下田の女子教育思想の根幹ともいえる主張を具体化し、女子工芸学校において中心に据えられた「手芸」とは、下田の実践的教育活動の重要部分であると考える。本研究では、下田の社会構想を明確に示す一つの指標として「手芸」を位置づけ、さらに、その社会構想が近代日本において、女性を国民化していくセオリーとして有効性を持つものであったととらえている。下田の手芸論研究は初の試みであり、その意味で下田研究において新たな視野を開くものと考える。

第三に、近年の皇后研究が明らかにしたように、明治期の近代国家形成において皇后の存在は決定的な重要性を持っていた。これら諸研究は、国家における皇后の役割を包括的に論じたものであったが、本研究は、特に皇后の養蚕という事業に注目し、布とジェンダーをめぐる問題の中に位置づけるものである。皇后の養蚕については、近年その重要性が指摘されているが、その経緯や目的について明確に論じた研究はない。本研究は、皇后の養蚕を歴史的に位置づけるとともに、その言説の社会的な機能についての解釈を提示するものである。

第四に、本研究は、近代日本における「手芸」行為が身体的・精神的な女性の統御であるととらえる。国家において必要とされる女性役割を女性自らが引き受けていく構造は、まさに女性の国民化の過程であり、「手芸」とは女性の国民化のきわめて具体的な方法として制度化されたものと位置づけられる。この成果により、女性の国民化の新たな回路として「手芸」と女性労働の問題を提起するものである。

本書は、次のように構成されている。

第1章は、「下田歌子の社会構想と手芸論」として、下田歌子という明治期のイデオローグに焦点を当て、下田に関する考察を通じて、近代国家における女性統御のシステムの一つのパターンを提示することを試みている。下田の近代における「功績」とは、近代国家が女性をいかなる形で国民として統御し得るかという命題に対して、きわめて具体的かつ実践的な構想を提示した点にある。

下田の活動の中でも特に重視すべきものとして、イギリス留学からの帰国後、下田自身によって創設された帝国婦人協会の活動を中心とする女性の組織化があげられる。この女性の組織化の際に、教育機関の設置を中心とする大規模な社会構想が作り上げられた。帝国婦人協会の組織は、下田の社会構想をよく示しており、「教育」「文学」「工芸」「商業」「救恤」の五つの部門を基軸とした社会における女性役割を具体化したものであった。

この婦人会の組織化を通じて、下田は常に「実利実益主義」を唱え、その中核となるのが手芸論であった。本書は、下田が著した二冊の手芸テキストを分析し、そこに示された「手芸」観を明らかにしている。

下田の社会構想の軸となった「手芸」論は、手芸を行なうことによる身体的な矯正と精神の陶冶によって、女性が国家にとって有用な形、つまり妻として、母として位置づけられることをめざすものであった。さらに、この構想の頂点には皇后が位置づけられ、その下に階層化された女性たちが置かれている。

この女性の階層化と手芸論の結節点にこそ、下田が構想する「婦徳」の伝播システムを機能させる可能性を読み取ることができる。階層を超えて共有されるべき「手芸」の技能は、皇后においては「養蚕」という形で、中上流階級の主婦層には「手芸」という形で、そして下層の女性たちには「内職」や「女工」という労働形態として表われる。つまり、階層化によって分断された女性たちをつなぐ鍵となるのが「手芸」であり、あらゆる階層の女性たちが、不断の手仕事を通じて、婦徳を涵養していくことが必要とされていくことを論証している。

第2章では、下田の構想の頂点に位置づけられた「皇后の養蚕」について論じている。日本の近代化において、蚕糸業の発達は国家の大きな経済的基盤であり、養蚕・製糸・紡績などの諸労働の多くは女性によって担われてきた。そして、単なる労働力としてだけでなく、蚕糸業のさまざまな局面で女性が関わっていた。

「皇后の養蚕」は、一八七一（明治四）年に創出された。創出された明治初頭においては、国家の重要産業として蚕糸業の奨励を意図していた。これは、一八七三（明治六）年の皇后・皇太后の富岡製糸場行啓とも連動したイベントであり、国家の重要産業を担う「女性」つまり、富岡の工女たちを激励し、そのイベントを報道することによって、全国各地の女工たちが励まされていくことが意図されていた。しかし、この「皇后親蚕」はわずか二年間行なわれたにすぎず、その後は「皇后が養蚕をしている」という言説のみが、メディアで繰り返されていく。本書が問題とする「皇后の養蚕」とは、現実に皇后が養蚕をしているか否かではなく、むしろそれ以上に皇后が養蚕を行なうことがメディアの中で一人歩きし、その言説がいかに読み替えられていったのかという点に焦点を当てようとするものである。

明治一〇年代になると皇太后によって「親蚕」が行なわれる。これは華族養蚕所設置と並行して行なわれた事業であり、華族・士族授産という目的を持っていたと考えられる。また、宮中の財政政策とも関連している。

さらに、明治二〇年代以降、「皇后の養蚕」は新たな意味を与えられ、メディアの中で読みかえられ、育児・教育・手芸として位置づけられていく。特に、養蚕を「育児」の擬似行為として位置づけること、養蚕を「手芸」の最重要領域であるとすること、さらには皇后が養蚕を行なうことを見習うべきとする言説によって、女性にとって「育児」が不可欠であるのと同様に、「手芸」全般が重要な女性役割であるとされた。このことから「皇后親蚕」とは、常に同時代の女性の理想的あり方を示すべく、必要に応じて読み替えられてきたものであり、明治二〇年代以降はとくに、良妻賢母育成の一つのモデルを提示したものととらえることができる。

本章では、布の持つ象徴体系と「皇后」という女性の象徴性、さらには「養蚕」の持つ象徴性を検討することから、「皇后の養蚕」という一つの事業の社会的意味を明らかにしている。

第3章では、近代日本における「手芸」奨励の具体的な事例を取り上げ、女性を「手芸」へと駆り立てる言説と制度を検討している。

「手芸」とは、制作者を女性に限定した言葉であり、家庭内で使用される物や家族のために制作された物、またはその制作行為をさし、基本的にアマチュアの手仕事をいう。このことから、「手芸」はジェンダーと不可分であり、女性性と強く結びつけられてきた。

明治期の「手芸」の主たる担い手である女性は、中・上流階級の女性たちで、基本的に就労の必要度の低い環境に置かれた階層であった。この時期の女性に向けられた言説は、女性が労働をすることを卑しいものとする一方で、遊惰な生活をすることに対しても批判的であり、この階層の女性たちは、常に賃労働ではない家庭内の無償労働をすることが奨励された。家庭内の無償労働は、家事全般と育児、上層の家庭では家政の管理が女性の役割であった。賃労働に従事することのない女性たちは、家庭内を装飾する優雅な物を作ることが勧められる。一方で、自立するには足りない限定的な制作がよしとされた。「手芸」とはまさにこうした要求に適った「労働」であったといえる。

制作品の価値が家内性を強くおび市場価値が低いこと、また制作品ではなく制作過程に意義を見出そうとすることから、「手芸」とは、女性がモノを作る行為そのものに大きな価値を与えようとするものであった。

本章では、手芸テキストや教育制度を検証することによって、このように女性を常に「手芸」をし続ける身体として位置づけ、制作へと駆り立てる根底に、「婦徳」の獲得という目標を定める手芸奨励システムを明らかにしている。

最後に本研究の結論として、近代日本における「手芸」について、その社会的機能と近代国家における意義を述べていく。それによって明らかになるのは、今、私たちの生活の中に漠然とした形で存在している「手芸」なるものが、近代に形成される資本主義と家父長制を両軸として、美術でもなく、工芸でもなく、そして産業でもないという意味においてあらゆる「生産」から排除された場に生成されたものだということである。

第1章　下田歌子の社会構想と手芸論

1　はじめに

近代日本における「手芸」の意味を読み解くことを目的とした本書では、「手芸」というジェンダー化された概念が社会的にどのように機能し、どのような人々を巻き込み、いかなる意味を持たされ、そして何をなし得たのか、という問題について論じていく。

「手芸」がいかにジェンダーによって規定された概念であるかについては、序論ですでに述べている。「手芸」は基本的にその作り手が女性であることを前提とした概念であり、女性が行なう手仕事を総称して用いられる概念であった。制作に用いる材料や素材、技巧、手法、題材などにかかわらず、女性が作るものを「手芸」としてとらえることができ、作り手のジェンダーこそが、手芸を「手芸」として規定する最大要素であると言える。

明治期の「手芸」とは、たとえば刺繡、押絵、造花などの諸領域をさすが、これらを担うとされた女性たちは、主として中・上流階層の女性たちであり、日常、賃労働に従事していない女性たち、つまり主婦が担う家庭内の手仕事こそ「手芸」としてもてはやされたものであった。

女性たちにとって「手芸」とはきわめて有用な手仕事とされた。なぜなら、「手芸」を行なうことは、その作業時間はおとなしく座っており、外を出歩くこともなく、さらに家庭内で用いられるはずの「作品」を作ることであり、自らの「家庭」について思慮を深めることとみなされたためである。

明治二〇年代以降、女子中等教育の普及と女性向けメディアの増加に伴ない、「手芸」は中産階級以上の女性だけでなく、家庭のあらゆる女性にとって不可欠なものとされるようになるが、その際、皇后を頂点とする皇族、華族女性から一般の女性、さらには工場労働に従事する女工、下婢までも含んだ「女性」集団が意識されるようになる。

女性は「女性」という性別の枠でカテゴライズされ、集団として共有すべき女性役割が設定される。生物学的な女性に起因する出産、育児、そこから派生する教育、介護、看護などの女性役割の固定化は、国家が国民として女性を統御していく際、女性が自らの「意志」で女性役割を担うことを通して自らを国家に有用な存在として意識化するという国民化の過程の重要な手段となり得た。

つまり、女性を国民として統御するという問題において、階層による女性の分断と、「女性」として大きくカテゴライズする統一が同時進行で行なわれたと考えられる。階層性による統御と、ジェンダーによる統御という二重の仕組みである。

この階層構造を利用した女性統御のシステム――つまり皇后を頂点とするヒエラルキーの明確化と、それに準じてあらゆる階層の女性を「国民」として位置づけていくシステム――をきわめて具体的に構想をした人物として、本章では、下田歌子に注目する。下田歌子は、明治期の女子教育のイデオローグとして、また実践女学校の創設者としてよく知られている人物である。

本章では、第一に、近代における女性統御の一つのパターンとして下田の提示する社会構想を取り上げる。特に、下田が創設した帝国婦人協会の組織とこの協会の下部組織として設立された女学校群は、女性を階層化するものでありながら、一方で「女性」であることによってのみ共有される理想を掲げることによって、階層による分断とジェンダーによる統一（囲い込み）を明確に示すものである。

第二に、下田が著した手芸論――『女子の技芸』『女子手芸要訣』の二冊――を取り上げ、下田による「手芸」という技能を通じて行なわれる女性役割の学習の奨励言説を明らかにする。女性は女性役割を担うことによってはじめて「国民」となる。この女性役割の重要性を認識させ、意識を高めていくことこそが、下田の手芸論の核心である。

以上の二点、つまり女性を国民として統御するうえでの社会のフレームの構想と、その啓蒙の言説を、下田の著作及び同時代の社会背景から明らかにしていこう。

2　下田歌子の社会構想

1　下田歌子という人物

下田歌子は一八五四（安政元）年八月八日、美濃国恵那郡岩村（現在の岐阜県恵那市岩村町）に岩村藩士平尾鍒蔵・房の長女として生まれ、幼名は鉐《せき》といった。祖父東条琴台は幕末の儒者であり[1]、父平尾鍒蔵もまた儒者である。岩村藩は、幕府の新藩であったが、平尾家は勤皇派であったため、藩内では異端視されており、鍒蔵は一八五七（安政四）年と一八六七（慶応三）年に二度にわたり幽閉されている。そのため鉐は祖母貞の教育を受けたとされる。

明治維新の際、祖父である東条琴台が一八七〇（明治三）年に、新政府より宣教使少博士に、父鍒蔵も宣教使史生となり上京する。それに伴い、鉐は一八七一（明治四）年四月八日、父の後を追って上京する。上京後、鉐は歌人・八田知紀や加藤千浪の門に入り和歌を学ぶ。同年、琴台の説が平田学派と対立し、琴台は職を失う。

一八七二（明治五）年一〇月一九日、一九歳の時、鉐は宮中の女官に登用される。この人事に関しては、おそらく鉐の歌の指導をしていたことから、宮中の歌道御用掛八田知紀、もしくは、その高弟高崎正風が推挙したものと考えられる。宮中に出仕し宮内省十五等に補せられた後、鉐はその歌才を認められ、昭憲皇太后により「歌子」の名を与えられる（以下、「歌子」と記す）。

歌子が宮中に登用された背景には、一八七一（明治四）年八月一日に女官総免職の方針が下されたことにより、すべての女官が罷免され、官位にしたがって任命し直されるという後宮の改革があった。この改革により、歌人税所敦子や歌子ら、武家出身者登用の道が開かれていった[2]。

この宮中出仕を機会に、歌子は宮中での人脈を作り始める。宮中を辞するまでの七年間に、佐々木高行、高崎正風、元田永孚、伊藤博文、山県有朋等、当時の文化人、宮中の権力者たちの知遇を得ており[3]、その人脈は、その後の歌子の活動に大きな影響を与える。この間フランス語を仏人セラゼン[4]に学び、また、和漢洋学を加藤弘之や福羽美静に学び、さらに宮中女官の先輩にあたる税所敦子と深い親交を結んだとされる。

以上のように、歌子の思想形成期は、儒学者の祖父および父親から与えられた儒教的思想基盤と、宮中で作り上げた人脈にもとづいた国学、和漢洋学、さらに歌道、外国語など多様な学問とが大きな影響を与えていたと考えられる。これらはその後歌子が諸活動を実践していくうえでの素養と活動基盤になったといえる。

一八七九（明治一二）年に、歌子は七年にわたる宮中奉仕を辞し、翌一八八〇（明治一三）年、旧丸亀藩士で東京府士族の下田猛雄と結婚した。

一八八二（明治一五）年、宮中での経験を生かし、歌子二九歳の時に女官時代に知遇を得た伊藤博文、山県有朋、井上毅など政府高官たちの要望と援助で、自宅にて私立桃夭《とうよう》学校（桃夭女塾、下田学校）を創設して、華族や上流子女の教育を始めた[5]。桃夭女塾では、国文・漢学・習字、源氏物語の講義や作歌（和歌）の指導が行なわれ、塾の支援者であった伊藤や井上が自らの娘を入学させていた。これは歌子が女子教育に携わる第一歩であったといえる。

一八八四（明治一七）年五月、夫猛雄が三九歳で死去し、歌子は短い結婚生活を終える。夫の死後、歌子は、子爵鳥尾小弥太に禅学を学んだ時期を経て、その直後の七月には再び宮内省御用掛を命じられ、華族女学校（女子学習院の前身）創設の仕事を任命される。一八八五（明治一八）年には華族女学校が開設され、歌子は幹事兼教授に任ぜられ、校長事務を代行した。さらに翌一八八六（明治一九）年、華族女学校学監に任ぜられている。

以上、下田歌子の思想基盤を作った人脈について記したのは、これらがその後の歌子の活動のさまざまな場面での選択に、影響を与えていると考えるためである。歌子が儒教的思想基盤を幼少から獲得し、それに明治政府の中核的な文化人たちの影響が加わることによって作り上げられた思想基盤は、歌子が明治期の主要な女子教育者として立つうえで必須のものであった。

華族女学校学監をしていた歌子は、一八九三（明治二六）年九月一〇日に横浜を発ち、欧米諸国の女子教育の状況、つまりイギリス王室の皇女教育や、フランスやドイツなど各国の女子教育の視察を目的として渡欧した。この滞欧生活がその後の歌子の女子教育構想に与えた影響は少なくない。

歌子の英国視察に関しては、大関啓子の論考に詳しいが、氏によれば、この歌子の渡欧に対しては「宮内省や華族女学校から反対の動き」があり、そのため、本人の願い出という形で許可されたものとされる。歌子はこの時、華族女学校の学監を辞し、教授職は在任のままであった[6]。しかし、「皇室からは金六千円が下賜され」[7]たということなどから、実際に「反対の動き」というものが如何なる理由によってなされ、どのような経緯のものであったかはわからない。しかしながら宮内省と華族女学校、さらに皇室との間には、歌子に対して異なる期待があったことが想定され、その背景には差し迫った問題——皇女教育の必要性——があった。

歌子の欧米視察の主たる目的は、明治天皇の第六皇女・常宮昌子および第七皇女・周宮房子両内親王の皇女教育のための教育視察であった。明治天皇の子どもは五男十女あり、一八七九（明治一二）年八月三一日に生まれた柳原愛子の皇子である第三皇子嘉仁（後の大正天皇）の前後は、一八八八（明治二一）年九月三〇日に生まれた園祥子の娘・第六皇女（後、竹田宮家）以前、すべての皇子・皇女が死産もしくは夭折している。一八九〇（明治二三）年一月二八日には、同じく園祥子を母とする第七皇女（後の北白川宮家）が生まれた。歌子の欧米視察は、これら皇女たちが学齢期に達したことにより、皇女教育の必要性が問われていた時期に行なわれた。出立の同年の春、視察に先立ち歌子は、皇太子及び皇女御養育主任の伯爵佐々木高行に推挙され、両内親王の御用掛の内命を受けている[8]。

佐々木高行伝『明治聖上と臣高行』には、次のようにある。

時代に順応せる女性とならば、海外より来朝せる貴婦人と接しても恥ぢなき御方とならせ給ふやう教育し奉るには、東宮妃及び皇女御補導の任に当るべき適当の者を、海外に派遣して、親しく彼の地の女子教育を視察せしめねばならぬと、伯は深く考慮する所あり、其の任には皇后宮の思召にて、華族女学校の学監を勤める下田歌子の他にはない[9]。

ここには、皇女教育並びに東宮妃教育は、来日した海外の婦人たちに恥じない「時代に順応」した女性をめざすことが明確に記されているとともに、その教育に当たる者には海外視察を課す必要があることが示されている。さらに、皇后の意思により歌子が選ばれたとされている。皇女教育の急務とその教育に当たる者の人選において、宮中の生活を経たとはいえ士族出身の歌子が皇女の教育係となるためには、その「資格付け」としてヨーロッパへの派遣が必要であったことが読み取れる[10]。

下田歌子の留学期間の最大のイベントとして、しばしばヴィクトリア女王への謁見が取り上げられる。歌子は、一八九五（明治二八）年五月、ヴィクトリア女王に十二単姿で謁見したとされるが、それは二年間の留学期間の最終の時期であった。もともと、歌子の留学は一年間とされていた[11]が、延長の願い出によって実際には二年間となった。皇女教育の視察という目的ではあったが、再度にわたって留学延長が認められてきた背景には、女王への謁見もまた、歌子の留学目的の一つとして重視されていた可能性がある。この謁見は、先にあげた佐々木伝にあるように、海外の貴婦人と接するに恥じない女性であることを象徴的に示すものとなり、歌子の視察の最大の成果と位置づけられた。

また、歌子は本来の目的である女子教育視察もロンドンを拠点に精力的に行なったとされる。歌子の視察範囲はイギリスのみならずヨーロッパ諸国におよび、オックスフォード大学をはじめ、湖水地方のウィンダミア、スコットランドのエジンバラ、また、ローマの四つの公立学校、パリの宗教女学校やドイツの女子学校へも訪れている。そして、彼女はそれらの校内の衛生や食事にいたるまで細かに観察している[12]。

二年間の留学中、歌子は主としてロンドンに滞在し、イギリスの女子教育現状とヨーロッパ各国の女子教育を調査し、それと同時に女性の社会的な地位や風俗をも見聞する[13]。これらの見聞は、帰国後、『泰西婦女風俗』『泰西所見　家庭教育』『欧米二州女子教育実況概要』『英仏独墺白瑞米女子教育の大要』『英国ヴィクトリア女皇謁見の印象』などの草稿や書簡にまとめられている[14]。

一八九五（明治二八）年八月、二年間におよぶ留学視察をおえ、歌子はヨーロッパからアメリカを回って帰国する。当初の目的どおり、帰国後明治天皇の第六皇女・第七皇女である常宮・周宮両内親王御用掛を命ぜられ、皇女教育の任を引き受けた。しかし、皇女教育制度の改革までは、歌子自身の留学期間延長などの理由から実現にはいたらなかった[15]。

歌子の滞欧期間の視察については、後の節で詳述するが、大関が述べるように、「ほぼ二年間の滞欧生活は、下田の女子教育観に大きな変化をもたらし」、それが、「帝国婦人協会の設立、ひいては実践女学校の開設への原動力になった、といっても過言ではない」[16]。
イギリスから帰国し三年ほどを経て、一八九八（明治三一）年一一月、歌子は帝国婦人協会を組織し、自らその会長となった。この協会は、教育・文学・工芸等の諸方面にわたって婦人の地位向上をはかる目的を持つものである。翌一八九九（明治三二）年には、同協会の機関誌『日本婦人』を刊行し、協会の普及活動を行なうとともに、同協会の附属組織である女子教育機関を設立し、協会の意図する社会構想を具体的に実現していった。歌子は自ら女子教育機関の校長となり、活動に従事していた。さらに、一九〇一（明治三四）年には、愛国婦人会を設立し、翌年には同会機関紙『愛国婦人』を発刊する。

この時期の歌子の活動は、主に婦人組織の運営と、女子教育への尽力という二点に絞られている。一九〇三（明治三六）年には、東京府下渋谷町常盤松旧御料地二千坪を借り、実践女学校新校舎を建設し、さらに一九〇五（明治三八）年には、実践女学校に清国留学生部を設け、赤坂区桧町に分教場を置くなど、実践女学校の基盤作りとその拡充を図る。実践女学校の経営は順調で、清国奉天省より官費留学生二三名の教育を委嘱され、他に私費留学生二一名を入学させている。以後一九一四（大正三）年まで清国各省より留学生を受け入れ、九十余名の卒業生を出すこととなった。清国からの留学生受け入れに関する上沼八郎の詳細な研究は、実践女学校に限らず多くの教育機関において、清国からの留学生を受け入れ、教育していたことが明らかにされており、こうした清国から日本への留学が、日本の帝国主義と連動していたことも示唆されている[17]。

一九〇六（明治三九）年には、華族女学校が廃止され学習院女子部となったことにより歌子は学習院教授兼女学部長に任ぜられるが、翌一九〇七（明治四〇）年、学習院女学部長を辞任する。その後、歌子は実践女学校の運営を中心に活動するとともに、その他日本各地の女学校の校長および名誉職となっていく。さらに、一九二〇（大正九）年に愛国婦人会会長に就任することなどから、全国規模の女性の組織において、その長として女性を組織・統率する役目を果たしていたといえる。

晩年の歌子の主な活動としては、一九一八（大正七）年、大日本婦人慈善会経営順心女学校の校長に就任。また、一九一九（大正八）年、滋賀県神崎郡五箇荘町淡海女子実務学校（現、淡海女子専門学校）設立に際し、その顧問となっている。一九二一（大正一〇）年には、逓信省貯金局女子従業員の教育を目的として明徳女学校を設立し校長に就任しており、さらに一九二四（大正一三）年、愛国婦人会本部内に愛国夜間女学校を設立し、その校長に就任する。一九二五（大正一四）年には、淡海女子実務学校を継承して校長となり、実践女学校より教師五名を派遣している。一九二九（昭和四）年には実践女学校に付属夜間女学校を設けている。

こうした女子教育機関の拡充は、女子教育の地方への普及と、夜間部の設置による女性労働者の就学推進をめざすものであり、歌子がより広い地域と階層の女性たちを啓蒙していくための土台となるものであった。同時に、歌子は婦人会組織の活動も重視しており、特に、愛国婦人会会長となった翌年一九二一（大正一〇）年には、同会会長として、樺太および朝鮮・満州に出張しており婦人会の普及活動を行なっている。また、関東圏を襲った一九二三（大正一二）年九月の関東大震災の惨害に対して、愛国婦人会と実践女学校を中心として、罹災者救援活動を展開し、その活動は年末にまで及んだとされている。

一九二七（昭和二）年、高齢に達していた歌子は、愛国婦人会会長を辞し、同会本部顧問となり、一九三〇（昭和五）には、淡海高等女学校の校長職をも辞する。この時期には、下田の活動は、教育・婦人会ともに終息していき、一九三六（昭和一一）年一〇月八日、下田歌子は肺水症のため逝去した。

2　同時代のイギリス女子教育

前節で述べたように、下田歌子は宮中を辞し、渡英するまでの間に宮中での有力者との親交を深め、人脈を作り上げ、自らの思想基盤を作りつつあった。しかし、イギリスから帰国直後の帝国婦人協会設立と、その附属機関であった女子教育機関を構想するには、このイギリス留学が欠かせない要素であった。この二年間の留学で歌子が得たもの、それが歌子の教育活動と女性統御の構想に重要な役割を果たしているものである。したがって、歌子がイギリスに留学した時代のイギリス女子教育のジェンダーシステムを見る必要がある。

〈ドメスティック・イデオロギー〉

ジューン・パーヴィスは、ヴィクトリア朝の社会構造について、「人々の経験は社会階級によって異なったが、それのみならず、性差によってもまた区別されていた」として、たとえどの社会集団に属する女性であっても、ヴィクトリア朝社会の家父長制的性格を獲得させられ、「このために女性は常に男性よりも劣った二流市民であった」と述べる[18]。このことは、この時代のイギリスの社会構造が社会階級によって明確に区分けされていたことと同時に、ジェンダーによって区別されていた側面がきわめて重要であり、その二重の社会区分によって人々の生活規範が構成されていたことを示すものである。

ヴィクトリア朝の家父長制的性格は、法律上だけでなく、社会的、経済的、政治的、教育的な広範囲の慣行に及ぶものであり、この基盤には、一九世紀中葉までに中産階級の支配的文化の中に定着・浸透する家庭重視（ドメスティック）イデオロギーがあった[19]。女性は妻、母として、あるいは結婚前の娘（扶養家族）として、家庭および家族という私的領域に置かれ、一方男性は、有償労働と政治と職業という公的領域に多く関わり、妻や家族に対して経済的政治的責任を負うものとされることにより、近代社会における男女の領域の分断構造が作り上げられていた。

パーヴィスによれば、中産階級の家庭重視イデオロギーは、批評家らの書物や言論によって強化されたが、それは大きく三つの考え方が前提となって成立している[20]。第一に、「男女には別個の領域があるという考え方が、男性と女性との生物学的差異に基づく『自然な区分』であるとして唱導された」[21]こと、第二に「女性はまず何よりも妻であり母である」との前提に立ち、「基本的に、男性と子どもとの関係からその在り方を決定される相対的な存在であり、自立した存在でないという考え方」[22]があったこと、そして第三に「女性は男性よりも劣り、男性に従属するものであるという考え方と連結され」[23]ていたことがあげられている。

こうした思想と言説によって、男女の空間は、労働の場と家庭の場に切り離された。生産と消費が分離されることによって、「労働」という公的領域と「家庭」という私的領域の分離は促進されていった[24]。このことは、一八世紀末から一九世紀中頃にかけて発達した家庭外の工業、商業、工場のシステムによるものであり、その影響は中産階級のみならず、労働者階級の「家族」へも波及するものであった。

家庭重視イデオロギーによって作り出されたジェンダー・ステレオタイプは、「女らしさ」を家庭への愛着と他者への奉仕、従順さ、弱々しさなどと同一視し、一方「男らしさ」を、有償労働と権力と支配という競争的な世界の生活に関わることと同一視するものであった。

〈ヴィクトリア朝の「女らしさ」〉

このヴィクトリア朝の「女らしさ」は、階級によって二つの「女らしさ」に分けられていたことをパーヴィスは指摘する。ひとつは、「淑女らしい主婦」であり、もうひとつは「善良な女」である。前者が中産階級の理想的女性像であったのに対して、後者は労働者階級のそれであった。このように階級によって異なる理想が掲げられ、それに向かって邁進するシステムが構築されることにより、すべての女性が理想を共有し、団結していくことが妨げられ、この状況は変革されることはなかったとパーヴィスは述べる[25]。

「淑女らしい主婦」とは、家事の有能な経営者であり、単調な家事労働をこなす若い雑役女中を効率よく雇う女主人であり[26]、また同時に夫のために安全と調和と休息と快適さを備えた「家庭」という「天国」を創造する女性であった[27]。一方、「善良な女」とは、料理、育児などの家事一般を、勤勉かつ几帳面に、そして慎ましい方法でこなすことができる、実用的な「家政婦」のような女性をさす[28]。この「善良な女」という理想は、「産業化と都市化に付随した多くの問題、とりわけアルコール中毒や犯罪、乳幼児死亡率の上昇など労働者階級の生活上の問題に対処する解決法のひとつであると考えられた」[29]。つまり、労働者階級の女性を文明化し、理想とされる中産階級の家族生活の様態を模倣させようとするものであり、そのために、労働者階級の女性を勤勉な家事労働者と位置づけ、理想の家庭生活を「質」を落として実現しようとするものであった。ヴィクトリア朝のジェンダー政治においては、このように労働者階級の女性たちを啓蒙し、自ら「善良な女」となることを選び取らせていくことによって、いくつかの都市問題を解決することを意図されていた。その背景には彼女たちを啓蒙することを社会正義とする中産階級に属する人々の働きかけがあり、この社会正義に応えるために、労働者階級の女性たちは彼らの理想を自らの労働によって補完する者ととらえられたのである。

〈ヴィクトリア時代の女子教育〉

こうした中産階級文化を強く持つヴィクトリア時代において、各々の階級では具体的にどのような女子教育が行なわれていたのか、それこそが、下田が精力的に視察をした教育システムであったはずである。

まず、労働者階級の少女たちの教育とは、「良き」家事奉公人として、その次には「良き」妻、「良き」母として、家庭の中で家事雑用をこなしていくことであった[30]。そのため、この階級の少女に特に適切であると考えられたのが裁縫であった。裁縫は、女性労働に就くための職業訓練の一部でもあり、また将来、母や妻となるための準備の一環であるともされていた。彼女たちの教育の場は主に日曜学校であり、そこでは生徒たちより高い社会階級出身の人々が教鞭を取り、労働者階級の少女たちを階級的・社会的に支配し、教化していた。まさに「貧民の堕落したとされる言動や急進的傾向を攻撃するイデオロギーを擁した福音主義の保守的な制度」[31]であるといえよう。

労働者階級の少女の教育は、中産階級によってその方向性が定められていた。たとえば、中産階級の危機意識によって、下層階級の少女の家事科目が増加した事例があげられる。家事科目が増加した背景には、イギリス民族の将来と大英帝国の衰退に対する不安が関係しており、徴兵に不適格者が増加し、出生率が低下、さらには乳幼児死亡率の増加することによって、母親による育児の質と兵士候補者の量に対して社会の関心を煽り立てることが必要だった。子どもは「国家の財宝」であり「明日の市民」であるとみなされることによって、大英帝国の将来は、労働者階級の基礎学校に通う少女たちを妻や母として「教育」することにかかっていると考えられたのである[32]。

これに対して中産階級の少女の教育とは、通常、労働者階級の少女の学校教育と慎重に区別された。中産階級の女子教育は、社会的に「地位の低い者たち」と見なされた労働者階級の少女たちの教育に比して、より優れた「格の高い」ものと見なされた。この階級の少女たちは、完全に親の扶養のもとに置かれ、成長しても「妻」や「母」となって家族に扶養されるものと考えられており、賃金労働に就くことは想定されていなかった。常に扶養されることが前提となっているため、「中産階級の少女に対する教育は、求婚者を魅了するような装飾的知識を重視した内容となりがちであった」[33]として、パーヴィスはこの階級の女子教育が結婚という課題に対して費やされたことを指摘する。しかしながら、少女の教育は、報酬を支払う必要のない親類・知人に任して、「間に合わせる」ことが期待された。少女の次の扶養者となる夫が見つかるまでの期間、親は家庭内で少女を教育したが、結婚後、少女は家に何も見返りを望めない存在であったとされる[34]。

一方、中産階級の少年たちは、基本的にパブリック・スクールで教育を受けた。少年たちは、パブリック・スクールの「理念」を構成する価値規範と行動様式に従って人格形成が行なわれることが期待され、規律、学問、リーダーシップ、フェアー・プレイなどを学ぶこととされた[35]。つまり「中産階級の少年たちは専門職業や国家・社会にむけて教育され、その姉や妹たちは家庭生活にむけて教育されるべきとされて」[36]おり、教育の目的や方法は、性によって峻別されていたのである。

さらに、より富裕な家庭の女子教育では、唱歌、語学、図画、ピアノ、ダンス、礼儀作法等、社交上淑女に必要とされた教養「才芸・嗜み」を、家庭で学ぶことができ、住み込みのガヴァネスや男性の家庭教師、さらには彼らの両親も少女の教育に関わることがあった[37]。

以上のように、ヴィクトリア朝の女子教育は、階級と性によって明確に区別・分断されていた。しかしながら、労働者階級の少女教育が、中産階級の理想を形を変えて実現しようとし、また、中産階級の少女教育が、上流階級の少女教育を理想としつつも金銭のかからない形で実現しようとしたように、各々の階級は理想として共有されたものがあった。それは、性によって峻別されることによって生じたジェンダー・システムの問題であるととらえることができる。

〈共有された理想的女性性〉

以上のような階級別の教育には、それぞれ明確な違いがありながらも、その一方でヴィクトリア朝のジェンダー・システムを共有していることがわかる。富裕な家庭で行なわれる女子教育とは、経済的・文化的に恵まれた環境の中で、「淑女」と呼ぶにふさわしい女性を育成するための必要十分な要件を満たしている。中産階級の家庭では、この「淑女」をめざし、結婚して良き妻・良き母となることを幸福の指標としながらも、経済的基盤が不十分なため女の子に投資することができず、間に合わせの教育が行なわれた。そして、労働者階級は、この階級の自発的欲求ではなく、中産階級によって啓蒙されることによって、良き妻・良き母となることをめざした。しかし、経済的には恵まれておらず、必要な労働は自らの労力をもって補うことになる。そのため妻となり母となり、さらに家事労働を担うという過重な負担を強いられることから、それに耐える「善良な女」がその理想型となるのである。

このように階級差によってヴィクトリア朝の少女たちは明らかな教育状況の差異を持つ。しかし、理想的女性像と幸福の基準は、各階級において形をわずかに変えながらも共有されている。「淑女らしい主婦」は、「淑女」を志向しているのであり、その意識はより上層の階級に向けられている。また、「善良な女」は、中産階級的「主婦」を志向している。つまり、これらは、一見、階級別の教育であるかのように見えつつも、ジェンダーという軸を通して見るならば、理想化された「女性らしさ」というものを共有しているのだというべきであろう。

以上のように、ヴィクトリア朝の女子教育は、階級とジェンダーによって規定されたものであることがわかる。階級による女性集団の分断と、ドメスティック・イデオロギーにもとづき、理想化され共有されたフェミニティは、下田歌子の目にどのように映ったのであろうか。

3　下田歌子のイギリス留学

〈皇女教育へのまなざし〉

では、もう一度下田歌子に話を戻そう（以下、「下田」と記す）。

下田歌子は一八九三（明治二六）年九月一〇日に横浜を発ち、明治天皇の皇女教育と欧米諸国の女子教育の視察を目的として渡欧した。そこで、下田が見聞したイギリスの女子教育の状況は、前節で述べたような家庭重視イデオロギーの影響下にある階級別の教育システムであった。

渡英した下田が最初に興味を示しているのが、彼女の派遣目的である皇女教育をはじめとする上流社会の生活や女子教育であり、中でも下田は、ヴィクトリア女王の皇女や孫娘たちの教育について最大の関心を示している[38]。

某皇女は（年齢十三四許り、）右の二学科を修むる為に、一週に三回づヽ、其家庭女師を従へて通学せられき。教場及び授業の上に於ては、其取り扱ひ、更に他の生徒と異なること無く、唯其食堂に於てのみ、一小食卓を別にし、女師と二人のみ、さし向ひて食事せらるヽを見たりき。此の女教師は、其言貌、起ち居振舞も、殊に閑雅やかに見受けられたりしかば、いかなる人にかと聞きしに、是人は、某貴族の夫人なりしが、不幸にして夫にも実父母にも早く別れて、忘れ形見の一子さへ、夭死せしかば、己が好めるまにまに、一生を教育の事に委ねて、一学校をも設立せんとせられしを、彼の皇孫女の母君に、強ひて懇望せられ、今は、此の皇子女を、我が子の如く慈しみ教へつゝ、居らるゝなりとの事なりき。此他上流社会の家庭教育の形状もさまざま此所彼所に巡視せしかども、大抵大同小異なれば、省きてここに載せず[39]。

大関啓子によれば、この学校はロンドンのクイーンズ・ゲートにある私立女子学校であり、この記述は女性の家庭教師に付き添われ、通学するヴィクトリア女王の孫娘の学校での様子を記したものであるという。そこで皇女が普通の生徒となんら変わることのなく過ごしていることに下田は感嘆している。それと同時に、高貴な未亡人が皇女の家庭教師として貢献していることにもふれているのである。この時、下田は皇女教育係の準備期間である。つまり彼女は皇女のガヴァネスとして位置づけられる。下田は、この九年前に夫が死去し未亡人となり、また桃夭女塾を開設したものの、現在は請われて皇女教育係を引き受けようとしている自身と、このガヴァネスを明らかに同一視している。そのうえで、皇女教育におけるガヴァネスの役割への認識をこの文章によって示していると考えられる。

また、ヴィクトリア女王の次女であるアリス（Alice Maud Mary）について、次のように述べている。

当英国女皇第二の皇女アリス内親王は、五六人の皇子女が衣服の過半は、皆自ら裁縫し、其疾病ある時は、必ず自ら昼夜看護の労を取られたりしかば、終に、其皇女がヂフテリアに感染して、薨じ給へりき。以て彼国上流婦人が、其子女教養の事に心を用ふるの状を見るべし[40]。

第二皇女アリスが、その子どもたち五、六人の衣類の大半を自ら縫い整えているということが、下田にはこの皇女の「女性」として、「母」としての徳の高さとして認識されている。衣類の調達は、常に妻・母による女性役割であった。また、子どもが病気になった時には、昼夜を問わずに自ら看護をするということも同様である。裁縫と看護という記述を通じて、下田はイギリスの上流の女性たち、特に皇女が、その子どもたちに対して十分な気遣いと愛情を与えていることを示そうとしている。次章で詳しく述べるが、下田は皇后に関する言説の中で、皇后が自ら皇子たちの衣服を縫うことや、皇后が養蚕をする過程で病気の蚕に対しての看病をあたかも母の役割として行なったとして、皇后の美徳を讃えていく。子育てをすることにおいて、衣類の調達と看護、そして教育こそが、高位の女性にとって母の役割であることを、この時期下田は、すでにヴィクトリア女王とその皇女たちの事例から学び取っている。下田がイギリスで高位の女性を讃える言説として学んだものは、後に、皇后を讃える言説としてスライドして用いられていく。

下田は、上流階級の女性たちと接触することはあっても、皇女教育について直接目にする機会は少なく、当時出版されていたヴィクトリア女王の書簡集を求め、このような王女達の生活を知り、この書簡集を、帰国後日本語に翻訳させている[41]。そして、こうした上流社会の女性たちについて次のように述べる。

　而して最もいみじきは、子女教育の一切が温和慈恵なる母親の手に一任せられて、家庭に於る権力の、また母親に重きを見ることこれなり。宜なり。彼の国上流の女子は、大抵家庭の専任教育にして、しかも其効果の著しきを見ることよ[42]。

下田が述べるように、上流かつ富裕な家庭において、このように子女の教育に母親が大きな権力を持ち、その役割が重視されていることは、前節で見たとおりである。下田が見た、当時のイギリスの上流の女子教育は、まさに母親によって主体的に選択され、与えられるものであったといえよう。

〈慈善心への着目〉

下田が上流の女子教育から中流以下の女子教育へと視点を転換するのは、一八九四（明治二七）年の末のことであった[43]。その結果下田は、「中流以下の一般家庭の女子教育の重要性を強く感じとった」[44]とされている。

下田は、ヨーロッパ各地の女学校を視察する中で、キリスト教を基盤とした女子教育に大きな関心を示している。

> 蓋し、ヴヰクトリア女皇が、能く敬神の真理を察て、其宗教の長所を取り、以て、自ら、君徳婦道を躬行し給ひしからに、英国女子が強固なる精神は、能くこの宗教的徳育より、打ち固められたるなり。其点に於ては、今は我等が国も、遺憾ながらも、一歩を彼れに譲らざる可らず。（中略）徳育に斯かる攻具を具備したるは、最と羨しき事なりと、感じたる事屡々なりき[45]。

下田によれば、イギリスの女性の「強固なる精神」は、宗教的徳育によって培われたものであり、宗教の長所を取って徳育の道具として用いることができるのは「最と羨しき事」であるとする。そして、宗教とは教育的効果のあるものであるという認識にいたっている。さらに、徳育のもとにあるキリスト教は、「慈善博愛」の精神にもとづいたものであるとして、次のように述べる。

> 彼れが道徳の淵源とせる、西教は、慈善博愛を以てもと、するが故に、真成の慈善博愛者は、多数ならぬにもせよ。子女が幼少の時代よりして、慈善心の啓発に勉むること、また決して忽せならず[46]。

ここに記されるように、下田は徳育の根源に慈善博愛の精神を見出し、幼少期からの慈善心の啓発が必須であると考える。この「慈善博愛」の精神は、後に下田が設立する慈善女学校の構想に反映されていく。

さらに、下田は欧米の徳育の基礎として、宗教だけでなく愛国心もその要素となっていることを強調する。

要するに欧米各国が、其徳育の基礎に於て、定むる所のものは、敬神と（其国毎に、多少の厚薄小異はあるにもせよ）愛国との二者にして、帰する所は、セルフ、即ち己れなるもの、み。即ち其己れを重んじ、己れを尊び、之を愛し己れを信ずるの情厚きもの、相ひ集合して、自立の精神を固うし、個々の福利を増し、人々の資格を高うし、率きて社会に及ぼし広めて、全国に達したるものなるべし、（此点、其教へのよりて起る所、大いに東洋と異なる所あるを見る）[47]。

ここで見るように、己を重んじ、尊び、自立した精神を培った者が集まることにより国家が形成されるが、その根源には宗教心と愛国心の二つがあるとし、その帰するところは「セルフ」つまり自主独立の精神であるととらえる。しかし、下田はこの「セルフ」に帰する部分に多少の違和感を呈し、東洋と異なると記している。下田が注記するように、今一歩、下田が受け入れがたく感じている部分が、「敬神」つまり宗教・キリスト教であり、宗教の違いによって自主独立の観念も異なってくると、とらえている。欧米視察においてこうした違和感が生じる場面はあらかじめ下田自身によって想定されており、留学当初より、欧米での見聞を日本にあわせた形で取り込むことが意識されていた。たとえば、下田は次のように記している。

泰西家庭教育の現況を伺ひ知りて、其長を取り、短を捨て、彼の国ぶりの、わが国ぶりに合はせ用ひて、可なるべしと覚ゆるどもを、参照適応せられたらんには、柳が枝に桜咲かするも、難からじとこう覚ゆれ[48]。

下田が明確に示すように、「長を取り、短を捨て」ることによって、日本の「国ぶり」に合わせながら、取り入れていくことが必要であるとされている。こうした意識は、前述した徳育の基礎となる「敬神」と「愛国」に関する論にも反映されている。つまり、徳育に関して宗教的効果が非常に大きいとの認識を持ちながらも、宗教（ここではキリスト教）は取り入れず、キリスト教精神の根源と見なす慈善心は取り入れようと意図する。徳育の基本を「敬神」と「愛国」であるとし、その根源を慈善心とするこれらの関係性を、下田自身の取捨選択によって、日本に「適する」形に再編することがめざされたのだといえよう。この再編は、次のように行なわれている。

①女子教育の基本は「徳育」であるという点の一致。②「徳育」の基となるのは「敬神」と「愛国」→皇室崇拝と愛国心へのすり替え。③慈善心の必要性の一致。

慈善心はキリスト教の根源と見なしながら、その精神のみを日本に「適する」形（つまり皇室崇拝）にして取り入れようとしていると考えられる。このように、「徳育」と「慈善心」の間に置かれていた宗教的精神は、国家への献身と皇室を崇拝する精神へと置き換えられ、下田のその後の社会構想に影響を与えている。

〈実利実益主義〉

もう一点、下田が日本に取り込もうとした英国女子教育の特徴は、下田自身によって「実利実益主義」と呼ばれるものである。

乃ち彼れは専ら、有益の事、即ち実利実益主義を重んじ、是れは、少しく無益の方、即ち風流遊戯の技芸を専らとせる傾向あるにはあらざる無きか。例すれば、彼れは貴族と雖も、育児及び家庭教育の為に、必要なるべき衛生、生理、看護法、及び教育学等を修めしめ、（文学はもとより）又交際の裨捕たるべき、各国語学を習はしむ。但し音楽舞踏の如きは、や、風流遊戯に属すべきも、これ将た体育美育てふ、教育の範囲に当て嵌めたるものにして、又決して智育の二育に勝たしむる等の事あるを見ず[49]。

ここで表わされた「有益」と「無益」の対比は、下田のジェンダー・ロールを見る視点としてきわめて重要なものであると考える。下田は「有益の事」として「実利実益主義」をあげ、一方「無益の方」として「風流遊戯の技芸」をあげている。下田は、イギリスにおいては、女性はたとえ貴族であっても、育児や家庭内での教育を受け持ち、それに必要となる衛生、看護、教育学、文学、交際術、国語、さらには音楽舞踏、体育、美育等を修めるものととらえている。下田がイギリスの女子教育をこのような実利主義と分析している事について、大関は、「この実利主義は後に、一八九九年（明治三二年）下田が実践女学校を設立した折、『勉めて現今の社会に適応すべき実学を教授』するために、その学科課程内容に可能な限り取り入れられた」[50]と指摘する。この「実利実益主義」にもとづく教育を「実学」とし、特に女性に必要とされる「実学」は、女性が家庭を経営していくために必要となる育児、教育、看護などの女性役割をさしている。大関の指摘するように、下田は高い階層の女性に対しても、自ら女性役割を担うことを必須と考えており、それによって家庭を管理する主婦として、またその役割を全うすることによって国家に貢献することを、女性の自主独立の一形態であるととらえているということができる。

4　帝国婦人協会

〈帝国婦人協会の設立〉

下田歌子は、イギリスから帰国した後、一八九八（明治三一）年一〇月、帝国婦人協会の結成を呼びかけ、翌一一月には会則を定め、帝国婦人協会を組織、そして自らその会長となった。この協会は、前述したように、教育・文学・工芸・商業の諸方面にわたって婦人の地位向上を図るものであった。これまで上流婦人を中心に各種の婦人団体が結成されてきたのに対して、これを上下一般に拡大して全国的な組織に改めようというものであった。そこには、前述した下田の留学体験が深く関わっており、国家の将来に対する女性の役割を高めようとの念願が込められている。

帝国婦人協会の主旨において、下田は同協会設立の意図を以下のように述べる。

女子の資性は単純なり。慈仁なり。単純なるが故に能く其節を守る事を得、慈仁なるが故に能く其の徳を全うする事を得。其淑徳高節の光輝や、能く一家の長幼を導きて、正理真福の門に入らしむべし。国は家の大なるもの、即ち国家てふ名称のある所以なるべし。故に一家の風儀を釐正するは、単へに女子の感化によらざるべからざるが如く、一国の風紀を善美ならしむるも、亦女子の感化（インフルエンス）を要せざるべからず[51]。

女性の資性を「単純」と「慈仁」とし、「単純」によって節を守ることができるうえ、「慈仁」によって徳を全うすることができると述べる。これにより、「淑徳高節」である女性は、その家庭において老いたものから幼いものまでを導き、「正理真福の門」に入るのだとする。さらに、国家は家が大きくなったものであり、一家の風儀を正す事は女性の「感化」によるものであるように、一国の風紀を正すものも、また女性の「感化」を必要とする、というのが下田の説である。ここに、下田の家族国家観と女性役割に対する認識が強く表わされており、女性が国家において果たすべき役割を表明しているのだといえよう。

上沼八郎は、「帝国婦人協会設立の主旨」が、「これまでの歌子の思想体系の総括であると同時に、その後一貫してその認識の支柱となった、きわめて格調の高い女権の宣言でもあった」[52]として、その重要性を指摘している。

これを、上沼の述べるように「格調の高い女権の宣言」と見なすか否かは留保するとして、下田が明らかに国家に対して女性が果たすべき役割を提示し、女性の啓蒙活動を開始しようとしている点は認められる。

協会の規則には、帝国婦人協会の事業内容が以下のように記されている[53]。まず、第一章の「規則」の部分についてみてみよう。

第一章　規則

第一条　本会ハ皇族ヲテ総裁トシ淑徳ノ夫人ヲ請ウテ副総裁トス

第二条　本会ハ帝国婦人協会ト称ス

第三条　本会ノ事務所ハ東京市ニ置ク

第四条　本会ハ帝国ノ婦人ヲシテ各其徳ヲ高メ其智ヲ進メ其体ヲ健ニシ共同扶植以テ女子ノ本分ヲ完フセシムルヲ目的トス

ここで注目すべきは、第一条において、皇族を総裁とし、淑徳の夫人を副総裁としている点である。下田が当会において、大規模な女性の組織化を構想する中で、皇族を頂点とした女性組織を意図していた事がわかる。

さらに、第四条において、帝国の婦人の徳を高め、智を進め、体を健やかにし、共同でそれを根付かせていくことにより、女性の本分を全うする事が目的であるとしている。日本女性に対する徳と知、そして健康の保障と、この組織を通じて女性にその「本分」を全うさせること、つまり帝国婦人協会は女性の地位・環境に対する配慮とともに、協会の考える意識の共有をめざす啓蒙活動を企図していると理解できる。さらに、同会の事業内容として、以下の点が示されている。

第二章　事業

第五条　本会ハ前条ノ目的ヲ達センガ為メニ左ノ事業ヲ漸次実施ス

一　教育門

女子教育研究会　実践女学校　同上実践女学校附属慈善女学校

女子工芸学校　同上女子工芸学校附属下婢養成所

女子商業学校

二　文学門

女子文学研究会　女子文学出版所

三　工芸門

女子工芸研究会　女工養成所

四　商業門

女子商業研究会　勧工場

五　救恤門

女子救助会　慈善女子病院　看護婦養成所

この事業組織は、下田が構想する国家における女性役割を考察するうえで、きわめて重要である。教育、文学、工芸、商業、救恤の各門には、それぞれ研究会と実践の場が設置されており、下田の構想が理念と実践によって実現されるように構成されている。

まず、「教育門」においては、女子教育研究会があり、実践女学校および同校附属慈善女学校、女子工芸学校および同校附属下婢養成所、さらに女子商業学校が設置されている。教育門については後の節で詳述するが、これらの組織には、下田の英国での女子教育視察が影響を与えていると考えるのが妥当であろう。下田の理想とする「淑徳高節」なる日本女性を育成する場として女子教育機関の設立が目論まれている。教育が「女子の感化（インフルエンス）」に最も有効な手段であるとともに、華族女学校学監および教授を務めてきた下田にとって教育こそが身近な方法であったといえる。

第二の「文学門」では、女子文学研究会と女子文学出版所が構想されている。文学が重要視されるのは、下田自身が高名な歌人であり、桃夭女塾時代から源氏物語の講義をするなど、彼女のこれまでの経歴が大きく影響しているものと考えられる。さらに、女子文学出版所については、実現したか否かについて詳細に知ることはできないが、すでに出版文化が女子教育に与える影響を下田が熟知していたことを示している[54]。下田はその生涯に膨大な著作を出版しており、女子教育機関設立・経営と同時進行で、女子を「感化」する目的で教育書を執筆していた。また、出版文化は、日本全国に広がる組織を構想するうえでも重要であった。私立教育機関設立は、地域が都市部に限定されることから、より広域的な影響力を考慮するならば、出版物は欠くことのできないメディアであったといえよう。

第三の「工芸門」では、女子工芸研究会と女工養成所が構想されている。ここでいう女子工芸研究会の「工芸」とは、「女工養成所」と並立していることからもうかがえるように、「工業」に近い意味を持っている可能性が高い。このことを示唆するのが、後年下田が著した『女子の技芸』にある「工芸」に関する叙述である。

下田は、「技芸」と「工芸」を対立概念としてとらえ、「技芸」には美的観念を、「工芸」には労力を結びつけた。つまり下田の考える「工芸」とは、「女工」などの「工」の語に近く「工業」という意味を持った「工芸」であると考えられる。しかし、一方で女子工芸学校の名称として「工芸」と冠していながら、内容的には手芸的要素を強く示していることもあり、下田の「手芸」「工芸」に関する認識は確定しがたい側面も多い。

第四の「商業門」の女子商業研究会と勧工場と「工芸」を比較するならば、商業として「観工場」を経営していくことは経営者の育成を目的としており、一方、工芸門で女工を養成することは工場労働者の育成をさしている。

最後に、「救恤門」として、女子救助会、慈善女子病院、看護婦養成所が構想されている。これはまさに英国留学において下田が感嘆した「慈善博愛」の精神を実践するものととらえられる。救恤つまり貧乏な人や被災者を救い恵むという憐れみの意を込めていることに、下田の精神が映し出される。

前述したように、下田はキリスト教の観念から生れる慈善博愛の心を、幼少期から育むことが重要であると考えていた。特に、近代看護法の創始者として当時すでに有名であったフローレンス・ナイチンゲールの例や、ヴィクトリア女王がその王女達に、貧民への食物を自ら手渡すよう指示し、慈善心を養おうとした例をあげたうえで、看護・施しという行為が慈善心の表れであると見なしている。また、後年関東大震災の折には、婦人会で組織立って被災者への奉仕活動をしている。こうした下田の意識の背景には、下田が英国留学中の一八九四（明治二七）年八月に勃発した日清戦争と、後に続く「帝国」の戦争に備え、十分な医療・看護の技術と人員の確保が急務であり、その役割を女性が担うという必然性もあった。

以上のように、帝国婦人協会の設立構想には、国家に対する女性役割の具体的な提示があるとともに、その根底には下田の留学の成果が取り込まれているといえよう。

〈下層階級の女子教育の必要性〉

当会の設立の趣旨において、下田は下層階級の女子の教育の必要性について強調している。

然れども余等は爰に、今中流以上の女子に対ひて云々するものにあらず（中略）請ふ、左に、下等社会の女子が惨状を述べ、併せて其日々に危険なる断崖に向ひて盲進しつつあるの状態を言ふべし。近来各地殖産工業の発達進歩とともに、女工傭役の必要起れり。（中略）然るに彼等の多くは実に一文不通、禽獣と相去ること遠からざるの人類にして、其過半はわが姓名を読むことだも得せず、金を得れば怠り、虚しければ働く。（中略）然しながら、是等は猶内地に於る困難なれば、暫く恕すべしとするも、彼の遠く海外の航して賎業を営み、わが日本帝国の体面を汚しつつある多数の女子を如何せん。（中略）余等はこの不道無謀の女子を率いて、希くは正義に転じ、非理の利に剛なる心をして、正理の益に猛なるに至らしめんと欲すること切なり。慣れなる彼等賎婦は、人と生まれながらも能く人の道の何者たるを知らざるが故に、禽獣の群に入り、遂にますます其罪障を重ぬるに至れるなり。苟くも道知る者、之を見て救正の法を講ぜざるべけんや[55]。

下田が帝国婦人協会の恩恵を受けるべき者として視野に入れているのは、中流以上の女子ではなく、「下等社会の女子」である。帝国婦人協会は、中流以上の女性たちによって組織されるものとされるが、この婦人協会の大きな目的の一つとして、下層の女性たちを啓蒙・文明化することによって「日本帝国の体面」を保つことがあげられている。下田のように士族階級に生まれ、宮中において教養を高めてきた数少ない女性たちの中で、当時どれほどの人がこうした視野を持ちえたのか疑問であるが、「すでに明治二十三年ころ、彼女（下田─引用者）は『海外淪落』婦女子に関する講演を聞いて甚だしく慨嘆しており、下層婦人の強化への決意は、すでにこのときに萌していた」[56]とされ、下田が留学前から下層の女性たちの教育について強い関心を抱いていたことがわかる。

こうした下田の意識は、日本の女性を底辺から底上げし、その地位をあげることが意図されているのだが、下田が「禽獣と相去ること遠からざるの人類」と称する「下等社会の女子」に対するまなざしは、決して自らと同じ女性として手を携えようというものではない。「禽獣」である「下級社会の女子」は、「わが姓名を読むことだも得せず、金を得れば怠り、虚しければ働く」者として位置づけられる。その出自を「慣れ」としつつも、その状況に甘んじていることを「ますます其罪障を重ぬる」ことだと非難し、こうした「賎婦」に対して、下田を含めた「道知る者」が「救正の法」を講じなければならないと力説する。さらに次のように述べる。

今や既に各種の職工、電話電信の技手、或商店の売子掛取、及び看護人等に至る迄、非常に女子を使役するの必要を感じ、而して為に奮ひて其供給に応ずるの準備なく、且つ其精神を鍛練してよく不抜の主義と目的とを確定すること克はず、其正業に務めしむべきの女子をして、長へに不正の業に甘んぜしむるは、まことにわが国の体面を荘厳にし、我が国利民福を増進するの上に於て一大欠点なりといはざるを得ず。是れ乃ち、一つは女子が耳目として、機関として其資格を持ち、其品位を高め、尚進みて是の同胞姉妹の間に謀らんとするは、那の点よりして着手すべきかと云へる事に向ひて、目下女子が尽すべき急務を考究するの道なきによれるなるべし[57]。

下田は、女性の労働力を必要とする社会の要請に対して、十分に応じていくことの必要性を認識し、「不正の業」（国家の体面を汚すもの）に甘んじるより「正業」に務めさせるべきとして、女性の就業の可能性について言及している。ここで見るように、下田が下層社会の女性に対して救済の必要性を説くのは、一国民として国家の体面を汚すことなく、女性として一定の役割を担っていくためである。前節までに述べてきたように、ここにも下田の英国留学の影響をみることができる。下田は英国留学中に「慈善博愛」の精神を欧米の女子教育から学び、その実践の一つとして下層階級の女性の「救済」を構想しているのである。

しかし、イギリスの家庭重視イデオロギーの影響下で行なわれてきた階級別の女子教育がそうであったように、下田の構想でも、上から下へと「感化」し、啓蒙することにより、下層階級を「救済」しようとする。さらにそこには、階級を超え、共有された「女性」というジェンダー・アイデンティティが暗黙のうちに設定されることによって、女性の国家への貢献が求められているのである。

帝国婦人協会の事業は、現実には、ほとんど教育門における各種の学校の開設のみに終わったとされる。中でも実践女学校と女子工芸学校は、同協会の中心となっていた。

帝国婦人協会の設立に続いて下田は、一九〇一（明治三四）年には、戦後の軍人遺族の「救護」のため奥村五百子らと共に愛国婦人会の結成をよびかける。これも、帝国婦人協会に触発された全国組織であった。会員の中心となったのはいずれも上流婦人であり、総裁や名誉会員に皇族を推戴することから、下層階級からの意見上達には限界があったとみられる。日本婦人ならば、「地位資格を問はず、何人たりとも勉めて其交友たらん」とはいうものの、婦人協会の通常会員は「毎月二十銭以上ヲ醵出スル者」とされており[58]、その意思決定は、中産層婦人までに留まる団体であった」[59]ことを上沼は指摘している。以上のように、留学の前後の下田の視野は、「華族」への注目から「孤独貧困ナル」平民へと視野は拡大されたが、まもなく附属慈善女学校は不振となり、附属下婢養成所も短命に終わったことからみても、上から下へと啓蒙を叫ぶ運動に社会階層上の限界が見られる。

以上見てきたように、日本の女性の社会的地位と教育のありようを背景として、欧米留学の体験を生かした結果、下田は英国から日本に帰国した後、帝国婦人協会の結成を経て、日本の女子教育の変革を試みようとした。その主眼は、「これまで上流婦人に限られる傾向のあった各種の婦人団体を」[60]皇族から、下婢、孤児まで上下一般に広め、全国の女性を対象として「日本婦人」という名のもとで集合し、「其徳ヲ高メ、其智ヲ進メ、其体ヲ健ニシ、共同扶植以テ女子ノ本分ヲ完フセシムルヲ目的トス」[61]るところにあったのである。「そこには、皇室中心国家の将来に対する女性の国民としての役割を高めようという願いが込められていた」[62]と何瑋が述べるように、まさに、下田は皇室を中心とした社会においていかにして女性を国民化すべきかという命題に対して、明確な指針を示したのだといえよう。

5　帝国婦人会附属女子教育機関

〈四つの女子教育機関〉

ここで、下田が設立した学校について、もう少しくわしく見ておこう。

帝国婦人協会設立の翌年の一八九九（明治三二）年五月七日、同協会の事業内容に従って、私立実践女学校、実践女学校附属慈善女学校、私立女子工芸学校、女子工芸学校附属下婢養成所は東京市麹町区元園町二丁目四番地に開校式を行なった。

実践女学校とその附属の慈善女学校、また女子工芸学校とその附属の下婢養成所とは、各々ある意味での「主―副」の関係にあり、この四校の関係を詳細に見ていくことによって、下田が育成しようとした女性国民のありよう、言い換えるならば、国民としてより多くの女性を統御していくうえで、何を学ばせるべきなのかという構想が読み解けるのではないだろうか。

●実践女学校と慈善女学校

まず、これらの学校の養成目的について見てみよう[63]。実践女学校とその附属慈善女学校については次のように記されている。

実践女学校

「本校は本邦固有の女徳を啓発し、日進の学理を応用し、勉めて現今の社会に適応すべき実学を教授し、賢母良妻を養成する所とす」

実践女学校附属慈善女学校

「本校ハ孤独貧困成ル女子ヲ教育シテ、之ニ自活ノ道ヲ授クル所トス」

前記のように、実践女学校においては、「本邦固有の女徳」を啓発し、実学の教授し、「賢母良妻」を養成すること、慈善女学校では「貧困」者に「自活」の道を授けることを目的としている。

下田の考える「本邦固有の女徳」の内容とは、日本の女性が古来より「道義の前には犠牲献身的道義を敢てする」[64]という「強固なる意志と純美なる感情」[65]を持つことである。下田は「この二つのものは千万世を通じての婦人の大宝物」[66]として、変わらない美徳だと主張する。そして、下田の考えた同時代の日本婦人としての「道義」とは「日本の国民の心得可き事は、日本は飽くまでも、国家と皇室とが一致して居りますから、皇室に対し奉つて、誠忠を尽すのが、国民としての第一の務めで、それが頓て、国家に対しての、奉公義務を果した事になるのだと云ふ点に」[67]あるとされる[68]。また、「本邦固有の女徳」とは、彼女の常套語である「東洋女徳の美」から派生した概念であり、「日本帝国婦人」の自覚は、国内的には上流・下流の階層を一丸とした国民意識を高揚させるものであった[69]。つまり、「強固なる意志」と「純美なる感情」の二つを「婦人の大宝物」という美徳ととらえ、この美徳は国家に対する奉仕＝犠牲献身的道義を全うするために必要とされるものである。これらを「本邦固有の女徳」とし、その啓発をもって「賢母良妻」の基盤としている。

実践女学校の教育目的に内包された「犠牲献身的道義」は、その最終的な目的を「賢母良妻」としていることから、国家に対する直接的奉仕というより家庭内での献身をもって国家に奉仕することが意図されている。女性は「賢母良妻」という形で、間接的に国家に役立っていくものととらえられているのである。

一方慈善女学校は、「孤独貧困」な女性に対して開かれた学校として位置づけられる。これは、前述したように下田が下層の女性たちを教育し底上げを図ろうとする意図を反映している。この二つの学校――つまり「賢母良妻」として国家に奉仕する女性の育成と貧困女性に最低限の「自活ノ道」を与える教育――は、一対の学校組織としてとらえられている。ここには、下田が再三にわたって論じたように、「慈善」の観念が反映されている。下田は徳育の基本として皇国崇拝と愛国心をあげ、さらにそれらの根源には慈善心が必須であると考えている。つまり、下田が「本邦固有の女徳」を啓発するという際、その女徳には国家への献身とともに、根底には慈善心の育成が必要とされる。つまり、実践女学校と慈善女学校は、この「慈善」という観念によって結びつけられたものであり、前者が「慈善心」を有する側であるのに対して、後者は「慈善」の対象である施される側ととらえられているのである。

下田は女子教育において徳育を不可欠とし、その根底に慈善心の育成を必須とした。実践女学校では、この慈善心の育成を「女徳」の啓発の中に位置づけている。実践女学校の附属機関として併設されている慈善女学校は、この慈善心の育成という目的を達成するための実践機関であったととらえることができる。

●女子工芸学校と下婢養成所

次に、女子工芸学校とその附属下婢養成所について見てみよう。

女子工芸学校

「本校は女子に適当なる工芸を授け併せて修身斉家に必要なる実業を修めしめ能く自営の道を立つるに足るべき教育を施す所とす」

女子工芸学校附属下婢養成所

「本所ハ下婢タラント欲スルモノ、若クハ現ニ他人ノ下婢タル者ノ為ニ、必要ナル教育ヲ施スヲ以テ目的トス」

「篤実忠誠なる下婢を養成せんため本校は附属下婢養成所を置く」

女子工芸学校においては、「工芸」を授け、「実業」を修め、「自営の道」に進むべく教育すること、一方、下婢養成所においては、下婢になろうとするものと、今下婢である者に必要となる教育を施すものとしている。「女子に適当なる工芸」とは何であろうか。そもそも下田は「工芸」という語の意味について、女子に不適当なものととらえており、ここでの文脈から判断して「美的」な手工芸をさしていると考えられる。そのため、名称としては「工芸」学校であるが、実際には「技芸」もしくは「手芸」学校を想定したものと考えてよい。

注目すべきは、「修身斉家に必要なる実業を修めしめ」と「自営の道を立つるに足るべき教育を施す」の二点である。「修身斉家」は、中国古典『大学』にある「修身斉家治国平天下」から取られているものと考えられる。自らの身を修め、家庭を管理し、それによって国が治まり、天下泰平になるとするものであり、この中で、女性の役割として前半の二つである「修身斉家」を取り上げている。女性に「必要なる」実業とされているように、工芸技能の習得は「修身斉家」のために第一に必要とされているのである。

また、「自営の道」については、「足るべき」とあるように、自営することも可能性として示唆しつつも、それを第一義的に優先してはいない。つまり、「自営の道を立てることもできるように」技能を学ぶのであり、それは、夫や父親を失うなど何らかの必要性が生じた時の万一の事態を想定していると考えられる。

一方、下婢養成所は、下婢として必要な諸技能を学ぶだけでなく、「篤実忠誠」な下婢の養成を意図しており、技能と精神の両面において上層の家庭における有用な人材を育成することが目的とされている。

女子工芸学校と下婢養成所は、家内労働に関する技能の履修に重点が置かれている点で共通するものである。前者が、「修身斉家」のための技能であるのに対して、後者は自分より上の階層の家庭における他者のための技能である。両者の家内労働の質は著しく異なり、前者は装飾的・手芸的な手工芸を学ぶのに対して、後者は日常必須の家事労働を学ぶ。前者で学んだ技能は家庭経営全般に生かされ、近代的な「主婦」の育成へとつながるが、後者は、この「主婦」の余暇を作り出すために底辺の労働を請け負う「女中」「下婢」の育成となる。

以上の四校はこれまで見たように、それぞれ異なる目的を持って設立された。当然であるが、生徒とする対象も異なる。明確に記されてはいないが、実践女学校は中産階級の女子が、慈善女学校は貧困層の女子、女子工芸学校も中産階級の女子、下婢養成所は下婢として働く可能性のある貧困層が対象となっている事が想定されている。この対比には、明らかに階級の差異が表されている。

つまり、実践女学校と女子工芸学校は、どちらも近代的な主婦の育成が目的であり、「良妻賢母」であること、また有能な家庭経営者であることが求められている。この下に置かれた「下婢」や「下層の女性」との対比で見るならば、その階層差は明白である。

何瑋は、その卓越した修士論文において下田歌子の女子教育論とその活動について詳細な研究をしているが、その中で氏は実践女学校を中産階級以上とし、女子工芸学校を「中流以下の女性の現実状況に配慮を加え、彼女は女子工芸学校の課程によって、これらの女性に一般教養と職業的技能、いわば『自営の道』を修得させようとした」とし、さらに「最下層の女性に対しては、慈善女学校、下婢養成所の設置によって、最も一般的な基礎智《ママ》識や『下婢の職業的技』を身に付けさせることを目的としていた」として、これらの女子教育機関を大きく三つの階層に区分してとらえている[70]。

しかし、そもそも下田自身が述べているように、女子教育において「実学」の必要性が急務であること、さらに下層階級への配慮が必要とされることから、下田の認識は大きく二つに区分されているといえる。女子工芸学校は、確かに「自営の道」を謳ってはいるが、女性の工芸的技能が「職人」として自活するために学ばれている可能性は低い。次の各学校のカリキュラムからも明らかになるが、女子工芸学校はあくまで家庭を経営する有能な主婦の育成をめざしたのであり、そこで学ぶ高度な技能は、「職人」として自営するためではない。これは、後述する下田の手芸論においても同様で、下田は手芸的技能とその知識をあらゆる女性にとって不可欠のものと考えており、それは決して実益や自営のためだけでなく、このような手仕事を通して得られる女性の「徳」というものを、高く評価しているのである。これらは、未就業の女性たちが常にさらされている、「万一の時」（つまり、父親や夫が亡くなった場合）への危機意識に対する準備として必要とされたのである。

〈各校の学科課程〉

では、実際にこれらの女学校ではどのような履修科目が準備されていたのであろうか。

○実践女学校　学科課程

修身――女徳の要旨
読書――国文（講読・作文）、漢文（講読・作文）
地理歴史――本邦地理、外国地理、本邦歴史、外国歴史
算術――筆算・珠算（加減乗除、分数、少数、比例、百分率、幾何大要）
理科――植物、動物、砿物、物理、化学、生理衛生
家政――礼式、洗濯、衣食住、家政簿記、家内衛生、割烹、挿華、育児
裁縫――裁縫編物、裁縫
図画――自在画、実物写生
習字――楷書、行書、仮名
外国語――読方、訳解、会話、習字、書取、文法、作文、翻訳
音楽――唱歌、楽器用法
体操――普通体操

実践女学校は、前記の学科課程により、高等女学校に位置づけられるものである。この実践女学校との比較を通して、以下、三つの女学校について考察する。

○女子工芸学校　学科課程

修身――女徳の要旨

読書――読方、作文

算術――筆算加減、珠算加減、加減乗除、分数少数、諸等數、比例

理科――職業上必要なる理科の大意

地理歴史――本邦地理大要、本邦歴史大要

家事――衣食住大要、家事衛生大要、家計簿記大要、育児大要

習字――楷書、行書、仮名

○術科課程

裁縫――小裁、中裁、本裁、衣服、襯衣、下袴、袴、羽織、被布、帯、外套、比翼類

編物――錘針編、鈎針編

刺繍――平縫、玉縫、刺縫、周縫、金糸縫、平金縫、すが縫、星縫、すがら縫、釜糸縫、友染縫、両面縫等

造花――紙製、寒冷紗製、絹製其他

挿花――生華、立華、盛華

図画――水墨画、写生、模様画、陶器画

押絵——花卉、虫鳥類、人物、獣類
速記——速記法、実地訓練
看護法——生理衛生の大意、看護法、実地訓練
割烹——講述、実地履修
写真術——講述、実地履修

女子工芸学校は、大きく学課課程と術科課程とに分けられる。まず、学科課程においては、実践女学校と共通するのは修身であり、省かれた学科は、外国語、音楽、体操であることがわかる。また、図画と裁縫は術科課程に取り入れられているため学科では省かれているほか、家政は家事という名称に変えられ、内容的には簡易になっている。学科は残っているが、内容的に難易度を下げているものとしては、算術、読書、理科、地理歴史がある。

簡易になった内容には学科の特徴が現れている。まず、理科については、「職業上必要となる理科大意」となり、術科課程において必要となるそれぞれの理科的分野があることが想定されている。これが「看護法」や「写真術」で基本的な薬品や化学反応に関する知識であることは容易に想像できるが、他にも造花では植物の構造に関する知識や、染色技術などに応用されていく。つまり、術科課程において必要となる知識を学ぶものだと考えてよいだろう。

女子工芸学校では、下田が考える「技芸」科目が術科の中で扱われている。これらは、必ずしも職業教育とは言い切れないが、専門的技能の獲得をめざすものであることは間違いない。下田の技芸観については次節で詳述するが、こうした専門的技能の獲得は下田にとって職業婦人の育成には直接的につながっていないという特徴がみられる。

また、慈善女学校は次のような学科課程を持っている。

○慈善女学校　学科課程

修身――女子の心得
読書――読方、作文
算術――加減乗除
地理歴史――本邦地理、本邦歴史
習字――楷書、行書、仮名

一見してわかるように、実践女学校と比較して履修科目もその内容も、かなり削減されている。省かれた学科課程は、理科、家政、裁縫、図画、外国語、音楽、体操と十科目に及び、さらに簡易な内容になっているものは読書、地理歴史、算術の三科目である。おそらく修身の内容も「女子の心得」となってはいるが、学校の位置づけと学科課程の構成から見て内容的に難度を下げたものであると考えてよい。

慈善女学校の特徴は、裁縫と家政を学ばないという点、また読み書きの基礎的な学習が中心であるという点である。つまり、裁縫、家政は、下層階級の女性がその生活レベルに合わせて必要最低限できればよいものと考え、その質的な向上は学校でめざすものではないということであろう。それよりも、十分な教育を受けることのできなかった女性たちに、読み書き、加減乗除程度の基礎的な学習の機会を与えていくことが、慈善女学校の目的であったと考えられる。

○下婢養成所　学科課程

修身——女子の心得及び人に事ふる道
読書——読方、作文（日常的なもの）
算術——簡易なる加減乗除
習字——行書、仮名（日常必要の文字）
洒掃応対進退——講述、実地練習
料理——総菜、献立、割烹
裁縫——運針及び解き物継ぎ物等
洗濯——洗濯、張りもの

下婢養成所の学科課程では、他の三校とは異なり、修身の中で「女子の心得」に加えて「人に事ふる道」が取り入れられているのが特徴である。省かれている学科課程は、地理歴史、理科、図画、外国語、音楽、体操、家政の七科目であり、家政の代わりに洒掃応対進退、料理、洗濯の三科目が増設されている。また読書、算術、習字は、「日常」的で、簡易なものとされている。

下婢養成所と同じ階層を対象としていた慈善女学校と比較すると、下婢養成所では読み書き、算術等はきわめて日常的なものとされる一方、一定レベルの家事科目が重視されている。下婢が通常、雇用される家庭とは、中上流階層の家庭であり、下婢養成所の学科家庭は、この中上流階層家庭で必要とされる家事技能を修得することをめざすものである。つまり、下婢のレベルを上げることによって、中上流階級の生活の質が上がることが意図されている。そして同時に、下田はしばしば下婢の主人となる中流以上の女性に対して、主人としての高い徳を要求する言説を残している。

このように、すべての女性に修身という科目を通して良妻賢母教育を与えるとしているが、個々の女性の現実に置かれた状況と社会の要請によってその教育内容を部分的に違えているのが、下田の階層別女子教育思想の特徴である[71]。

3　下田歌子の手芸論

これまで見てきたように、下田は階級別の女子教育思想を持ち、その多くをおそらく英国留学において学んできて、日本において適合させるための取捨選択を意図的に行なってきた。しかし、階級別の設定をしていても、その根底に共通しているのは、「良妻賢母」教育である。女性が職業を持つということに対して消極的であった下田は、その一方で下層階級の女性たちが貧困に喘いでいる現状を見据え、彼女たちに知識と技能を与えること、また、上層の女性たちにはより高い知識と技能を与えることと、上層の女性たちが「慈善」という形で下層の女性たちを教育し「感化」する義務を負っていくことを構想したのである。帝国婦人協会の業務計画から読み取れるのは、そうした「感化」のシステムであった。

下田が「実学」として称揚した手仕事の技能は就職の即戦力でありながらも、下田は必ずしも女性を社会において労働者としては位置づけていない。では、技能は何のために必要なのか、その答えが、下田の手芸論の中にあると思われる。

本節では、下田歌子が著した二冊の手芸テキストを扱う。下田は多くの家事関連の著作を残しているが、その中の『女子の技芸』と『女子手芸要訣』を取り上げ、下田が手仕事を通じた教育を重視する具体的な事例を検証し、その根拠となる手芸教育の目的と意図について読み解いていく。

1　下田歌子著『女子の技芸』

〈テキストの概要〉

下田歌子が著した『女子の技芸』は、一九〇五（明治三八）年一月に冨山房から出版された女性向けのテキストである。これは、同社が一九〇四（明治三七）年より「女子自修文庫」として五冊をシリーズ化して、良妻賢母教育の総合的なテキストとして出版したものの中の一冊である。「女子自修文庫」は以下の五編で構成されている。

第一編　『女子の心得』　一九〇四年
第二編　『女子の文芸』　一九〇四年
第三編　『女子の技芸』　一九〇五年
第四編　『女子の衛生』　一九〇六年
第五編　『良妻と賢母』　一九一二年

図1　尾竹国観「宮中養蚕図」下田歌子著『女子の技芸』冨山房、1905 年。

第一編『女子の心得』がいわゆる「修身」に当たり、最後の第五編『良妻と賢母』が総論に当たるものである。第二編から第四編の三冊は、文芸、技芸、衛生という下田が女性の教養と技能として必須のものと考える項目が並んでいる。

『女子の技芸』は本シリーズの第三編に当たり、上編と下編の二編に分かれている大部の著作である。巻頭には「国観謹写」と記された皇后による宮中の養蚕図（図1）が掲載されている。「国観」は、尾竹国観であると思われる。

中央に立つ皇后は、右手で蚕に桑を与えている。向かって皇后の左には蚕を皇后に差し出す女官がおり、皇后の右には桑を差し出す女官がいる。さらに、その右には桑を刻む女官が配されている。錦絵に多く見られる「宮中養蚕図」とはかなり雰囲気が違い、皇后も女官も近代日本画の美人画を思わせる端正な顔立ちをしており、女官たちは緋袴を着るなど宮中独特の風俗を表す要素を強く持っている。この一枚の挿図は、下田が女性の手仕事をとらえる際に、その象徴的な意味を持つ重要なイメージだと考えてよいだろう。

『女子の技芸』と題する著作の巻頭に見開きで大きく挿入されたこの絵は、「女性一般」と「皇后」、また「技芸」と「養蚕」のつながりを象徴的に示すものであり、下田が手仕事を通して女性を統御しようとする際に、階級とジェンダーを巧妙に組み込んだ不可欠なイメージであるといえよう。

次章で詳しく論ずるが、下田は「皇后」と「養蚕」に女性の手仕事を象徴する強いイメージを持っている。『女子の技芸』の巻頭に、この一枚の挿図があることは、「皇后の養蚕」が技芸全般を象徴するということと、もっとも理想的な技芸のあり方であるとする、下田の認識が示されているのだといえる。

『女子の技芸』は、以下の項目によって構成されている。

	〈上編〉	〈下編〉
第一	機械	絵画
第二	紡績	写真
第三	裁縫	速記
第四	養蚕	彫刻
第五	染工	蒔絵

	〈上編〉	〈下編〉
第六	刺繍	挿花
第七	造花	料理
第八	編物　かがり物	包み結び物
第九	押絵	

ここに示されたすべての領域を、下田は「技芸」として認識している。しかし、そこには、「女子の」という言葉がつくため、一般的な「技芸」そのものを表してはいない。とはいうものの、下田自身、この本の冒頭でこの領域の設定に苦慮している様子を記している。

まず、下田はこのテキストを著すうえで、自分自身の力では到底説明しきれない領域があり、それらは専門家によって指導される旨を示す。彫刻術は藤田文蔵、蒔絵術は磯矢寛山、刺繡は長谷川という人物に、速記は大澤豊子を起用しているとされる[72]。

また、茶の湯、挿花、琴、三弦などは、「わが国女子のたしなみの一つ」とされてきたが、これらは「女子の遊芸」というものであり、「家計の補助」である女子の技芸の中に編入すべき性質のものでないと考えたため省いていると説明する。ここで、重要なのは、「技芸」もしくは限定的に「女子の技芸」という観念には、「家計の補助」という大きな目的が含まれているという点である。この視点から見るならば、挿花は「高尚優美なる美的手芸」と見ることもできるうえ、「室内装飾の費用を省く」こと、「多少家計的趣味を備えている」ことなどから「女子の技芸」に含める事が可能であるとしている[73]。

この「家計的趣味」と「高尚優美なる美的手芸」という二つのキーワードが、「女子の技芸」の何たるかを説明するものである。「家計的趣味」とは、家庭内において家計を管理する諸々のことをさしているが、一家を養うような収入を得ることではなく、家計の管理や節約、内職などの補助的な労働など、ここでは専ら妻の役割としてとらえられているものである。また、「高尚優美なる美的手芸」とは、下田が女性の諸労働について不可欠と考える要素であり、次のように考えていた事がわかる。

まず、下田は同書の緒言において、「女子のしわざ」には、「女子の工芸」と「女子の技芸」があると述べる。そして、この違いについて「工といふ文字は、何となく、労力といふやうなこころを含まれて居るやうに思はれ、技といふ文字は、どうやら美的観念が籠つてるやうに感ぜらるゝからであ」[74]るとしている。つまり「工」は「労力」と結びつき、「技」は「美的観念」と結び付けられているのである。

下田が女子に技芸を勧める意図は、非常に明快である。要約すると以下のようになる。

女子の独立自営の道を講ずる声が高まり、各自の生活が困難になってきたところから、紡績・養蚕などの工場に通勤する女子が多くなってきた。これは喜ぶべき次第である。また、電信電話技手、産婆、看護婦、さらには教師、医者になる女性も多くなってきた。これは喜ぶべき次第である。しかし、女子はその天性の骨格から、容貌から、すべてにおいて華奢で美麗で、手薄にできているものであって、過分の力業や過度の労働には耐えられない。そして、殊に女子の容貌の美は、女子の宝物であるにもかかわらず、過分の力業、過度の労働は、その美を奪い去る。美を奪い去られた女子は、資材を奪われた人の如く、自棄となり破廉恥になり、残忍な人となり、ついには社会の徳を破壊する槌となる。子を産み教育する大任ある女子には、決して過度の労働をさせてはならない。そこで、女子には形態の美に伴う美的技芸を学ばせたいと思う。生活のための職業とはいえ、一種高尚なる趣味を嘗めつつ、勉めるようにさせたいと思うところから、それに属する種類のものを選び出しているとする[75]。

さらに、下田は同書が決して女工を廃する意図がないこと付け加えている。女工を使うならば、なるべく労力に属さない、美的技芸を持って立派に自営できるようにしたいという意図で、技術に属する女工を選び出しているとする。さらにそれは、結婚後、主婦たる者の修めるべきこととして、概略でも教えておくべきであり、そのように編述しているとする[76]。

つまり、下田によれば、「技芸」と「工芸」は、ひとつの対立的な概念として立ち現れている。「技芸」は美的観念と結びつき、「工芸」は労力と結びつく。また、女性の徳は美的なものに支えられており、美を失うことは女性としての堕落を意味する。つまり、美をもたない労働つまり「工芸」では女性は美的なものを失い、一方、美的な「技芸」は女性の徳を高め、社会を安定させるものである。工場労働者としての「女工」でさえも同じで、なるべく「労力」ではない「美的技芸」を学んで自立することが求められているのである。そして、「希くは、

「より大なる日本」の母たるべきわが同胞姉妹たちは、其必要の有無に拘わらず、此程の小冊子位は、紐解いて置いてもらひたいのである」[77]として、「技芸」がその生活上必要であるか否かに拘わらず女性が「母」となるために学ぶべきものであると述べているのである。

〈テキストの内容〉

では、それぞれの技芸を、下田はどのように説明しているのか、目次にそって見ていく。

●機織

同書で第一に取り上げる機織（きしょく／はたおり）について下田は次のように述べている。

> 機織る業は、婦工の中でも、殊に忽ならぬ務として、むかしから励んだのである。近くは維新の頃までも、地方在藩士の妻女は、縦令許多の婢僕を召し仕ふ家でも、其夫の為、親の為には、自紡ぎ、自織つて、そして其れを自仕立てゝ、江戸在勤のかたがたなどへ送るのは、一つの義務とも思ひ、又一つの楽とさへして居た[78]。

下田はこの時代の（明治三〇年代）「分業専門の業」が進んだ状況での、機織というものについて、「留主する妻子の、敢て日を空しくせず、人手を借らずして、至敬至親の人の肌身に着くる衣服を調製した、其麗しい心ばへと、行為とには、むしろ、尊敬の意を払はねばなるまいと思ふ」とし、「富貴の家の夫人連は、よしや、自機どのに登らぬ迄も、其労力のさまは、斯くあるものぞとだに、たどり知らしめたいものである。況んや、其れ以外の女子に於けるをや」としている。

つまり、糸にかかわる労働を自ら一貫して行なってきた時代は終わったが、それでもなお、機織を推奨する理由は、「麗しい心ばへ」のためであり、あらゆる女性にとって重要な労働であると考えているのである[79]。

下田は、機織の起源についてふれ、「遠く神代より起つた」ものとして、天照大神から仁徳の時代、さらには、奈良時代、藤原氏、戦国を経て徳川から維新へと連なる歴史を述べている。維新以降については、欧州との比較によって勧業博覧会での出品作品にふれながらその発達を簡単に論じていく。そして、展望としていずれ泰西諸州に誇るような立派なものができるであろうと述べている[80]。

次に下田は「機の織り方」について述べる。「機の綜やう」「筬目入」「織詰り」という項目に続いて、「織りやう」がある。「機を織るには、先腰掛に腰を掛け、身体を正しくし、静に筬と梭とを取るのである」[81]という言葉で始まるように、身体のありようは女性労働にとって常に重要な問題とされている。前述したように、下田は女性の労働は単に「労力」であってはならないとしており、美的な技芸を勧める根拠となるのが女性の徳の獲得にある。それゆえに、いかなる姿勢で機を織ってもよいというのではなく、機を織る行為が徳の獲得につながるような「織りやう」が示されているのである。

つまり、機織とは、妻の役割であり、伝統を有する手仕事であり、女性としての徳を高めるものであるとされている。

●紡績

同書上編の第二にあげられるのが、紡績である。下田は、紡績について次のように述べている。

「紡績のわざは、むかしは、大切なる婦工の一つとして、数へられたものであつたが、近来、此業は、大抵器械を用ゐることが多くなつた故、余り必要で無いかのやうに、世人にも思はるゝであらうが、器械を用ゐるは、その職業の人に限ることであつて、決して、個人の学ばるべきことで無い」。社会が開けていけば、分業が進むため、紡績など知らずにすむと思う人がいるかもしれないが、実はそうではない、と言う。「是等の事を心得て居れば、おのづから、屑糸の一筋、糸の一片も、冗にしなくなるものである」として、下田の時代には既に紡績は本来の目的から離れ、物を大切にすること、家計の観念を育てるために、教訓的に学ぶものとされていることがわかる[82]。

さらに、紡績の効用について「下婢などを使うて見ても、自分で、鋤鍬を取つて、耕耘の苦を嘗めた事の無い、都会の者は、必、菜蔬芋藷などの取扱を粗末にし、これを知りたる田舎の人は、また必粗末にしないものである。であるから、余は、なにとぞ、富みて且、裕かなる良家の女児にでも、往昔より婦行の忽にす可からざるものと教へられた機織、紡績、養蚕等のわざは、一通り心得て置かしめたいと、望むのであるが、分けても、紡績の如き手工は、格別大した器械も何も要らぬから、希くは、徒然なる長き日のすさびにも、試みしめて置きたいと思ふ故は、前に述べたやうな次第だからである」とする。

つまり、下田が同書で対象としている読者は、すでに紡績などする必要の無い階層の女性であり、そうした人々には、「下婢」つまり女中や使用人を使う際に、かれらの側に立ち、かれらの日常の労働を軽んじてはならないという雇用者や主人（ここでは主婦）の役割を全うするために、紡績を知る必要があるとしているのである[83]。

つまり、紡績とは中流以上の女性にとっては、すでに日常の手仕事ではなく、下層の女性の労働もしくは、過去のものとなりつつあると認識されながらも、下田は読者と想定される中流以上の女性たちに対して、家計管理という妻の役割と、主たる家庭管理者としての女主人の役割として、紡績の必要を説いているのである。

●裁縫

同書上編の第三章は、「裁縫」である。

「裁縫は、従来、女子が手工中、最大切なものとして、第一に学ばしめたものである」とするように、前節でみた実践女学校の学科課程などでも、裁縫は単独の教科として設置されており、重要視されていたことがわかる。

「機織」「紡績」に続いて、ここでもまた、「仕立て屋」が生まれたことによって、女性が裁縫をする必要の無い時代であることが述べられる。「機織紡績等のわざはもとより、料理品は料理屋にて購ひ、洗濯物は洗濯屋に託して、尚且、各自の裁縫まで、仕立屋に任ずる輩も、少なく無いと云ふ事であるが、斯くして、女子が天職の大半を他に譲与した所の人々が、抑これに代るべき事業は、どれほど出来たであらうか。余は不幸にして、未それを聞くことを得ないのである」[84]。下田にとってこれら家事労働は「女子が天職」とみなすべきものであり、これまでにその天職を捨てて他の事業に成功したものはないと論ずる。さらに、こうした「女子が天職」の模範的ありかたを農村の女性に求め、「地方農家の婦女は、常に男子を助けて、他に耕耘に従事しつゝも、なほ内に能く、機織、紡績、薪水、裁縫の事をも自するのである。これによつて之を見れば、都会の女子は、何等か他の専門職業に、暇無き人を除く外、家人の衣服を裁縫する程の余力の無かるべき道理は無い」[85]と、都市の女性層を批判する。専門職業につく女性に対しては、ある程度の許容の姿勢は見られるが、ここで下田が批判しているのは、「暇」のある女性、つまり専業主婦をさしているのだとわかる。

また、「日本の衣服は、西洋の衣装のやうに、決して、仕立屋に依頼する必要は無いのである。如何となれば、其裁縫の容易なると同時に、又これを解き更ふることが頻繁であらなければならぬ。であるから、寧銘々に裁縫する方が便宜で且経済である」[86]と述べている。「便宜」で「経済」であることは、前述した「家計的趣味」を帯びていることを示す。

●養蚕

同書上編第四章は「養蚕」が取り上げられている。

下田は「養蚕の業は、また、女子の大切な務めとして、早くから奨励されたものである」[87]として、養蚕の重要性を強調する。次章において養蚕については詳細に論じてゆくが、下田の文章には明治三〇年代当時にあって、養蚕を奨励していく扇動的な論が展開されていて興味深い。

下田は、次のように養蚕奨励の理由を説明する。

其専門家ならぬ人も、土地を所有してる農家の副業には最適当した業務であるのみならず、良家の婦女も亦、後園には、桑樹を植ゑしめて置いて、一つには、蚕桑の味ひも嘗めて、之を専業とする人の困苦をも思ひやるたつきとし、一つには、運動の助とも、家計の補ともして、身は富裕なりとも、自個の汗に得た金で、慈善教育等公共の事に費すなどは、殊に麗しい気高い楽しみではあるまいか[88]。

専門家はもちろんのこと、土地を持っている農家だけでなく、良家の子女も家の庭に桑を植えることを勧めている。下田はここで、いくつかの養蚕の効用をあげているが、それは、養蚕農家の困苦を知ること、運動になること、家計の補助になること、これらがきわめて麗しく、かつ気高い楽しみであると中流以上の女性に向けて論しているのである。

下田は「一、養蚕の起源及び沿革」の中で、我国の養蚕業が神代の時代から始まっており、応仁天皇期、仁徳天皇期、さらには雄略天皇期に進歩が見られたことを記し、聖徳太子の憲法十七条を引用する[89]。また、下田は明治期の皇后の養蚕について次のように記している。

明治の御世に到つて、遠く雄略の朝の盛事を思召し出だされたものか、同七年に、上野国から蚕婦を召させられて皇太后、皇后両陛下には、御親蚕の御事があらせられた。そして、其以降は、盛んに、西洋諸国の養蚕法を学んで、大いに斯道が進んだのである[90]。

皇后が宮中で養蚕を始めた年代が不正確ではあるが、雄略との関連を記している点は当時の主要な「皇后の養蚕」に関する言説との一致をみる。

さらに、「国民が力を協せて、此業に勉強したならば、決して他国に譲ることは無かるべき筈である」として、養蚕に対して「心を用ゐ、力を盡して、我国固有の女子の事業を他に奪はれぬ様にせねばならぬ」としている。ここで、下田は、日本にとって重要な産業である養蚕を、国民が総力をあげて尽力し、決してその地位を他国に譲ることがないように、また、それが日本に固有の女性の事業であることを示している[91]。

●染工

同書上編第五章では「染工」（せんこう／そめもの）を取り上げている。

この「染工」では、「ひとり、機織る帛布や、絲などの為にのみ、必要であるのでは無い。刺繍、造花、押絵、編物等、すべて、美術的手工を学ぶ者は、是非心得て置かねばならぬ。」[92]として、染工が多くの手工芸において基本の技術であることが示されている。

下田は第五章「染工」の「一、染物の起源及び其沿革」において、「染物は、我が国では、太古から、既に開けて居たやうであるが」とはじめ、「染工も、機織、紡績の業とおなじやうに、専女子のしわざとして居たやうであるが、漸々、この業の進むに従つて、却つて、重《ママ》に、男がするやうになつたかと思はる丶」として、染工に携わるジェンダーに言及する[93]。日常的な手仕事としてあった頃には、専ら女性が行なっている労働も、近代化に伴い職人が行なう専門的な技能となっていく際に、多くの領域が男性によって占有されている。これは染色に限らず、織物なども同じであるし、また紡績などにおいても工業化される過程で単純労働者である女工たちと、工場全体を把握し経営にも関与する男性技師との対比にも見られる現象である。また、「手芸」も同様に、大正期に入り男性の工芸家によって取り込まれていく現象が見られた。

下田自身は、男性が女性領域に携わる事について否定的ではない。むしろ、男性の職人の出現を染色業の「進歩」の過程であると見ている点は留意しておくべきであろう。

●刺繍

同書上編第六章では「刺繍」を扱っている。

「刺繍は、古くから行はれたものである。然しながら、其れはた、、衣服や室内装飾品に用ゐる絹帛や何かの、模様として行はれたのであつて、近来のやうに、殆ど絵画と拮抗して、美術的巧妙を競ふ程では無かつたのである」[94]。ここでも下田は、この技芸が古い歴史を持つものであり、その発展の過程を経て、近年では絵画と競うほどの「美術的巧妙」を得ていることを示す。

さらに、刺繍が改良され、絵画にはできないことをできるようになったことにふれている。たとえば遠近法で遠景を描くことについては、絵画がすぐれているが、近いものを描く場合は刺繍のほうが優れているとする。絵画の中でも油絵は近いところを描くのに長けているが、日本画はよほどの名人でなければ難しい。しかし、刺繍であればいかようにも近いものを高く浮かすことができる、そのうえ、糸の掛け方でさまざまな細部にまでもそれが可能であるとする。巧妙なものは、実に絵画以上に面白いところがあり、新しい趣向を凝らしたものができるとする[95]。

また、「三　刺繍のしかた」では、次のように説明する。

刺繍は、資性綿密なる女子が、美術的工芸として学ぶには、甚適当のものであらうと思はる、けれども、刺繍台等の器械が、十分に改造せられた暁は兎も角も、家業的工芸として為さうとするには、衛生上の注意を、余程能くせねばならぬ。まづ、刺繍台に向つて、姿勢を正しくし、余りに前に屈んで、眼と布帛とに接近し過ぎぬやうにし、頸部を曲げ、身体をよぢらせなどせぬやうにすべきである[96]。

こうした手芸をする際に必要とされる、「態度」「姿勢」の問題は、逆説的に手芸をすることによって、女性の身体がどのように拘束され、矯正されていくかということの証左となっている。ここで示されるように、刺繍台に向かって姿勢良く座り作業をするということが、まず最初に要求される。女性の持つ刺繍の技術は、こうした「姿勢」に支えられ、自由な身体性は奪われていくのではないだろうか。そして、最後に、下田は次のように結ぶ。

何によらず、技芸の上に活気の見ゆるのは、其為す人の精神が移るのであるから、意気込の強く撓まず無いやうにとの心がけが肝要である[97]。

下田は、作品に現れる作者の精神性について、技術が精神によって支えられていることを記しているのである。

●造花

同書上編第七章は「造花」である。

本章冒頭では、造花が古くからあったものであり、万葉集などにも造花を詠んだ歌があるとしている。これは、人類が美的観念を持つ以上、かならず作り手としての神にのみ一任せず、其自然の美を模倣してみようという考えが起こるのが当然であるとしている。

造花は、国内外で早くから作られていたが、日本では、近年ヨーロッパ風に倣って改造され、著しい進歩を見ることになったとする[98]。

●編物　附かがり物

同書第八章は「編物　附かがり物」の章になっている。章の冒頭では、編物の歴史にふれており、従来、実用必須のものとしては、漁業の網や、餅網などであったが、それらが技術が発達していない頃のものであり、広く世間で用いられるものではなかったとしている。しかし、「泰西の編物法が伝はつてから、著しく進歩して、手袋、韈、襯衣、下股引、襟巻等の実用品より、花瓶敷、枝花、花簪等の装飾に属する、美術品とも云ふべき美麗精巧の物さへ、製すること丶なつたが、分けても、この花簪、枝花等に用ゐらる丶物は、専、我が邦で、工夫したのであると聞くに及んでは、益々、我れら同胞姉妹が美術的の意匠と、巧妙なる技術とを、証拠立つることが出来るのである」[99]。

技芸としての編物は、基本的に西洋から伝わったものとされる。この西洋的技芸が普及しつつあったこの時期においても、下田が「編物　かがり物」として称揚するのは、日本古来からの伝統的な技芸であり、あえて花簪や枝花などを取り上げている点は注目できる。西洋的なものを受容することと同時に、そこに「同胞姉妹」の意匠と技術を賞賛することで下田の「取捨選択」の意識が映し出されている。

●押絵

同書第九章は「押絵　附、切箱　貼附」となっている。

下田によれば、押絵はあまり古いものではなく、専ら徳川の時代に将軍・諸侯の奥向きで、女中たちの手すさみに、かんざしや楊枝さしなどをつくったもので、商品としては羽子板などがあったのみであるという。しかし、近来、押絵を学ぶ際、植物学を学び、絵画を習って、なるべくリアルなものを作るよう心がけ、配色に注意し、写真ばさみや短冊かけを作るようになってきたという。「往時の物に比して、大いに面目を改め」、「これも女子が美術的技芸進歩の一端であらう」と述べる[100]。

以上、上編において扱われている技芸は、いわゆる「手芸」と呼ばれる領域に属するものである。上編はすべて糸と布に関わる手仕事であり、従来からその担い手は女性であると考えられてきたものである。下田の技芸論の特徴はむしろ下編にある。以下、下編について詳述する。

●絵画

同書下編の第一章は「絵画」である。

下田は、絵画について次のように述べている。

絵画の百般の事に必要なるは、今更云ふ迄も無いが、あらゆる学術、工業其他の上に就いて、若し絵画といふものが無かつたならば、いか程不便であるかもわからぬ。多くの説明の詞を費しても、猶十分なことは出来ぬであらう。故に絵画は、美術的巧妙の域に達しないまでも、一通り心得て置いたならば、何事にも、甚だ便利を感ずるであらう。そして、この技は、殊に筆の練習と意匠の巧みとを、要するものであるから、屢々紙面に臨んで、かき習ひ、又は、古今の名画、天然の山水風物に、能く能く注意すべきである[101]

絵画をあらゆるものに必要なものとしているように、絵画を学術、工業など他分野において有用なものと下田は考えている。「多くの説明の詞を費しても、猶十分なことは出来ぬであらう」と述べているように、ここで下田が論じるのは美術学校などで学ぶ芸術としての絵画ではなく、説明の補助となる「挿図」などであり、これが上手ければ「便利」であるとする。つまり、技芸における絵画とは、高度な技術を要するものではなく、日常生活の中で必要とされ、また生活の利便をはかるような「図」をさしている。

●写真術

同書下編第二章は「写真術」である。

下田は写真について次のように述べている。

写真は、自他の肖像を写して、それを保存したり、遠方にやり取りするなど、大いに互いに情誼を暖め、心を慰めるものである。風景写真は、名所旧跡に身を置くことができ、吟情を動かし、文芸を飾る栞になるだけでなく、地理や絵画の助けには実に大切な参考品ともなる。さらに、器物や家屋を写すことで、考証となるなど、効用は数え切れないほどであるとする[102]。

写真はこの時期まだ新しいメディアであった。下田の属するような階層の女性たちは、しばしば写真館などで撮影をしているが、しかし日常的にスナップ写真を撮るほどの頻度ではなく、記念撮影の趣が強い。この章の中では、写真の撮影から現像までのさまざまな事項が書かれているが、どれほどの階層でこれらが女性の技芸として受け入れられたのかは疑問である。それでも写真に関しては、下田は女子工芸学校でも術科課程の中に取り入れており、強い興味を示していたことはまちがいない。

絵画の場合と同様、下田の写真への関心は芸術や報道としての写真ではなく、実用性の高い参考品という性質を持つものであり、また「遠方にやり取りするなど、大いに互いに情誼を暖め、心を慰めるもの」という定義からもわかるように、交際、贈答という中上流階層の主婦の役目の一つに利便性があるものととらえているといえよう。

●速記

同書下編第三章は「速記」となっている。

速記は、かなり実業的な技能であるが、下田は速記について次のように述べる。速記術とは、人の音声、言語をそのまま写し取り、紙に書き取る術である。この術は、天性綿密な女子の職業としては最も適当であるため、欧米諸国では、ほとんど女子の専業のようになっているのに、日本ではまださほど注目されていない。しかし、将来必ず、これを学ぶ女子が多くなるであろうと述べる[103]。

速記を「技芸」とするか否かはさておき、下田がこうした技術的な職業を、女性に適切な技芸であると述べている点、さらに、その根拠となるのが「天性綿密」という女性の性質に還元されている点は、注目すべきであろう。

また、女子工芸学校でも速記は術科課程に取り入れられている。

●彫刻

同書下編第四章は「彫刻」である。

「彫刻は、また美術工芸の一種であって、最も其範囲が広いものである。人物、其他動物等巨大の立像などは、容易に女子の手に製作する事はむつかしいかも知れぬが、小形き床飾、棚飾物の如き、緻密にして、精巧を貴ぶ物は、寧ろ男子よりも女子の方が適当であらうと思はる、のである」。

彫刻もまた技芸の一つだとされる。しかし、人物や動物などの巨大なものは制作が困難であるが、「床飾、棚飾物」などは女性にも制作が可能であるとする。女性に適する彫刻とは、小型で、緻密、精巧なものとするのは、基本的には過剰な労働をさせないことと、女性が生来緻密な性質を持っていることに由来する事である。

しかし、「西洋諸国では、女子の彫刻家が漸々多数になつて、既に仏、伊両国の如きは、立派な彫刻美術家が顕れて居る。これに因つて見るも、此技術の女子に適して居ることを証拠立てらるる次第である」[104]と述べているように、西洋の女性の彫刻家（具体的に名前はあげていない）にふれ、女子に適する手仕事であると論ずる。

●蒔絵

同書、下編第五章は「蒔絵」である。

「蒔絵は、本邦の美術工芸中、最も特種の品である。」と始まるが、その理由として、日本の漆がきわめて良い質を持っている点、さらに蒔絵の技術が巧みである点、以上から世界の賞賛を得ているのだと説明する。しかし、近来にいたっては、海外で類似品が出回り、価格も安くなっているため、日本では注意して改良進歩を計るべきであるとする[105]。

●挿花

同書下編第六章は「挿花」となっている。

下田は挿花について、「兎にも角にも、今の挿花は、室内装飾には、誠に必要のものとなり、そして其形は、いかにも絵画に類して、美的技芸の一つに数えらるるに至つた。」と述べる[106]。前述したように、挿花は一種の「遊芸」とも考えられるが、下田はあえて「技芸」であるとして同書に取り入れている。大きな根拠となるのは室内装飾を省くという点にあり、高価な装飾品を購入するよりも、安価に美的な空間を作り出すことができるという意味づけがなされている。

●料理

同書下編第七章は「料理」である。

料理は、女子が必ず主として学び覚えて置かねばならぬのみならず、又、能くこれが研究工夫を積んで置くべきことである。凡そ、一家の主婦たる人に、料理の心得が無いと、無味い食物に費金を掛けて、そして衛生上にも少なからぬ損を来たし、甚だ不愉快の結果を見るものである。これに反して、主婦が料理のわざに熟達して居れば、衛生にも経済にも、非常の益があつて、そして、家内中いつも厚味しい食品を食することが出来るのであるから、是非とも能く習ひ覚えて置くべきである[107]。

ここで見るように、下田は料理は女性に必須の技能であるとし、「衛生」と「経済」に益するところがあると述べている。ここでいう「衛生」とは、現在の「栄養」や「健康」などの意を含み、「経済」とは当然ながら「家計的趣味」を意味する。

●包み結び物

同書下編第八章は「包み結び物」となっている。

下田は、包み結び物は、礼法の一部分として扱われているが、一方で美的技芸の中に取り入れるべきではないかと、記している。礼法で言う包み物は、その紙が美術的意匠を凝らしたものを用いることから、我が国固有の配色を知るのに良いし、結び物については、その製作を麗しくする目的かつ、さまざまな飾りにも用いられるため、技芸として扱うべきものであるとする[108]。

この「包み結び物」については、下田は多くのページを費やしており、日本固有の配色を数多く載せているのが特徴である。

2 『女子手芸要訣』

〈テキストの概要〉

では、もう一冊の手芸テキストである『女子手芸要訣』はどのような傾向のテキストであろうか。

下田歌子著『女子手芸要訣』において、著者はその緒言において、次のように述べている。

婦工の忽せにすべからざるは、今更に言を俟たず[109]。

この女性の手仕事を忽せにしてはならないなどということは今さら言うまでも無い、という一文で始まる同書は、下田歌子が一八九九（明治三二）年に博文館から出版した手芸のテキストである。『女子手芸要訣』は、博文館がシリーズとして出版していた、家庭文庫の中の一冊である。家庭文庫は次のように構成されている。

「家庭文庫」全一二巻（一八九九）

第一巻	女子書翰文
第二巻	女子普通礼式
第三巻	詠歌の栞
第四巻	料理手引草
第五巻	婦女家庭訓
第六巻	母親の心得
第七巻	家事要訣
第八巻	女子手芸要訣
第九巻	女子普通文典
第十巻	作文の栞
第十一巻	女子遊戯の栞
第十二巻	女子習字帖

「家庭文庫」は、以上の構成により、書簡、礼式、詠歌、料理、家庭訓、賢母教育、家事、手芸、文典、作文、遊戯、習字という一二の項目が取り込まれたものであり、その範囲は非常に広い。大きく読み書き・文学に関わるもの（書簡、詠歌、文典、作文、習字）と修身の要素を持つもの（家庭訓、母親の心得、礼式）、さらに家事および女性の生活にかかわるもの（料理、家事、手芸、遊戯）に分けられる。

この中の第八巻が『女子手芸要訣』である。

『女子手芸要訣』は次のように構成されている。

一　総論	二　養蚕
三　紡績　附染物	四　機織
五　裁縫	六　刺繍　附縫綴
七　押絵　附紋形	八　編物
九　造花	十　包み、結び物

同書の構成を見ると、前節でみた『女子の技芸』の中で下田が構成した「技芸」の領域との違いがわかる。「手芸」の中に取り入れられているものは、そのほとんどが「技芸」の上編で扱われたものであり、唯一「染工」が「手芸」から落ちている。また「技芸」下編にあった「包み結びもの」が「手芸」に入っていることがわかる。いいかえるならば、ここで下田が「手芸」として扱つかっているために、『女子の技芸』上編の諸領域が「手芸」であったともいえるであろう。では、下田のいうところの「手芸」とは何をさしているのか。同書第一章の総論では、次のように「手芸」の意義を述べられている。

> 手芸は、女子が所為の華なり。故に、女子にして、手芸に巧みならざるは、恰かも、樹の枝葉ありて、しかも花無きが如くなるべし。今や、開明文化の世、もとより、女子も学問無かるべからず。其、理を弁へ、道を知り、算を学び、文を綴る。亦甚だ必要の事たるべし。然れども、其尊親に事へ、其良人を助け、其愛児を撫で養ふにあたりては、衣を縫ひ、韈を編み、繍を刺し、帛を綴り、糸を紡ぎ、機を織りなど、能く女子の女子たるべき業を務めされば、決して、孝貞の道をつくすに足らざる所あるべし[110]。

下田は「手芸」を女性の所為の「華」にたとえ、植物の象徴性を用いて「手芸」の意義を説明しようとしている。「華」とたとえているのは、下田が手芸をきわめて重視していることの現れである。下田によれば、手芸技能が巧みでない女性は、枝葉はあっても花をつけない樹木のようなものである。つまり、これは女性の成長の過程を経て、なお結実しないことに等しい。女性にとって学問は必要ではあるが、それ以上に、家族のために「衣を縫ひ、韈を編み、繍を刺し、帛を綴り、糸を紡ぎ、機を織りなど」することは、「女子たるべき業」であり、「孝貞の道」をつくすことにも等しいとしている。また、下田は学問の必要性は否定していないが、重視してはおらず、家族のために手芸を行なうことこそが重要であり、その重要性は儒教道徳において重視される孝貞にも劣らないことを示そうとしている。さらに、次のように続ける。

誠に、慈母が手中の糸は、遊子の乱れたる心緒をも束ぬるに足り、節婦が廻文錦字の織物こそ、実に、征人断腸の悲しみをも慰むるに足るべきなれ[111]。

つまり、手芸をするという行為が他者の慰めともなる偉大な行為であると強調されていることがわかる。この偉大なる行為を補足するために、下田は次のような事例をあげている。以下、要約する。

英国の女権拡張論者の第一人者であり、女博士としてもてはやされるホーセット夫人は、最も手芸に巧みな人である。裁縫、編物などは、専門家といってもよいほどである。彼女は、愛娘に対して経済の学理を講じながら良人の肌着を編む。その精神は舌端に躍り、眼は娘に注がれつつも、糸を手にし、細密な編み目を作る。このようにして、彼女の説は、良人がまず熱心に賛成し、世間の賛同者を求めるようになった。ホーセット夫人のような人だけでなく、普通の女性もそのようにあるべきである。できることならば、女性が最も必須の手わざとして修めるべきは、手芸であることを忘れずにいるべきである[112]。

ここで引用されているホーセット婦人とは、ミリガント・ガレット・フォーセットをさしているものと思われる。フォーセットは、ジョン・スチュアート・ミルの選挙演説会で影響を受けて政治活動を始めたとされ、日本では彼女の経済書が翻訳されたことで知られ、イギリスでは女性演説家の先駆けでもあった。また、女性の大学教育実現のためにニューナム・カレッジ創立に関わるなど、多方面にわたり活躍し、婦人参政権協会全国同盟の会長をするなど、彼女を「女権拡張家」という下田の人物評は間違っていない[113]。

前述したように、下田は、女性が職業を持つことに否定的であったが、専門職はやむを得ないとの見解を示している。しかし、フォーセットの例をひき、賞賛していることからもわかるように、女性は単に仕事をするのではなく、家事をし、手芸をすることが前提となっていることがわかる。女性は、まず、十分な女性役割を全うしなければ、職業人として認められないということである。そして、それは「女権拡張家」という立場にあってさえも、同様であった。

では、より詳細に下田の「手芸」について見てみよう。

●養蚕

同書第二章は、「養蚕」を扱っている。つまり具体的に「手芸」の中で最初に取り上げられているのが「養蚕」である。

下田によれば、「養蚕の業は、我が邦、神代の頃より開け」[114]たものであり、応仁の朝に至って非常に進歩したものである。椒房の中に、蚕窓を開き、后妃が自ら「こがひの業」を営み、今にいたるまで全国で行なわれてきた。畏れ多くも、現在明治の御世でも、皇太后・皇后が御苑に蚕室を作らせ、採葉少女(はとりめ)を集め、蚕事に従事させていると、下田は述べる。

養蚕の起源は、下田に限らず常に神代に求められる。そして、その永続性を支えているのが皇后が自ら養蚕をしているという言説であった。下田も例に漏れず、皇后・皇太后が養蚕に心をくだき、採葉少女を使って宮中で養蚕をしていることにふれる典型的なディスクールを繰り返している。

養蚕の歴史的継続性と、宮中の養蚕が引用される背景には、当時、養蚕が国家の経済を支える重要な産業であったという理由がある。下田は、そのことにもふれ、次のように述べる。

抑も蚕桑は、我が国土地味に適したる産物にして、而して我が富原は実に、是れより湧き出づつあり。されば、蚕事は、其専門の人の、弥々益々、良法を尋ね、研究を積み、以て能く其業の拡張進歩を計るべきは、云ふも更にて、農家、耕耘の余暇、其が田園に、五穀菜蔬を植うるの外、溝渠の岸、畦畔の傍、空地、至る所に桑樹を植えて、婦女をして、之れに従事せしめば、また大いに其経済を助け、其生計を高からしむるに至るべし。斯くの如く、農家の婦女をして、養蚕を務めしむべきのみならず、都会に住するところの女子、否、進みて、良家の婦人も、亦、其珍卉名花を培ふ、庭園の、幾分を割きて、桑林となし、かたへは、長き日の徒然を慰めがてら、運動の一つとして、蚕事を経営さるるに於ては、満身の綺羅も斯かる、小虫が巣がける一線よりなれるの労を思ひ知るたづきともなるべく、取りたる糸をして、絹帛を織らしむるも、亦多少利する所あるべし[115]。

このように、養蚕業に携わる人々だけでなく、家庭の主婦に対しても、各々の庭で桑を植え、蚕を育てることを奨励している。下田は「長き日の徒然を慰めがてら」「運動の一つとして」「蚕事を経営」の「労を思ひ知るたづきともなる」など、多くの利点があることを示し、それら「取りたる糸をして、絹帛を織らしむるも、亦多少利する所ある」と述べている。「多少」の利というところから、これら手芸として養蚕を行なうことが金銭的な「利」のみを前提とした行為ではないことがわかる。むしろ、その行為自体が「慰め」であり「運動」であり、「教え」なのであって、そこから物理的・金銭的利を得る事はあまり目的とされていない。こうした「行為」は「上の好む所、下必ず甚だしきものありて、細民の、是れに習ふも、亦少なからざるべし。希くは、女子手工の大切なるを覚知せらるる所の方々、為に奮ひて、蚕桑の業に、力を用いられんことを期するものなり」[116]と続けられているように、上流の人間が下層（細民）に影響を与え、その行為を彼らに真似させていくことが重要であると示される。つまり、下田が皇后を頂点とした女性のヒエラルキーにおいて、上から下への婦徳の「感化」を、イデオロギーの伝達の手段として採用していることがわかる。

ここでは「養蚕」が産業としてではなく、行為としてとらえられており、さらに「教え」が含まれている。「手芸」は技能としてだけでなく、女子の教育のための道具として重視されていたのだが、「手芸」としての「養蚕」の最大の「教え」は育児である。

蚕児を養ふは、恰かも、人の子を養ふが如し。其育つる人の、寒ければ暖め、暑ければ涼うし、食を足し、居を安くし、至誠以て、是を保護せんと勉むるに於ては、其児の発生、必ず、佳良なるや疑ふ可らず。是れ、蚕事に関る者の、最も深く心を注めて、熟思すべき事なり。若し、其れをだに、能く会得せば、他は皆悉く、了解せらるべきなり。是故に、普通の家に在りて、素人も、亦能く、蚕を養ふことを得べしとは云ふなりけり[117]。

このように、養蚕はしばしば「育児」にたとえられる。蚕は子と同一視される。ここでも、下田は「育児」の心得があれば蚕を養うことができると述べ、その関連性を強く主張している。養蚕と育児を同一視していく言説については、さらに次章で詳述したい。

●紡績　附染物

同書第三章は「紡績　附染物」となっている。下田は紡績について次のように述べる。

紡績は、裁縫に亞ぎて、婦女が、必ず務むべき手工の一つとして、本邦、古来より甚た奨励したる業なりしかども、近き頃は、女子も学問をも修め、算数をも学ばざる可らざる事となり、且つ、何事も各自、分業して、専門に、履修研究することとなれりしかば、つひに、此業も、女子が必須の務めたりし事すら、知る者稀に成りもて行きぬることとそ、いとほしけれ。されば、世の文明に進むに従ひて、事物の複雑となり、事物の複雑となるに伴ひては、女子が執るべき業務も、亦次第に、繁忙となり増りぬべき理りなれば、紡績の如きも、必ず従来のやうに、何人も為すべしと云ふにはあらず。然れども、春の日の暮れあへぬ程、眠り催す窓のもと、秋の夜のいと長くて、なほ更たけぬ閨の裡など、徒然をも慰みがてら、我が手して、紡みもし、績ぎもしたる糸すぢもて、至親至愛なる、親、夫、子どもらが衣、織もし、縫ひも出でたらんには、そも、いかばかりか、楽しかるべく、着る人、将た、いかに嬉しくもぞ覚えぬべき[118]

やはりここでも、紡績を「婦女が、必ず務むべき手工の一つ」と位置づけ、たとえ学問が進もうとも、分業が進もうとも、「女子が必須の務めたりし事」であるとする。下田は、紡績を「至親至愛なる、親、夫、子どもらが衣、織もし、縫ひも出でたらんには、そも、いかばかりか、楽しかるべく」行為とし、手仕事が単に産業化によって簡易に手に入る時代になろうとも、家族のために為すべきこととし、喜びであることを示す。

●機織

さらに、同書第四章では「機織」が扱われている。

「機織るわざは、神代の昔天照大御神の、機殿に籠り給ひしよしを、さへに云ひ伝へもて来しより、我が国には、殊に、女子が専ら、心とどめて労き勉むべき事とはしけり」[119]とし、機織の歴史性についてふれている。連綿と続く手仕事である事を強調し、それゆえに、女性が「心とどめて労き勉むべき事」であるとする。

また、「支那にありても、そのかみは、尊貴の夫人、冠帛を織り、又朝服を織れりしよしを記して、婦道の模範として教へたるに似たり」[120]と、中国の例をあげたうえで、これらの行為が「婦道」の模範として教えられていたことを示す。しかしながら、これは同時代の女性たちすべてに対して、実際に機を織らせようというのではない。もはや時代の趨勢として、各家庭において機織をするということが現実味をもたないことは下田自身がよく知っており、つぎのように述べている。

女子が一家の主婦となりて、其が内政を主るに当り、衣食の事は、殊に、専ら担任して、取り志たたむべきものなれば、よし縦令、自らは機屋に登りて、筬を取らざる迄も、布帛は、斯くして、織るべきものぞと許は、心得置くべき事なりかし[121]。

つまり、自ら「機屋に登りて、筬を取」ることがなくとも、「布帛は、斯くして、織るべきものぞ」との知識は心得ておくことが重要であるとする。

●裁縫

同書第五章は「裁縫」である。

裁縫は女子が、専ら務むべき業の重なるものとして、早くより、いそしみ修めしめしなり。されば、裁縫即ち針仕事は、婦工第一の課業と志たりしが故に、遂には、単に仕事とし云へば、必ず針仕事なりとなすに至りぬ[122]。

裁縫は女子のみが務める手仕事であり、女性の手仕事の中でも第一の重要性を持つものである為、早くからの修養をすすめている。続けて、以下のように述べる。

斯かれば、其術に拙き者を、手づつと呼びて、恰かも、文字読み得ぬ男子を、盲人と云ひしが如く、卑みあざけりし程なりきかし。然るに、近来、女児も男児と均しく、学校に登りて、各種の学科を修めざる可らざる事となれりしより、従来の如く、裁縫の業にのみ、多数の時間を費やすべきにあらず。是故に、是術を学ばんとする者は、宜しく、先づ、簡易の法を取りて、なるべく、迅速に習ひ得らるるやうにと心がくべし[123]。

下田によれば、裁縫の拙い女性を「手づつ」と呼び、「卑みあざけりし程なり」としている。彼女は裁縫の技能が低いということは、差別されてもいたしかたないという通俗的な認識を示すことで、女性に対する裁縫の重要性を示し、そこに社会的強制力の強さを読み取ることが出来よう。しかし、女児の学習時間の中で、裁縫に多くの時間を費やす事ができず、そのためには、「簡易」かつ「迅速」に学ぶ事が必要であるとする。さらに、裁縫の拙い場合は、次のような困難があることを記す。

女子にして、此道に拙きは、ひとり、其家政を理むるの時に当たりて、経済上、管理上、少なからざる損失あるのみならず。其夫を助け、父母舅姑に事ふる女徳の上に於るも、亦甚だ不完全なるべきを思ひ、年少の頃よりして能くよく務め習ふべき事にこそ[124]

裁縫は、明治期に入ってからも、女子教育においてかなり多くの時間数が設定されているだけでなく、多くのテキストも出版されており、さらに地域には多くの裁縫塾があった。下田の考える「手芸」は、まだ時代的に実現しづらい状況であったが、裁縫がその中では根強く女性の手仕事として残った分野であった。多くの女性の日常の手仕事として、裁縫はまだ重要であったがために、技術の稚拙な女性に対する差別的な表現があったと考えられる。こうした手仕事と女性性を結びつける強制的な力学は、社会の中に温存されていたことが示されている。

●**刺繍　附縫綴**

同書第六章は「刺繍　附縫綴」となっている。

刺繍は縫取とも云ふ。刺繍は、女子の手工中、殊に美術に属して、優雅なる技芸なり。故に、こは多少、絵画の意匠無き人に於ては、其巧妙に達すること難かるべきものなれば、刺繍を学ばんとする者は、宜しく、先づ、図画の方法を学ぶべし。然れども簡易なる縫取は、少し、其しかただに覚らば、術に興味あるものなるが故に、存外に早く進歩しもて行くものなり。

刺繍は、女性の手仕事の中でも、特に優雅な技芸であるとする。「美術」に属するという表現には、刺繍の技術的な素養として、絵画の素養が含まれていることが示唆されている。さらに、次のように述べる。

刺繍の最上等なるは、山水、花卉、鳥獣、人物等をも、巧みによく写し出だして、其遠近濃淡、及び姿勢までも活気あり。潤沢あり。絵画の妙を奪ひ尽して、今一歩を、造化自然の境にさへも、近づけもて行くものにこそあれ。されど、是等は、其最も玄の玄に達したるを云ふにて、斯くの如きは、専門に学び且つ能く習熟してすら、最と難き業なめれば、左許りにまでと、望むにはあらず。唯、爰に記す所のものは、極めて、其平易簡明なるを選び、其方法を知らば、かつかづ試み得らるべきを期したるなりと雖ども、尚其種類、名称等は、其が概略を掲げて、未知の人の、参考たらしめんと欲するものなり[125]。

この文章から下田は一般の女性に対して、高度な刺繍の技能を望んではいないことがわかる。刺繍は、明治以降「手芸」の代表的なものとなっていくが、まだこの時期の下田の論においては家庭の主婦が十分に親しむものという認識はない。しかしながら、こうした手芸を語る論において常に特徴的なのは、職人が為すような高度な技能をそのまま一般の家庭の主婦に勧めるのではなく、きわめて簡易に、そして、平易にと勧める点である。ここではその特徴がよく出ていると思われる。

●押絵　附紋形

同書第七章「押絵　附紋形」では、次のように述べている。

押絵は、そのかみ、旨と将軍の大奥、及び、諸侯の奥向に行はれしものなり。是れも亦、美術に属したる手工にして、女子には適当なるものなりと雖ども、押絵の拙きは、存外に卑俗に見えて、且つ、為習ひの程は、糊の、兎角に表に浮き易きものなれば、能く注意して、折角の帛地を汚し穢さぬやうにすべし。但し、押絵も、画の意匠ある人の作りたるは、まことに、優にして、麗しきものなり。且つ、是れは、極めて、狭く小さき帛片を用ひて、作らるるものにしあれば、少女が徒然の慰めがてら、暇あらん折々には、一亘り学ばせ置きて、然るべきものなるべし[126]。

前節で取り上げた『女子の技芸』にもあったように、「押絵」は、江戸城の大奥との関連で語られる。押絵も美術に属する手仕事であり女性に適切なものとしているが、その技術が稚拙であると「卑俗」に見えると注意をうながす。また、小さな布片を用いることから、「少女が徒然の慰め」に学ばせておくべきものであるとする。

●編物

第八章は「編物」を取り上げている。

編物は、早くから日本においても女児の手仕事として扱われてきた。しかし、現在行なわれているもののように、精巧でかつ多くの種類があったわけではない。「網、及び、網袋、網紐等」や「夏の汗取肌着」などの類のみであった。

近年、西洋風の編物の方法が伝わり、それに加えて日本独自の方法も工夫され、だんだんにこの手芸が進んでいる状態である。そのため、精巧なものになると、ほとんど織物にも似たものがあり、手際の良さを感じるものもある。「本邦人は、指尖の技、極めて巧みなる性にしあれば、斯うやうの術は、弥々益々巧妙を極むるに至れるなるべし」[127]として、編物を奨励している。

●造花

さらに、第九章では「造花」を扱っている。

日本における造花の起源について「仏に花奉りしより、其が必要を感じた」ことからはじめられたとしている。造花には、冬枯れの季節が到来しても、「造物主が、自然の製作に打ち任せたりし時代に於ては、彼の崇仏供養に熱中せし、富豪の人の、いかに何をかなと、心を尽して、人工に花造る技を、巧み」にしてきたことがその創始であるという。さらに、「我が造花の技は、先づ、仏前にささぐる料に物せしを始めにて次には、八乙女舞人たちが挿頭など、かたへは、装飾の具にもなりたるなるべし」として、第一に仏前花、次に舞人たちの挿頭などの装飾の道具があったとしている。

近来に至りては、少女が簪、床、棚の置物等、種々の装置に用ふること、はなれり。其巧妙なるは、花の色、葉の形ち、枝ぶりなどの愛たきは云ふも更にて、中には種々の薫物を、花の芯、又は、萼などに含ませて、菊は菊、梅は梅の香りをさへに、附け加へたるなどあるなり。

近年では、少女の簪や家内の置物などに用いられ、巧妙な作りのものが増え、さらにはその花の香りをつけるなど工夫されているものもあるという。しかし、他の手芸に比して、造花はまだ十分に発達した技術ではなかった。そのため、「吾が邦の造花は、花の最も、巧みに麗しく出で来るに合せては、葉、及び、枝のさま、今一際と覚えて、不十分にぞ見ゆめる。尚次第に進歩改良を加へなば、造化の主が、眼にも、孰れを真、孰れを偽と、見分き難きまでにぞ、成りもて行きぬべきなる」[128]として、今後の進歩改良に期待する言を残している。

●包み結び物

最後の第十章は「包み結び物」である。

物の包み方結び方は、もともと礼法に属するものであるとして、この「家庭文庫」の中では第二巻「女子普通礼式」の中で書くべきであったとしながらも、仮にその種類を最小限にしようとも、書き切ることができなかったとする。であれば、「礼式」である側面と、一方で「結び物は、早くより、女子が手芸の一つとして、習はしたる事なりと覚ゆ」[129]とするように紐の細工などは手芸の一つであると述べている。

下田にとって、手芸は、その種類にもよるが女性が学ぶべき徳育、礼式などと微妙な重なりを持ち手仕事であることが示されているのだといえよう。

4　下田歌子の手芸論の位置づけ

下田歌子が著した二冊の手芸テキストについて、下田自身がたてた目次にしたがって、各手仕事の位置づけと奨励のための言説をあげてきた。では改めて、下田は「手芸」を女性の統御システムの構想の中で、どのように位置づけ、利用していたのか考えてみよう。

まず、下田の手芸テキストの語りには、五つのパターンがあることがわかる。それらは、女性と手芸を結びつける強力な言説として、下田のみならず、後に多くの手芸家たちによって繰り返されるのだが、近代日本の典型的な語りの原点の一つとして、下田の言説をとらえることができるであろう。また、この五つの語りが常に並存して語られるわけではない。手芸家によってはこのうちのいくつかを取る場合もある。しかし、下田の五つの語りは、女性を国民として統御し、階級というヒエラルキーを利用して、巧妙にイデオロギーを伝達するための強力な装置となっていることがわかる。

下田の五つの言説とは、伝統、婦工、徳、態度、実益という五つのキーワードで表わせるものである。

まず、「伝統」とは、「我国の養蚕業が神代の時代から始まる」[130]、「刺繍は、古くから行はれた」[131]、「押絵は、そのかみ、旨と将軍の大奥、及び、諸侯の奥向に行はれしもの」[132]、などからもわかるように、それぞれの手仕事の起源にふれることにより、その連綿と続く歴史性を語り、伝統を強調し、正当性を確保しようとするものである。下田が「伝統」について語り、それを肯定する背景には、当時の社会の風潮に対する批判的なまなざしがある。

「女子の技芸」の冒頭で述べているように、下田は、女性の職業進出に対して批判的であり、殊に工場労働など過分の力業、過度の労働は女性にとって不利益であるばかりでなく、社会の徳を破壊する槌となるとして、社会悪であるとみなしている。また、同時に、女性が手芸や技芸というものを自らの生活に不可欠なものとして行なっていた時代が過ぎ去り、手仕事の領域が仕立て屋、料理屋、洗濯屋など多様な職業に委ねられていくことに対しても、彼女は危機感を覚えている。

これらの状況に対して、「手芸は歴史的に女性の領域である」という言説を用いて対抗していくことが下田の戦略であった。アマテラスや古代の皇后、新しいところでは大奥などを「手芸」の起源とし、神格化や権威化を図ろうとしているのである。神代の時代からという語りには、ある種の聖性を想起させ、あたかも人の道であるかのような錯覚さえ覚えさせる力があり、こうした「伝統」の語りは、女性の手仕事を美化・聖化してくための強力な武器となっていったといえよう。

第二の語りは「婦工」つまり女性の適性についての語りである。「機織る業は、婦工の中でも、殊に忽ならぬ務」[133]、「養蚕の業は、また、女子の大切な務め」[134]であるという言説は、女性の手仕事を定義するうえで重要な理由付けとして用いられている。なぜ、「女子の大切な務め」であるかについては、「伝統」の語りに還元されていく。「伝統」との大きな相違は、前者がその歴史性ゆえに重要であるとしているのに対して、後者の「婦工」は、女性が行なうということ自体に意味が持たされているのである。

そのため、同時代においてもなお「婦工」は重要であるというための理由が必要であった。下田は、「刺繍は、資性綿密なる女子が、美術的工芸として学ぶには、甚適当のもの」[135]、「天性綿密な女子の職業としては最も適当」[136]、「緻密にして、精巧を貴ぶ物は、寧ろ男子よりも女子の方が適当」[137]など、これらの手仕事がなぜ女性に適しているのかという点について記している。「緻密」「綿密」「精巧」などの文言は、女性と手芸・技芸を結びつけるキーワードとなる。

『女子の技芸』の冒頭で、下田は、女子はその天性の骨格から、容貌から、すべてにおいて華奢で美麗で、手薄にできているとして、女性の身体的特徴からその適性を導き出している。身体的に華奢であることから、「緻密」で「綿密」で「精巧」な技能に長けているという論理である。この「婦工」つまり女性の適性に関する語りは、女性と手芸・技芸を超歴史的に結びつけ、生得的な能力であるかのごとくみなしていくものである。

第三の語りは「徳」つまり女性の精神性に関する語りである。手芸や技芸は、女性の「麗しい心ばへ」のため、あらゆる女性にとって重要な労働[138]であるというように、女性は手芸・技芸をすることによって女性としての徳を獲得すると考えられている。女性の徳と一言でいっても、そこに下田はさまざまな要素を取り入れている。

たとえば、『女子の技芸』において、過剰な労働により「美を奪い去られた女子は、資材を奪われた人の如く、自棄となり破廉恥になり、残忍な人となり」[139]と述べているように、「自棄」「破廉恥」「残忍」を徳に対置するものとしてあげている。つまり、手芸・技芸をすることにより、自らを大切にし、貞節になり、思いやりのある女性となることが、逆に示されている。

また使用人を雇う側としての女性である、中流以上の主婦の立場では、紡績を知る必要がある[140]と述べているが、その根拠となるのは、下層の女性たちの日常の労働を知ることで、使用人の女性をよりよく理解し、主人としての徳が高くなるという考えが示される。中流以上の女性たちは、実際に下田の示すような養蚕・紡績・機織などを家庭内においてすることはないが、しかし、それらを知識として知っていることによって、使用人を雇う者として恥ずかしくない徳が身につくのだと述べている。

また、刺繍について、その作品に「其為す人の精神が移る」[141]と述べているように、手仕事は精神性の反映とみなされており、作り手に女性の徳を求めているということから考えても、作品の質に女性の徳の高さを重ねていることがわかる。

第四の語りは、手仕事に向かう態度、作り手である女性の身体に関する語りである。

たとえば、機織に関する記述では、「身体を正しくし、静に筬と梭とを取る」[142]として、正しい身体のあり方を示す。また、刺繍に関する記述では、「衛生上の注意を、余程能くせねばならぬ。まづ、刺繍台に向つて、姿勢を正しくし、余りに前に屈んで、眼と布帛とに接近し過ぎぬやうにし、頸部を曲げ、身体をよぢらせなどせぬやうにすべきである」[143]としている。「身体」「姿勢」を正しくし、身体をよじらせたりしないことが大切であるとしているのだが、そうすることが手芸・技芸の基本であり、かつ上達するためのあり方であるとしているのである。

手芸・技芸の中でも、機織、紡績のほか、刺繍、裁縫などの針仕事は、一定時間座ったままで、姿勢を正して行なうものとされている。たとえば他の家事労働と比較した場合、洗濯、掃除、料理などとは異なり、身体的な拘束は大きいといえる。静かに身体を正して過ごし、手仕事をし続けることは、逆説的にこうした状況に耐える身体を作り出す可能性も持つ。つまり、手芸・技芸の技能的な向上をめざしていく過程は、そのために必要となる身体を作り上げる過程でもあり、まさにそれが女性性の獲得へとつながっているのだといえよう。

最後に第五の語りとして、「実益」についての語りがあげられる。手芸や技芸を女性に勧めるためには、現実にいかなる利があるのかを述べなければならない。そうしなければ、現実の生活において、それらをはじめる動機付けにはならないためである。

下田は、その例として、「何事にも、甚だ便利」[144]であるという利便性をあげたり、「大切な参考品」であると写真について述べたり、これらが「大いに互いに情誼を暖め、心を慰めるもの」[145]として、主婦の重要な役割としての交際に役立つものと述べている。

また、挿花で述べられたように、「多少家計的趣味を備えている」[146]ことについては多くの言及があり、「大いに其経済を助け、其生計を高からしむる」[147]、「衛生にも経済にも、非常の益があ」[148]るなど、実際に収益を得られる可能性を示唆したり、それらが家庭が万一の場合には生活を維持していくための補助的な収入となることを例示する。

さらには、実際に生活費を稼ぐ必要のない階層については、「自個の汗に得た金で、慈善教育等公共の事に費す」[149]ことも記されており、これらが生活に余裕のある階層の女性たちにとって、社会参加の一つの形態として、また徳の高い女性の行為として示されているのである。

以上、下田の手芸論における五つの語りについて述べてきた。これらは女性と手芸・技芸の関係を密接にするために欠くことのできない言説であった。まず、「伝統」の語りにおいて、下田は常に神代から続くことを強調する。あらゆる「手芸」が歴史的連続性を与えられることにより、「手芸」は女性にとって不可避の労働となる。さらに、「婦工」の語りは、それに追い討ちをかけ、「手芸」は当然女性が為すべき行為であるとし、さらに近代的言説として「女子に適する」ものという適性論で、同時代性が確保される。「徳」の語りでは、作品には作り手の精神性が反映するものとし、作品を通して、女性の徳の高さが計られる。「手芸」をする行為は、婦徳を高める行為であり、逆説的に、「手芸」をしなければ他のあらゆる功労は無に帰することになる。これはフォーセットの例を引いていることからも明白である。「態度」とは、「手芸」をする身体に関しての語りであり、手芸テキストにはしばしば取り上げられる。技術の向上は、態度によって支えられる。姿勢を正しく、静かに、一定の速度で、という指示は、一見技術の向上へと進む道でありながらも、一方で、技術が向上した後には、こうした拘束に耐える「身体」に矯正されていく危機も内包している。最後に、「実益」「実利」についての語りは、「手芸」へと誘引するキーワードとなっている。イギリスの例に違わず、日本においても、中産階級家庭の生活は、必ずしもその理想的水準に達するものではなかった。

「手芸」は生産的行為であり、窮すれば経済的な助けになることは重要であった。それは、自ら収入源を持たない主婦であり、多くの資産を持たない都市中産階級の妻にとって、万一に備えて身につけておくべき技術であったといえよう。女性に対する「万一」への危機意識の喚起は、女性を「手芸」へと誘引するための強い動機付けとなってきた。家庭の主婦として専ら家事労働と家庭経営さらに育児に従事することを賛美し、そこに幸福なイメージを与えていくことは、一方で「万一」の場合にあらゆる幸福を失う危機感へとつながっているのだといえよう。

5　下田歌子の社会構想と「手芸」

本章では、下田歌子という明治期のイデオローグに焦点を当て、下田に関する考察を通じて、近代国家における女性統御のシステムの一つのパターンを提示しようとしてきた。

下田の活動は広範であり、それゆえに複数の視角からとらえていくことが必要である。彼女の「功績」とは、まさに、近代国家として、女性をいかなる形で統御し得るかという命題に対して、きわめて具体的かつ実践的な構想を提示し、実際に活動をし、そして広範な人脈と知識とによって近代国家が必要とする女性のあり方を示した点にある。

本章の第2節で見たように、下田の経歴は、彼女自身の広範な人脈形成期とイギリス留学期、そして帰国後の活動の三つの時期に大きく分けることができる。最初、宮中に身を置き同時代の知識階級や権力者との交流によって人脈を形成していく時期は、下田のその後の活動の基盤となり、皇后という存在によって権威付けられ、内外の知識を獲得し、そして、下田の構想する社会活動を支援する人脈が作り上げられた時期であった。その結果として、下田は内親王の教育という大きな役割を与えられることとなる。

この内親王の教育という役割を遂行するために、下田に与えられたチャンスがイギリス留学であった。第3節において詳述したように、下田はこの留学によって自らの描く女子教育構想の基盤を作り上げたと考えられる。ヴィクトリア朝のイギリス社会において、下田が目の当たりにしたものは、階級構造とジェンダー構造とが複雑に絡み合う中で、一貫して強固な位置を持っていたドメスティック・イデオロギーであった。それは、家庭を重視し、女性を厳しい性モラルのもとに置き、そして女王を頂点とし、皇女、上流階級、中産階級、そして下層の労働者階級の女性たちをも巻き込みながら、各々の階層において一貫してフェミニニティを強要していくものであった。

下田が女子教育の視察という役目を担った留学期間に得たものは、第一に階級に応じた教育の必要性と上から下への「感化」（インフルエンス）を通してジェンダー・イデオロギーを伝播させるシステム構築の必要性、第二に、「実利実益主義」のもとに実学を重視し、具体的に国家における女性役割というものを実践を伴なう形で提示したことにある。

下田はイギリスから帰国した後、これらのシステムの構築に取りかかる。その最初の活動が帝国婦人会の組織であった。この組織化において、下田を支えていたのが、彼女が作り上げた上流階層の人脈であった。帝国婦人会の組織は、下田の社会構想をよく示している。「教育」面においては、上層の子女から下層の子女までも教育の対象としつつ、それぞれ別に教育機関を用意することによって、階級別でありながら、すべての女性が教育を受ける必要性が示されている。「工芸」面においては、いわゆる「工芸」を研究する上層の女性たちがいる一方で、経済的発展に不可欠な女工を養成する視点を備えてもいる。「救恤」という側面からは、専門的知識を持たないあらゆる女性を動員する「救助会」と、慈善女子病院、そして看護婦の養成機関の設置などが構想されていた。帝国婦人会組織は、必ずしもすべてが実践されたわけではないが、その構想は国家において女性が為すべき範囲を、十分具体的に示すものであったことは間違いない。

下田は多くの著作を残しているが、彼女の「実利実益主義」を強く表わしているものの一つが手芸論であるといえよう。本章では、第四節において下田の手芸論を取り上げ、「伝統」「婦工」「徳」「態度」「実益」という五つのキーワードが、女性と「手芸」を強く結びつけるとともに、女性がいかなる場合で「手」という行為から逃れられないものとなっていることを明らかにした。下田にとって「手芸」とは、単に奨励すべきものだというだけではなく、むしろすべての女性に義務付けられるべきものである。

以上のように、下田は女性を国家の中に位置づけようとする明確な意図を持って、社会構想を提示した。下田は女性に対して、男性と対等であることは想定しておらず、皇后を頂点とした女性のみの階層構想を示し、あらゆる階層の女性をその構想の中に取り込んでいた。そして、下田の社会構想の軸となったのが「手芸」であり、「手芸」を行なうことによる身体的矯正と精神の陶冶によって、女性が有用な形で、国家の中に位置づけられることこそが、下田の手芸論の最大の特徴であったといえる。

第2章　皇后の養蚕

1　はじめに

下田歌子の社会構想において中心におかれていた中産階級の女性たちは、自分より上層階層の女性たちを自らのモデルとし、その一方で下層階層の女性に対して慈善活動を行なうなど慈悲と施しの行為を自らの役割とすることを理想としていた。都市中産階級の女性、つまり官吏や教師などホワイト・カラーの妻や娘たちは、義務教育以上の教育を受け、家庭の管理をすることを自らの役割としてまっとうすることを義務とし、文化的かつ知的な近代家族を作り出す存在と見なされていた。それは、たとえば文化的生活を送るための家事および家庭経営の知識や、家族の健康を管理する衛生に関する知識、家庭外で働く男性を精神的・肉体的に癒すためのさまざまな知識こそが必要であると説く多くの女性向けテキストに見られるものである。

経済的・文化的に高いとされた皇族や華族女性の生活は、常に女性向け雑誌メディアの中心的トピックであり、その生活ぶりは雑誌の購読者である中層の女性たちの理想とされていた。その頂点にあったのが皇后に関する報道であったことはいうまでもない。下田が「インフルエンス」と主張していたのは、まさにこの皇后を頂点とした女性のヒエラルキーであり、上の階層が下の階層に対して影響を与え、感化するシステムをさしている。

しかしながら皇后や皇族・華族女性の生活をそのまま真似ることが、すべて可能であったわけではない。当然のことながら、近代的生活をそのまま享受するためには経済的基盤が必要であり、すべての中産階級女性がその恩恵にあずかれるわけはない。そこでいかにして「真似る」かが重要となってくる。たとえば家屋の規模を小さくしたり、下婢の人数を減らすなど、階層に応じて家庭経営の規模・方法を変えて真似ることもあれば、自ら手作りして家具装飾品を整えたり、衣服を揃えたりするなど、自分の労働によって補完することもあった。

こうした近代的生活への上昇志向と「インフルエンス」の思考は表裏一体となり、階層化された女性たちの構造を支えていたといえよう。

この構造を巧妙に利用して女性の統御に用いられてきた一つの言説が「皇后の養蚕」であった。本章では、明治期に行なわれたとされる宮中における皇后による養蚕(以下、「皇后の養蚕」もしくは「皇后親蚕」と記す)が、これらメディアを通じて、人々にどのように解釈され、社会の中で機能したのかという点について考察する。また、「皇后の養蚕」という言説が、女性を手仕事へと向かわせる強力なメッセージとして流布されたものであったことを明らかにしていこう。

一八七一(明治四)年明治天皇の皇后、美子は東京城内吹上御苑に蚕室を設け、養蚕を始めた。『明治天皇紀』によれば、二月に皇后が吹上御苑内に蚕室を作らせ、三月には自ら桑を摘み蚕を育てたとされており、それ以降、時期によっては中断していたが、断続的に現在の皇后まで続いている[1]。

『明治天皇紀』には次のように記されているとされる。

是の月　皇后養蚕を試みたまはんとし、蚕室を吹上御苑内に営ましめ、且岩鼻県に命じて蚕業に習熟せる婦女及び取締人を選出せしめたまふ、三月上旬、上野国佐位郡島村等の婦女四人至りて蚕室に伺候し、皇后亦親ら桑を摘み蚕を養ひたまふ、尋いで五月上旬に至り蚕児の上簇畢るや、東京深川授産場に命じて機織・練糸に堪能なる工女数人を選出せしめ、召して綸子・羽二重を織らしめらる[2]。

この記述のもとになっているのが『新聞雑誌』の報道である。『新聞雑誌』は次のように記している。

二月中、皇后の宮東京城内吹上の御苑に於て、みずから蚕を養いたまわんとの御事にて、上州岩鼻県に命ありて、蚕桑に事習れたる女四人を差出すべき旨を仰下さる、三月上旬に四人の女撰まれて出京し、御苑内に伺候し、蚕桑の業を教え奉れり[3]。

この『新聞雑誌』の報道は、明治期の皇后の養蚕に関する最初の記述であり、このきわめて簡素な文面が次第に脚色され、前記『明治天皇紀』のような文章になっていくものと思われる。

それまで人々の関心の対象として記録されてこなかった皇后が、初めて公のメディアに姿を現したのが、この養蚕を始めたことに関する記事であった[4]。このことは、近代国家において「皇后」と「養蚕」の両者がきわめて重要な意味を持っているとともに、「皇后」と「養蚕」の結びつきの深さを示している。

天皇と皇后及びその他皇族の行動は、主としてこのような新聞・雑誌などの活字メディアを通じて伝えられた[5]。本稿の主旨にそって、ここでとりあえず皇后と皇太后に関する記事を見ると、新聞だけではなく一八九〇年代以降増大する女性向けの雑誌において頻繁に取り上げられる傾向があった。女性向けの雑誌では、皇后や皇太后の行動が報告され、その婦徳が讃えられた。皇后の養蚕や製糸業との関わりについても、関連記事は、新聞よりむしろ読者を限定した女性向けの雑誌に多く見られる。いうまでもなく、女性向け雑誌というのは、読み手の性が限定されていることがあらかじめ想定されており、記事は読み手に合わせて作られている。想定される「女性」読者に対して「皇后の養蚕」というトピックは、読み手に伝えるべき意味あいに脚色されて届けられた。それは、まさに近代皇后の国家における役割を集約した意味づけであった。

最も重要な点は、前章で見たように、「養蚕」は「手芸」の一つであったことである。それも最も重んじるべき「手芸」と繰り返し語られてきたものである。「皇后の養蚕」の意味を探ることはすなわち、女性の階層構造の中で「手芸」がどのように機能してきたのかを明らかにすることでもある。

以上の前提に立ち、本章では、明治期における「皇后の養蚕」解釈と意味の生成について、ジェンダーの視点から読み解き、明らかにしていこうと思う。

2 「皇后の養蚕」の創出

1 皇后親蚕の経緯

〈皇室と養蚕・製糸業との関わり〉

皇室と養蚕・製糸業との関わりは、明治以降三つの側面から強化されてきた。第一に天皇、皇后、皇太后その他皇族による養蚕・製糸業の関連地への行幸・行啓があげられる[6]。第二に、明治二五年設立の大日本蚕糸会において、明治三八年以降歴代総裁を皇族が勤めてきたことにより、養蚕関連で唯一の全国組織の長として、その役割が象徴的に示されている[7]。第三として、本稿で取り上げる皇后・皇太后親蚕である[8]。

〈皇后の養蚕の歴史〈巻末掲載「資料2」参照〉〉

本書が論じる「皇后の養蚕」とは実態としての養蚕ではなく、皇后が養蚕をすることを言説やイメージを通して社会の中に意味づけられてきた表象としての「皇后の養蚕」である。しかし、実態として宮中でどのように養蚕が行なわれてきたのかということを不問に付すことはできない。ここで実態という言葉を用いているが、宮中の養蚕は明治以来多くの神話と伝説に彩られてきたがために、この実態に近づくことはきわめて困難である。ここでは、可能な限り現代の宮中の養蚕に至る道筋を明らかにしておきたい[9]。

本章の冒頭に記したように、皇后親蚕は一八七一（明治四）年、皇居内吹上御苑にて開始された。『明治天皇紀』および『新聞雑誌』の記述によれば、皇后自身が「蚕を養いたまわん」[10]として、上野国佐位郡島村（現在の群馬県佐波郡境町島村）から養蚕に習熟した四人の女性とそれを取り締まる者を選び出したとされる[11]。この取締役の養蚕世話役とは、島村の郷長であった田島武平であり、この武平によって村内から養蚕に練達した四名の蚕婦（田島多加、田島まつ、栗原ふさ、飯島その）が選定された[12]。田島武平のみ先に単身上京し養蚕の準備を始め、四人の女性たちは遅れて同年三月一〇日に上京している。同月一三日には、四名の女性は宮内省に出頭し、翌一四日には最初の掃き立てを行ない、養蚕が始められた。この年の養蚕は、五月六日に全部の繭掻きを行ない、七日には収繭量を調査してすべて終了している。養蚕の終了に際して、五月一〇日、奉仕者の女性たちは吹上御苑において、養蚕掛の人々の立会いの下、「天杯」（三つ重御杯）、「煙草入れ」、「袂入」の三品を褒美として下賜されている。

蚕の飼育は順調に行なわれたとされ、生産された繭は約七〇キログラムであった。この繭の繰糸及び織物の製作は、東京深川の授産場にて行なわれたとされている[13]。

この「皇后の養蚕」は、皇后自身からの要請[14]を発端としているとされるが、最初のセッティングをしたのは、当時の大蔵大丞であった渋沢栄一[15]であった。渋沢は皇后の要請に対して回答するとともに、姻戚関係に当たる田島武平を推薦したとされている。

渋沢栄一は、昭和四年九〇歳の時に、皇居の養蚕の開始当時の思い出を『出がら繭の記』に記している[16]。それによれば、「皇太后の宮　皇后の宮　深く蚕糸の道に御心をそそがせられ、親しく蚕飼いのわざをみそなわし給わむとて、当時大蔵省に出仕なしたりけるおのれ仰せごとうけたまわり、吹上の御苑の内に御養蚕所建設の場所を選り定め奉りたることのありき」[17]と、皇太后や皇后が渋沢に養蚕所設置に関する依頼をしていたことが読み取れる。

また、「養蚕はおのれが生家の業にしあれば、他の司人たちにはまさりて聊か知れることありければ、その御設備につきて僅かに奉仕せりとはいえ、自ら宮人たちに教えて蚕飼いのわざ仕かまつらむほどには覚束なく、且つ大蔵省出仕に暇もなかりければ縁者にしてその業にいたり深き田島武平ぬしを、おのれが代わりにすすめ申せしが、武平ぬしは寝食をも忘れてつとめけられるにより、かしこきあたりにおかせられても御満足に思召さるるよし承りて、深く喜びたりき」[18]としているように、渋沢は生家で養蚕を営んでいたためにそれに関する知識があり、しかしながら大蔵省の仕事に多忙であったがため、田島を推薦していたこともわかる。

皇后親蚕の創出に携わり、後述する富岡製糸場の設立を事務統括した後、渋沢は一八七三（明治六）年に起業家となる。一八八二（明治一五）年には、大阪紡績会社を起こし、翌年には操業を開始し、紡績業を中心とした日本の産業革命を始動させる端緒となった。それは悪名高い「夜業」を始めた場でもあったとされる[19]。つまり、皇后親蚕、富岡製糸場、さらに大阪紡績というように、近代の女子繊維労働の基盤形成に渋沢は深くかかわっているのである。

皇后の養蚕が始められた当初の蚕室には、吹上御苑内の滝の茶屋に近い茶室が使用された[20]。「宮中御養蚕史」にある明治四年当時の蚕室の平面図（図2）によれば、母屋には一〇畳大の玄関と、一〇畳二間と一五畳の蚕室と一五畳と二一畳の続きの部屋があり、石橋と板張り廊下でつながれた一二畳と八畳の離れが用意されていたことがわかる。「廻リニ泉水アリ」と付記されているので、水辺が近くにあることも推察できる。

「宮中養蚕史」では、蚕婦たちの「貢献」の一つとして養蚕所における養蚕の仕事だけでなく、皇后が自らの手元で蚕を育てていたことをあげている。奉仕者である荒木大七郎および栗原ふさの日記によれば、皇后は養蚕所へしばしば行啓するとともに、自ら別の場所で蚕を育てていた[21]。その世話のために、奉仕者たちが交代で「御奥へ差し上」っていたことがわかる。この皇后が自ら手許で養蚕をするという行為は、後年、皇后の養蚕への熱意と愛情を表す例として、蚕糸業奨励と国母としての皇后像の形成に用いられることとなる。

翌一八七二（明治五）年には、新しく同じ島村出身の田島弥平が世話役に任じられた。弥平は、島村の豪農の一人で、蚕種の規格統一や有利販売をすることを目的とした島村勧業会社を田島武平らと設立している。また、「養蚕新論」を著すなど、養蚕指導の第一人者とされていた。宮中の養蚕は、前年より規模が拡大し、蚕婦は一一人選定された[22]。蚕の掃き立ては三月一四日に始まり、一八日に奉仕婦人が到着。彼女たちは翌一九日から養蚕所に入った。この年の養蚕は五月一九日に終了したとされる。収穫量は約二五〇キログラムに及んだ[23]と記されている。養蚕終了後、二人の奉仕婦人が残り真綿の製造をするとともに、茂平も残り蚕種の製造を行なった。さらにその後には、一一名の繰糸工婦が集められ製糸を行なっている。

また、前年と同じく皇后は、手許で蚕を育てていたことが栗原茂平の日記に記されている。

さらにその翌年一八七三（明治六）年には、前年同様、田島弥平が世話役にあたり、七名の蚕婦[24]がその任につ

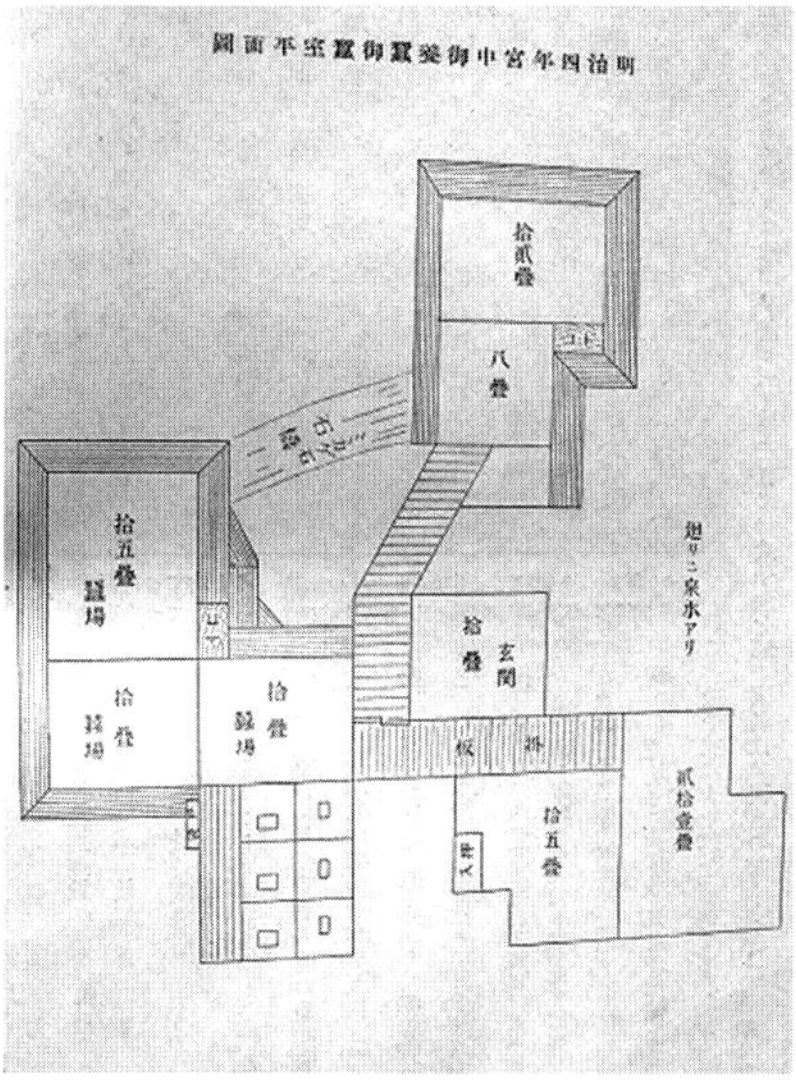

図2「明治四年宮中御養蚕御蚕室平面図」『日本蚕糸業史』大日本蚕糸会、1935年。

き、蚕室は宮殿内の皇后の部屋から廊下伝いに近い位置に設けられた[25]。この年の養蚕はすでに四月から始まっていたが、五月に、皇居の紅葉山付近で火災があり、宮殿と蚕室が全焼した。この火災により、養蚕は中断され、以後五年間にわたって再開されることはなかった。つまり、皇后による養蚕は、わずか二年間しか行なわれず、三年目は中断を余儀なくされているのである。ちなみに、皇后と皇太后が富岡製糸場に行啓したのは、この火災の直後の六月である。五月五日に火災があり、六月一五日付けの『郵便報知』に富岡製糸場に六月一九日に行啓予定であることが掲載されている。しかし、実際には六月二四日に行啓している。この行啓の決定がいつ、誰によってなされたのかは不明だが、少なくとも公表されたのは皇居火災以後であり、火災によって中断された皇后親蚕の埋め合わせとして行啓が始められた可能性も考えられる。

火災によって、天皇と皇后は急遽作った赤坂の仮御所へ移転した。その後、青山御所に移るが、一八七九（明治一二）年、青山御所内に養蚕所を設置する計画が発表され、同時に華族の婦女子に対して、その養蚕所での雇い入れ募集の告知が出された[26]。この青山の養蚕所は皇后ではなく英照皇太后によって新設されたものである。この場所には皇太后だけでなく、皇后もたびたび訪れており、皇后・皇太后がしばしば視察をすることで、この養蚕所の経営者であることを示されるとともに、ここを筆頭とする全国の養蚕所が国家にとって重要な場であることが示されている[27]。この時、養蚕所の設計は田島弥平が行ない、弥平はその後、指図役に就任し、弥平の妻をはじめとする一六名の蚕婦が集められた。この皇太后親蚕は、英照皇太后が崩御する前年の一八九六（明治二九）年まで続けられている。

また、この翌月には青山御所内に製糸所を設け、宮中では養蚕から製糸まで行なう事が可能になった[28]。その後一八八八（明治二一）年に皇居が完成し、翌一八八九（明治二二）年には天皇と皇后が青山の仮御所から皇居へ移る事になり、後年一九一四（大正三）年になって、皇居内紅葉山に養蚕所を建設し、この養蚕所が現在の皇后まで引き継がれている。

以上、見てきたように、皇后（皇太后）親蚕は次のようにまとめられる。

皇后（昭憲皇太后）親蚕　（一八七一―一八七三年）皇居吹上御苑
皇太后（英照皇太后）親蚕　（一八七九―一八九六年）青山御所
皇太子妃（貞明皇后）親蚕　（一九〇八―一九一二年）青山御所
皇后（貞明皇后）養蚕　（一九一二年―香淳・現皇后にひき継がれ現在まで）青山御所（一九一四年から皇居内）

つまり、皇后が「皇后」という立場で、明治年間に養蚕を行なったのは、一八七一年から一八七三年のわずか三年のみ（しかも実際には二年間で終っている）である。あとは皇太后、皇太子妃らによる親蚕であり、一九一二年に始められた貞明皇后の養蚕は、すでに大正期に入っており、現在の皇后が行なっている養蚕はこの時から続いているものである。

〈「ご養蚕の復興」というディスクール〉

右に記した一八七一（明治四）年に始められた皇后の養蚕は、「ご養蚕の復興」とも記される[29]。これは、宮中での養蚕が古代から行なわれていたとされるためであり、その古代の言説を宮中養蚕の始まりであると考え、明治の皇后親蚕はその「復興」であると位置づけるものである。こうしたディスクールは、すでに『養蚕秘録』など近世末の農書にも見られ、明治に入ってからも繰り返された。たとえば、『明治文化全集』の「皇后宮御苑之養蚕」では、「推古帝養蚕ヲ創メ玉ヒテ、諸方ヘ桑柘ヲ植ヘシム。之ニ依テ一時養蚕大ニ行ハル。中古衰微ス。今又古ニ復シ、養蚕ヲ大ニ開カントテ、皇后宮ノ尊ヲ以テ、親ラ蚕桑ヲ試ミ玉フ」[30]として、その起源を推古天皇としている。また、皇后の養蚕が伝統的行為であるという時、必ず引用されるのが『日本書紀』雄略天皇の「三月の辛巳の朔丁亥に、天皇、后妃をして親ら桑こかしめて、蚕の事を勧めむと欲す」というくだりである[31]。

さらに継体紀の同元年三月九日条にも、天子がその年に耕作をしない時は天下の民が飢えることがある、女子がその年に麻をうむことをしないときは人々が凍えることがある、それゆえ「帝王躬ら耕りて、農業を勧め、后妃親ら蚕して、桑序を勉めたまふ」とある[32]。

また、万葉集巻二十の「始春の初子の今日の玉箒手に執るからにゆらぐ玉の緒」という歌から、七五八（天平宝字二）年正月三日、孝謙天皇が養蚕豊作を願った行事を行なったと解釈されており、天皇が養蚕にまつわる儀式を行なっていたものと考えられている[33]。

このように古代の言説を引用することによって、あたかも宮中の養蚕は「伝統性」と「連続性」を有しているかのごとくとらえられ、大政奉還によってその伝統が「復興」されたかのように記された。

これは文字どおり「伝統の創造」である。ホブズボウムが定義するように、近代国家の主要な特徴が伝統を創出することにあるならば、まさにこの事例はこれにあてはまるといえよう[34]。ある特定の行為の価値や規範を、反復と連続によって教え込むため目的で、過去からの連続性を暗示する一連の儀礼的、ないし象徴的行為として皇后親蚕を見なすことができる。つまり、「皇后の養蚕」とは近代に創出されたものでありながらも、過去との連続性を強調していくことにより「伝統」として理解され、「伝統」が「復興」されたものととらえられた。しかしながら、この時点で、「伝統」は「復興」されたのではない。「伝統」そのものが創り出されたのだと考えることができよう。

2　皇后親蚕の従来の解釈

皇后の親蚕は、これまでいくつかの解釈がなされてきた。ここでは四つの解釈を取り上げ、皇后の養蚕を考えるうえでの土台を共有しておきたい。

① 宮中祭祀とのかかわり

皇后親蚕は、宮中祭祀との関わりが高橋紘によって指摘されている[35]。例年、一一月二三日に、宮中三殿の神嘉殿において天皇が新穀を神に供え、自らも食するのが新嘗祭であり、これを即位後初めて大規模に行なうのが大嘗祭である。この新嘗祭、大嘗祭では、絹布、木綿がよく用いられるとされている[36]。

皇后が作るとされる絹織物は、宮中祭祀において最重儀とされるこの新嘗祭に深く関わりを持ち、絹の反物は新嘗祭の前日に宮中三殿の綾綺殿で行なわれる鎮魂祭において、鎮魂行事の御衣として用いられる。鎮魂の儀とは、糸を結んだり、天皇の衣を振動させたりする神事で、遊離する天皇の霊魂を身体の中府に鎮める呪術的儀礼とされている。糸結び（御魂結び）が鎮魂の行事であるのに対し、御衣の振動は中府に鎮めた天皇の霊魂を振起して、その霊力を再起し強める儀礼であるという[37]。この御衣として、白羽二重一疋が柳箱に納められる[38]。新嘗の儀礼は、もとは中国の例にならって行なわれるようになったものとされるが、日本ではその後祭祀の内容が盛大複雑になり、中国の場合とはかなり違った形式へと変貌したとされる[39]。

このように、皇后によって作られた絹は、宮中祭祀との関わりを持つものと考えられている。

こうした儀礼において布が特別な神聖さを表す記号として位置づけられている点について、アネット・B・ワイナーとジェーン・シュナイダーは、「授与と統治権の儀式」における布の機能について説明している。つまり、「権力者や権力指向者は、特定の布が、前の権力者たちの権威とか過去の伝統の神聖さを伝達するものであり、現在の正統性のよりどころであると宣言するのである」[40]。まさに、新嘗祭における鎮魂の儀礼は、布を通して天皇の権力を強調するものであり、伝統の神聖性の伝達、そして現在の正統性のよりどころとする点において、布の持つ力を最大限に使った祭祀であったと考えられる。

② 献納・下賜

現在では養蚕所でとれた絹から白生地が作られ、その反物は国賓などへの贈呈品として使われており、近年では皇太子婚約の折に皇太子妃に絹布が贈られたことなども知られている[41]。また、こうした外交と贈答という目的とは別に、明治期には功労者への褒美として反物を下賜していた記録が見られる。

たとえば、三輪田眞佐子は次のような文章を記している。

こたびかしこくも、皇后宮陛下よりわが、友愛なる松尾たせ子が、維新の際、王事に尽力せられし功を、めでさせましまして、白絹を恩賜し賜はせける[42]

この恩賜の白絹は、松尾多勢子[43]が明治維新の際に、勤皇派の公家と志士たちの間で連絡を取る役目を果たし、幕府の機密情報の収集にあたったことなどから、「勤皇の母」と呼ばれる彼女の功労に報いるためのものであったとされる。晩年は郷里で過ごしていた多勢子は、一八九二（明治二五）年八二歳の折、皇后から前記の白縮緬を下賜され、その喜びを次のように詠んでいる。

かずならぬ草の末葉も色や添ふ天より賜ふ露のたまもの

この例に見られるように、何らかの皇室もしくは国家への貢献があった場合、恩賜という形式で、白絹が下賜される[44]。

また、絹糸ではないが、布の下賜については、貧民救済という目的でしばしば行なわれていたようである。『女鑑』第三一号には、「皇后宮陛下の御仁慈」という短い文章が「雑報」として載せられている。

「同陛下の御仁徳ましまして、常に民草を憐ませ給ふ御事は、申し奉るも今更の御事なるが、分けても、この頃の寒さに、御衣の厚きにつけても、そぞろに、貧民の上を思しめしやらせ給ひ、此の月十三日の事なりとか」[45]として、東京慈恵医院なる貧民患者に、反物金子を下賜するようにとの沙汰あり、香川皇后宮大夫は、その旨を奉じて、同院へ以下の通達をした。

一、二子縞　五十反
一、木綿裏地　五十反
一、金十五圓　裁縫料
寒気の砌に付、皇后陛下、其院患者の状況を被為思召、前記の通賜り候間、可然御取計相成度、此段申入候也[46]

そして、次のように記事は続く。

あはれ、霜さゆる夜寒の小床に、大御衣をぬぎうて給ひて、民の凍ていを思ひやらせ給ひし古の聖の天皇の御心にも似かよひて、いといと有りがたき御事なりや。誠に、国の大御母とましませる皇后陛下は、かくも臣民をは、我が御子としていつくませ給へり。末遂に、家の母ともなりぬべき世の嬢等は、又、この大御心を心として、この大御母の御愛子たるに恥ぢざるやうにあれかしという[47]。

皇后は布地の下賜という行為を通して、貧民救済や病人救済を行なっていたのである。明治期の皇后や皇太子妃・皇太后は、継続的に養蚕を行なっていたわけではない。そのため、これら下賜された布が、皇后らによって作られたものである可能性は低いと考えてよい。しかしながら、布を介して取り交わされるモノに注目したい。

ここで重要なのは、反物の下賜が衣類を整える行為とみなされ、衣を与えるという行為が皇后を国の母として位置づけるために用いられている点である。

アネット・B・ワイナーとジェーン・シュナイダーは、こうした布の授受を通した権力関係について、布の機能を提示している。布が贈与と交換という行為を通して、社会的政治的意義を獲得することであり、「布を与える者は、受け取る者に今後の忠誠と義務を言明させることにより、そうした機会に政治力を生みだしてもいる」[48]としている。ワイナーとシュナイダーが指摘するように、皇后によって松尾多勢子に与えられた白絹は、多勢子の功労をねぎらうとともに、さらなる忠誠と義務を誓わせる力を持つ。また、貧民救済においても、布を下賜することにより、下層階級の人々を天皇を中心とする権力関係の中に吸収する力を有しているといえよう。

③ 文化的貢献

皇后の養蚕・宮中の養蚕を、文化的貢献であるとする解釈も新たに指摘されている。蚕糸業が衰退した今日、皇居の養蚕は伝統行事の継承とともに、正倉院の御物復元という新たな役割を担い、文化の保全という観点からその意義が見出されていると考えられている[49]。

正倉院事務所では、一九七二(昭和四七)年以来、毎年所蔵の工芸品を模造する作業を行なってきたが、その一環として、一九九四(平成六)年から絹織物の復元に着手する計画が立てられてきた。事務所は、糸の一本一本の調査結果を反映するような本格的な復元、模造をめざしたが、一二〇〇年前の織物に用いられた生糸は、すでに日本では生産されていなかった。

皇居の養蚕所で収穫される繭は、一般的な品種に加えて、貞明皇后から始まったとされる「小石丸」という古い純日本種があり、この「小石丸」を増産し、正倉院の工芸品の復元・模造に用いられるようになったとされる[50]。

こうした文化の保全という言説は、現在の日本において、もはや蚕糸業の振興を図るという意味が不要になっているとことから皇后親蚕に意義を見出すことが困難な中で、伝統を守るという仕事を皇室の一つの方向性として新たに意味づけられた結果として出てきたものである。

一九九四（平成六）年より開始された事業であるため、本書が扱う明治年間とは関連していないことは明白であるが、一つ確認しておくべきこととして、この「文化的貢献」という解釈が現代になって作り出されていることから、皇后親蚕にはそもそも本質的な「意味」が存在していない可能性が指摘できる。つまり、皇后親蚕は「皇后が養蚕を自らする」というイベントにすぎず、その意図するところは、最初に意味があろうとなかろうと、その意味が後世まで連綿と機能し続けるわけではなく、養蚕をするという行為に、さまざまな意味が付加されていき、機能させていくことが可能であると考えられるのである。

そして現在の問題としては、この文化財保護という意味づけが最も重視されていることは忘れてはならないだろう。二〇〇四年夏に京都国立博物館において開催された「皇后陛下ご養蚕の小石丸正倉院裂復元模造の十年」展は、まさにこの典型的なものとなっている。皇后の養蚕によって文化財が権威づけられる以上に、文化財保護という意味を与えられて初めてその存続の意義が見出せるのは養蚕事業の方だと考えてよいだろう。

さらに皇后によって行なわれてきた養蚕は、現在女性皇族へと広がりつつある。二〇〇四年の皇后の誕生日の宮内記者会の文書回答で皇后は「敬宮が大きくなり、三人して遊んだり、小さな手伝い事ができるようになると、また楽しみがふえると思います」と述べ、養蚕所の手伝いを三人の皇孫たちへとひき継いでいく可能性を示した。また同年三月には秋篠宮眞子の小学校の卒業文集が各メディアで紹介されたが、日本画や修復への関心が強調されたことは記憶に新しい。女性皇族が文化財保存と結びつけられ、同時に養蚕と三つ巴で表象されていることは、注目できる。文化財／養蚕／女性皇族が互いに権威づけ合うことの背後には着々と進められる女性天皇肯定論があると考えてよいだろう。

④　産業奨励

皇后親蚕は、一八七一（明治四）年に創出されて以来、常に産業奨励という文脈によって説明され続けてきた。基本的に「皇后の養蚕」に関する言説は、産業奨励という意味づけを省く例は見当たらない。本章冒頭に示した『明治天皇紀』と『新聞雑誌』の記録では、特に産業を奨励するという意味づけはなされていないが、それ以降の文献ではほぼ産業奨励という文脈を取り続けてきた。

高橋紘は、「絹は輸出産業の花形だったが、宮中の養蚕は産業奨励を目的に一八七一年に始められた」[51]として、輸出振興・勧業が目的であったとしている[52]。現在では、最も理解しやすいと考えられる産業奨励という文脈も、明治初頭、皇后が養蚕を始めた当初には、必ずしも一般的な意味づけではなかった。

〈四つの意味〉

以上のように、現在のところ「皇后の養蚕」は、(1)宮中祭祀（新嘗祭）、(2)献納・褒美（国賓への贈答品・功労者への褒美）、(3)文化的貢献、(4)勧業目的（産業奨励、輸出振興）という四つの意味がある。この中で明治年間に社会に流布されてきたのは最後の(4)勧業目的である。(1)の宮中祭祀との関わりについては、高橋が指摘するように、天皇が稲作を始めた時期が一九二七（昭和二）年であることから、明治初期から稲作と対で祭祀（新嘗祭）が行なわれていたわけではない[53]。しかし、新嘗祭との関わりのみではなく、皇后が行なう祭祀として存在した可能性は否定できない。これについては後述する。(2)の献納・褒美という意味づけは、明治期から続くものではあるが、外交や下賜が常に行なわれ続けるものであるのに対して、「皇后の養蚕」は常時続けられたわけではない。このことから、「皇后の養蚕」が外交や下賜を目的として存在していた可能性は低い。さらに(3)は一九九四（平成六）年以降正倉院の絹織物復元のために、古代絹を紅葉山養蚕所で生産し、下賜していることをさす。明らかに現代になってから付加された意味であり、「皇后の養蚕」が創出されたことの目的ではないといえよう。

これら四つの意味づけが示すことは、「皇后の養蚕」が明確な意図を持って創出されたのか否かは別として、年代を経て意味が付与されていくということである。つまり、「皇后」という女性が「養蚕」をするということ、つまり「皇后」と「養蚕」には、それらの意味を生み出す結びつきがあると見るべきである。なぜ、天皇ではなく皇后が、またなぜ他の行為（たとえば、布の製造に関わる諸労働、製糸、紡績、また裁縫や手芸、さらにそれ以外の行為も含めて）ではなく養蚕だったのか、そこには「皇后」が「養蚕」をすることの根源的な意味があるように思われる。

以下、多様な意味生成の場として、また言説としての「皇后の養蚕」について、詳しく見ていこう。

3　中国の皇后の養蚕

明治期に皇后親蚕が復興された直接的な起源を、若桑みどりは『内訓』第十五章「奉祭祀章」にある后妃の義務に想を得たことを指摘している[54]。『内訓』とは、明の仁孝文皇后が著した書で、特に国家の君主に仕えた妃らの美徳を讃え、これを模範にせよとの主旨で貫かれた国家主義的な女訓書である[55]。皇后美子は、『内訓』をはじめとする中国の女訓書を自らの后妃としての模範としたこと、さらに皇后親蚕の要請が皇后自身から出されたことなどから、中国の女訓書が皇后親蚕になんらかの影響を与えている可能性はある。

実際に、中国が直接の起源であるか否かは決定的にはならないが、近世末の農書や、明治期の養蚕関連の文章には、中国の皇后の養蚕が頻繁に引用されてきた。たとえば、『養蚕秘録』においては、「中華蚕始りの事」（図3）という章が設けられており、伏犠氏の治世に養蚕が始まり、黄帝の第一夫人である西陵氏が自ら桑をとり、蚕を飼ったこと[56]、また、『礼記』『蚕賦』などを引用し、記している[57]。また、女性向けの雑誌などにおいても、養蚕の歴史として、日本の事例と並べて中国の皇后の養蚕が紹介されている[58]。

中国における皇后の養蚕については、新城理恵による詳しい論稿がある[59]。氏によれば、歴代の中国の皇帝にとっ

図3　「中華蚕始りの事」『養蚕秘録』日本農書全集35、農山漁村文化協会、1981年。

て、郊祀と呼ばれる天地を祭る祭祀と祖先を祭る宗廟の祭祀とを中心とした一連の儀礼を挙行することは、最も重要な職務の一つであり、皇帝自らが天地と祖先と神々を祭ることによって、宇宙の中心である皇帝のイメージを創出し、その支配の正統性を裏付けるためであったとする。そして、国家財政の基盤であるため、皇帝が産業の支配者であると印象付けるべく、国家儀礼に取り入れられ、皇后自ら養蚕のため桑摘みをする儀礼もその一連の中にあったとしている[60]。

皇帝の籍田の儀礼が前漢の初め、文帝により開始され、しばらくのちに皇后による親桑の儀礼が始められた。新城は、皇后の親桑という行為が天下に養蚕の開始を告げるという意味を持ち、皇后には天下の養蚕と絹の生産を支配する力があったとする[61]。

前漢から王莽の新を経て後漢に至るまでの時期に、国家儀礼が転機を迎え、前漢の元帝・成帝期以降、儒家思想の影響の下に、国家儀礼が整備され、後漢に引き継がれたとされる。こうした傾向の中に皇后の親桑を位置づけるならば、後漢に入った時期に変遷があったことが認められる。皇后の親桑の儀礼に、新たに「先蚕」という神を祭る過程が加えられたというのである[62]。「先蚕」とは、養蚕と絹織物を始めた神であり、この語から、皇后による一連の儀礼を「先蚕儀礼」と呼ぶ[63]。儒教成立以前からあった親桑に、先蚕の祭祀を付与することにより天地の祭祀と宗廟の祭祀を頂点とする儒教的な国家儀礼の体系に組み込もうとしたものではないかと、新城は推察する。

漢代に成立した皇后の先蚕儀礼はその後王朝に引き継がれるが、その背景としてこの時期に、莫大な絹の貢納が課せられ、絹の生産量を増やすべく皇后に先蚕儀礼を行なわせ、天下に養蚕と絹の生産を大いに勧める意図があったとされる[64]。つまり、養蚕の支配者としての皇后が持つ力が、儀礼を通じて発揮されて、絹の増産を導くと見ることが可能であるとする[65]。

新城はさらに、最も先蚕儀礼を多く行なった武則天にふれ、四回の先蚕儀礼は養蚕の奨励だけでなく、皇帝の権威から自立した独自の権威を獲得し得る可能性を持った行為であったと説明する。唯一、皇帝の権威に左右されずに行なうことができる先蚕儀礼は、皇帝の補助者ではない皇后の権威の確立を予兆でき、実際に、武則天は皇帝亡き後、周王朝を建て、政権を奪う。

こうした先蚕儀礼は、宋代には衰退したが、明清期に復活したとされる。また、氏の指摘によれば、儀礼が衰えた頃から、民間の祈蚕の祭祀の中に先蚕が登場し、皇后が養蚕を支配するという観念が民間に広く受け入れられた結果であるとしている[66]。

中国での親蚕儀礼は、日本にも伝えられた。東大寺正倉院にある「子日目利箒」は、「子日手辛鋤」とともに、天平宝字二（七五八）年に東大寺に献上されたものであり、同年正月三日に平城宮で行なわれた子の日の親耕親蚕の儀式で用いられたものであり、天平時代の日本ではこうした儀式が行なわれていたとされる[67]。しかしながら、その儀礼の道具立ての違いなどから、日本と中国の皇后の地位、もしくは両国の女性の地位の差異が反映されていると指摘される[68]。

近代の皇后の養蚕については、中国の故事に倣ったという指摘はないとしながらも、新城は、『礼記』の記述と似通っていることから、中国の皇后による親桑の儀礼が意識された可能性が高いとしている[69]。

それでは、明治期の「皇后親蚕」を理解するうえで、中国の皇后による親蚕・親桑の儀礼との関連性をどのようにとらえればよいのであろうか。

新城は、武則天を例としてあげた中で、皇后親蚕儀礼が皇帝の権威から自立した独自の権威を獲得し得る可能性を持った行為であったとする。これは、親蚕儀礼が歴史上皇后以外の人間によってとり行なわれたことがなく、また、皇后が補助的な役割ではなく、儀礼の主催者として立ち現れる例外的な儀礼であったことから、武則天のような事例が出てくるものと考えられる。伝統に準じながら、しかし、皇后の権威を表明するために、親蚕儀礼が用いられたのだといえる。

武則天と同様の解釈をすることは困難であるが、新城の解釈は一つの可能性を示唆している。なぜなら、一八七一年（明治四）年に始められた皇后親蚕が、皇后のあらゆる単独の行動の中で最も早い時期に報道されたものであり、皇后が明治期を通じてさまざまな場に登場する中でも最初に与えられた役割が養蚕であったためである。それ以前、皇后は天皇の巡幸の見送りや出迎えなどいくつかの記事において記され、また、『明治天皇紀』においても、「誕辰」や行啓などが記録されてはいる。しかし、明治に入って以来、皇后が単独で新たに何かを始めたのは、養蚕が最初のものであった。

このことは、明治初年から始まる、皇后を顕在化する動きと関連していると考えられる。たとえば、一八七〇（明治三）年四月、皇后の誕辰の祝いについて、次のように記されている。

皇后御誕辰なるを以て、天皇之れを賀して鮮鯛・五種交肴各々一折を皇后に進め、女房等に祝酒を賜ふ[70]

この記述は、前年一八六九（明治二）年正月の二二日に行なわれた皇太后の誕辰の祝い[71]ときわめて似た形式で行なわれていることから、伝統的な宮中内での祝いであるととらえることができる。それが、その一年後の、一八七一（明治四）年四月の記述では、以下のようになる。

皇后御誕辰、宮内省官吏参賀す、酒肴を賜ふ、尚是れより先、右大臣・大納言・参議及び弁官・諸官省長次

官・東京府知事等に達するに、是の日参朝せば、便宜恐悦の意を言上すべきを以てす[72]

一瞥してわかるように、皇后の誕辰の祝賀が、宮中内のプライベートな祝い事としてではなく、右大臣をはじめとする要人を招き行なわれ、公的な意味をおびたものとされている。この時期の宮中の状況を考慮するならば、まさに後宮の改革という大きな変動期と時期を同じくすることがわかる。

後宮の改革の一環として、まず一八六九年一〇月に女官制の改定が断行され、この時、女官の名称・人員及び官位相当が改定となり、律令制を根幹として整序された。三条実美と岩倉具視の怯むのに対して、西郷隆盛が後宮改革の断行を迫り、大久保利通、木戸孝允がそれに同調するとともに三条、岩倉の決断を促し、一八七一年七月の廃藩置県の発令を待って宮内省官制の改定が告げられた。守旧派の公家出身侍従は次々と罷免された[73]。

後宮改革は一八七一年八月と一八七二年四月の二度にわたって行なわれた。この改革によって、「後宮の権力始めて皇后の掌中に帰する」と『明治天皇紀』は伝える。これ以来、公家出身者以外からの女官採用の道も開け、のちの税所敦子と下田歌子の抜擢につながる。この改革の成功は、「奥向きの決定権」を女官から奪って皇后に集中させ、「男が関係する職務」を吉井以下の男性の掌中に帰したことにあると、飛鳥井雅道は解釈する[74]。

一八六九年の女官制改定から一八七二年の後宮改革にいたる一連の過程は、後宮女性からの一切の政治向きの権力の剥奪にほかならず、後宮はあらためて天皇の私的生活に関わる、いわば縮小された空間への変容を余儀なくされた。皇后はこの過程で新たに後宮の押さえの役を振り当てられたとされる[75]。

つまり、後宮はこの改革によって縮小された空間へと変容したわけだが、一方で、皇后は宮中における一定の地位を獲得したことになる。それまで、皇后には後宮全体を束ねていく「妻」の役割などなく、そればかりか皇后に関する規定は曖昧で、なきに等しい状態であったにも拘わらず、後宮における権力がここで初めて、皇后に帰したのだといえる[76]。

後宮を束ねるという皇后の新たな役割が出来上がるとともに、この時期、皇后にはもうひとつ重要な役割が期待されていた。それは、一八七二（明治五）年に始まる外交である。一八七二年五月二一日、皇后は初めて外国人の前に姿を現したとされる。天皇はこの時、ロシア皇子アレキシスと各国公使を、内廷で皇后に引き合わせている[77]。こうした出来事と同時進行で、岩倉遣欧使節団から西欧の王室に関する情報が入ってくる中、皇后が天皇と共に外交にあたるシステムができ、皇后の重要な任務の一つとなっていく。

皇后を後宮の頂点に位置づけるとともに、天皇とカップルになる女性として顕在化していくことは、一夫一婦制の国家君主像を欧米に示していくために不可欠であり、この時期の皇后は、国家の君主の妻として、何らかの形で国家の重要な役割を担っていく必要があったものと考えられる[78]。

こうした皇后の顕在化の過程は、直接「皇后親蚕」が開始される契機となったとは言い切れず、ここでは、皇后が公的な場に顕現していく時期と親蚕開始の時期の一致を論ずるに留めておく。

4　農書絵の影響

これら皇后をめぐる諸状況とは別に、皇后が親蚕を開始する直接的なイメージの源泉は、農書絵に見られる。ここでは代表的な養蚕に関する農書である『養蚕秘録』に言及しておきたい。

江戸時代の養蚕書は一〇〇点を数え、板行されたことが明らかなものだけでも五八点に及ぶとされている[79]。養蚕の技術を集成した最初の刊行書がこの上垣守國《ママ》[80]による『養蚕秘録』で、一八〇三（享和三）年に刊行されている。『養蚕秘録』の表紙（図4）の画面中央の詞書には、「此書ハ和漢蚕の始り并に諸国蚕養ひかたの秘事絵すかたにあらハし、歳々上作の飼ひかた益ならんことをしるす」とあり、本書が日本と中国における養蚕の起源と養蚕の方法を絵によって表そうとするものであると記されている。表紙絵には、複数の養蚕の象徴が取り込まれている。右下には「獅子」、左上には「鷹」、左下は「船」、そして右上にあるのが松を描いて「庭」を表現している。

養蚕の過程で、蚕は四度眠るとされている。「眠り」は、実際には蚕の脱皮期のことをいい、桑を食べずに脱皮するため眠ったようにおとなしくなることから眠りという。脱皮後に再び桑を食べ活動し始めることを「起きる」といい、この周期を「居起き」と表現している。最初の眠りを「獅子の居起き」、二度目を「鷹の居起き」、三度目を「船の居起き」、最後を「庭の居起き」と呼ぶ。この名称の起源となっているのが、金色姫の物語[81]である。『養蚕秘録』中の「天竺霖異大王の事」によれば、昔、インドに霖異大王という人がおり、金色姫という娘がいた。后が亡くなり、新しい后を迎えた際に、この后の嫉妬心により、金色姫は憎まれ、獅子吼山という恐ろしい山に捨てられた。しかし、姫は無事で獅子に乗って国へ帰ってきた。次に、鷹群山という山へ捨てられた。しかし姫は鷹に養われ育てられた後、帰国した。さらに、海眼山という島へ島流しにされた。ところが、漁師が助け都へ送り届けた。最後に宮殿の庭に深い穴を掘り、姫を生き埋めにして殺そうとしたが、その埋めたあたりの土が光っていたため大王が気づき、掘ったところ姫がまだ無事であった。これらのことを案じた大王は、自分の娘を桑の木をくりぬいた船に姫を乗せて、海に流したところ、日本の常陸国豊良へたどり着き、浜辺で助けられたが、あえなく死んでしまった。そして、その姫の霊魂が変化して蚕となったという伝説である。

　つまり、獅子吼山からの生還を蚕の第一齢、鷹群山からの生還を第二齢、さらに海眼山からの生還を第三齢、そして庭に掘られた穴から生還したことをさして第四齢が名づけられている。『養蚕秘録』の表紙に描かれた図像は、蚕の四度の眠りを養蚕の象徴から選び出し、この書がまさに養蚕のテキストであることを表しているので

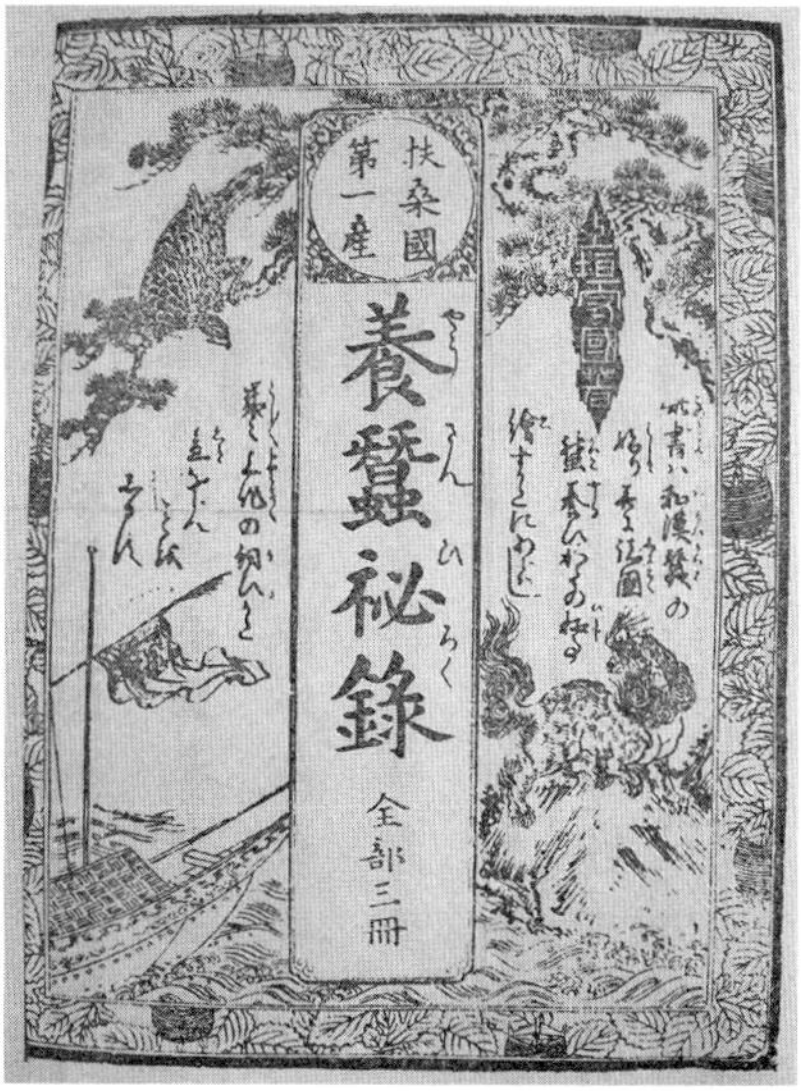

図4　『養蚕秘録』表紙絵、日本農書全集35、農山漁村文化協会、1981年。

図5　「日本養蚕始之事」『養蚕秘録』日本農書全集35、農山漁村文化協会、1981年。

ある。

さらに、この図の周囲の枠には、無数の桑の葉と糸巻きが描きこまれ縁取られている。こうした意匠は、養蚕がすでにこの時期、一定の文化的な象徴体系を持っていたことを知らせるものである。少なくとも、この『養蚕秘録』を手にして読んだものは、表紙の図像の意味を知ることが可能であったはずである。

冒頭にある「日本養蚕始之事」において、日本の養蚕は神代から始まったとして、日本書紀から引用した物語が書かれている。二枚めの挿図が、雄略天皇の后が養蚕をする図像になっている（図5）。詞書には「人皇廿二代雄略天皇の后、桑をもつて自ら蚕を養ひ給ふ事日本紀《ママ》に見へたり」とある。画面左端上方には、御簾に隠れた天皇が描かれ、そのすぐ右に蚕に桑を与える皇后が描かれている。居室内には複数の女官らしき女性がおり、軒によって隔てられた右画面下には身分の低い女性たちが働いている様子が見える。雲の描き方や、調度品、人物の衣装などは、「古代」を演出する意図であろうと思われるが平安期の絵巻を連想させるものとなっている。この図像の重要な点は、農村の一学者であった守國《ママ》が日本書紀などの文献から体系的に養蚕に関する知識を編纂し、またその中に記された宮中の養蚕をイメージ化したものであるという点である。

こうした農書の読者は限られていたとは思われるが、『養蚕秘録』に関する限りは、一八四八年にはすでにフランス語に翻訳出版されるなど、国内においても一定範囲の読者がいたことが想定される。仏語訳されたのは、そのきわめて美しくオリエンタルな図像の珍しさのためもあったと思われる。こうした農書の系譜において、皇后親蚕図像は必ずしも一般的ではないが、しかし、『養蚕秘録』が持ちえた影響力は質的にも広範囲性においても無視できない源泉の一つであるといえる。つまり、『養蚕秘録』から言えることは、一八〇三年の段階で皇后親蚕のイメージ化が行なわれていたという事実と、それらは、古代の賢王の勧農政策の一環と認識され、江戸期には一定の受容者がそれらを享受していたことであろう。そして、少なくとも皇后が養蚕を行なうということが勧農政策であるという認識を共有できる基盤が、明治以前から作られていたといえよう。

いずれにしても、明治四年に始まる「皇后親蚕」の直接的な起源を本稿では明らかにできないが、中国の皇后による先蚕儀礼と江戸期の農書絵の両系譜は、皇后が養蚕を始めるに当たって、それを「伝統」と見なしていくための基盤となり得る可能性を持っていた。また、同時代に行なわれた皇后を顕在化する動きは、少なからず皇后に単独の儀礼的行為をさせていくことと無関係ではないと考えられる。

つまり、こうした「伝統」と近代国家が必要とする新たな皇后像の形成によって、皇后親蚕は始められたのだととらえられる。また、養蚕を行なうのは女性と糸の関わりが過去から現在に至るまできわめて密接であり、まったく違和感を呈することのない女性の労働であったためであると推察できる。ゆえに、既に歴史化されており、「伝統」であるかのようにみえるこれらの事例をもとに、「皇后親蚕」が皇后自身を顕在化することために企図された可能性を指摘できる[82]。

3　蚕糸業と皇后

1　明治初期の蚕糸業の状況

先に述べたように、「皇后の養蚕」は産業奨励の一環であるととらえられてきた。皇后を象徴として行なわれてきた奨励策のひとつとして、皇后自身による養蚕と皇后や皇太后による製糸業関係の場への行啓があり、この奨励されるべきものとしての蚕糸業の当時の状況を簡単に概観しておきたい。

開港以前から国内の蚕糸業は、一定度の発達はみせていたとされるが、商品生産の中心は綿その他の部門によって占められており、蚕糸業はこの時期にはまだ支配的な地位を占めているとはいえなかった。しかし、蚕糸業は部分的には資本制単純協業ないし初期マニュファクチュアを生み出すまでにいたっていたと考えられている。このような蚕糸業その他の商品生産の発達に照応して農民層の分解が進み、零細な農民層が一方に滞留していた。この状況に対し、幕府及び諸藩は商業統制を行ない、冥加金を徴収して商品生産発達の成果をその収取体制に組み入れようとしていた[83]。つまり、開港前よりある程度の小商品生産の発達と農村の過剰人口の形成がみられ、これらは開港後の蚕糸業の発達に影響を与えていくこととなる。

このような状況の下で日本は開港したのだが、「安政の開港は蚕糸業の発達にとって画期的な条件であった」[84]と荒木幹雄が述べるように、一八五九（安政六）年の開港は、自由貿易によって欧米資本主義諸国の商品が大量に流入し在来産業が破滅状態になるという危機と、生糸や茶などを中心とした輸出商品に広大な海外市場が開かれるという二面性を呈するものとなった。

この状況に対する幕藩の対応は、蚕糸業の生産の基本的条件の一つである桑作を制限し、繭糸の流通過程に対して直接的規制、あるいは特権商人を通じての間接的規制を行ない、農民的商品生産に対して抑圧と統制という形で表された。また、一八五八（安政五）年に幕府が結んだ日米修好通商条約をはじめ、オランダ、イギリス、ロシア、フランスと同様の通商条約を結んだことにより、治外法権と関税自主権を持たない貿易が始まり、著しく不利な状況で外国資本と対峙することとなった。

この二つの条件（幕府による統制と貿易条件の不平等）により、蚕糸業生産の発達は阻害され、開港後、数年間は生糸輸出が急激な伸びを示すのに対して、その後の生糸輸出の伸び悩みは、これらの要件によるものとされる。農民的商品生産の発達のためには、これらの諸条件が打破され、さらに生産が増大される必要があったわけだが、しかし、このような制約のもとでもなお進行した農民的商品生産の発達は幕藩体制下の商品統制の基礎をゆるがすものとなり、一方、欧米資本主義の圧力は、幕藩体制に対して、従来のあり方を維持させることを許さないものであったと、荒木は指摘する[85]。こうして、明治維新が行なわれることになった。

明治維新により成立した新政権は、幕府より治外法権、居留地制度、協定税制、改税約書、その他数多くの遺産をそのまま受け継いだ。欧米資本主義は、これらの権益と武力の示威を背景とし、優越した資本の力を持って、安価な商品をさらに大量に流入させていった。こうした欧米資本主義との貿易は、日本にとって著しく不利であったことはいうまでもなく、生糸に課税された輸出税は、日本の経済と貿易商人を圧迫し、そのことからより広い範囲に影響を与えていった。つまり、不平等条約下の外国資本の圧力は、日本の経済を一面では圧迫したのだが、直接的には、貿易上の不利益は貿易商人に、さらにそれだけではなく、農民と農村のマニュファクチュアにも不利益を与えたとされる[86]。

明治新政府は、権力の確立とともに、旧支配階級の利益を維持しながら、地租改正を行ない、殖産興業政策によって上からの資本主義化を遂行しなければならなかった。明治初年、蚕糸業における上からの資本主義化として行なわれた主要な事項のうちの第一に、政府が直接経営する富岡製糸場などの官営工場の設立や士族授産場あるいは小野組などの特権政商の経営する工場の設立があげられる。しかしこれらのうちの多くのものは、いずれも明治一〇年代（一八七七―八六年）の紙幣整理にもとづく不況に際し、消えていく[87]。

また、特権的な商業資本を直接的な担当者として、政府によって推進された蚕糸業の奨励と規制に目を向けるならば、封建的な諸制限を撤廃し、輸出品の品質管理をするなどいくつかの手順を踏んではいるが、こうした明治初年の蚕種、生糸の取締政策はまったく徒労に帰し、見るべき貢献はしなかったとされる[88]。

つまり、直接的な養蚕製糸経営の設立の試みはほとんど失敗し、また間接的な流通過程を通じての蚕糸業の奨励と規制も、十分な成果をあげたとはいえない状態であった。また奨励と規制の担当者となった商業資本も、蚕糸業の生産者にとっては、必ずしも有利な条件だけを提供したとはいいきれない[89]。

以上のように、明治初期には、上からの資本主義化と産業の奨励は十分な成果をあげたとはいえなかったが、明治一〇年代に入ると、器械製糸（座繰器械と呼ばれる）の発達によって、生産額において著しい伸びを見せる。いわゆるマニュファクチュアと呼べる形態であり、こうしたヨーロッパ式の技術の導入により、少しずつ規模が拡大し、大量生産によって生産性が向上するとともに販売面でも新たなルートが開発されていくが、その背景には、近隣農家から家計補助的な低賃金労働に駆り出された年少の女工たちの存在がすでに現れており、それを大きな要因として経営的な安定が図られていく[90]。

同様に養蚕業の発達も見られた。養蚕は基本的に季節労働であり、単純な労働であり、婦女子にも行なえるものと考えられてきた。季節的で労働期間が短いことから専業的な経営が困難であり、養蚕期間以外の労働力は空費されてしまうため、規模が大きくなるほどロスが大きくなる。そのため小規模経営が多くなっている。さらに養蚕の経営には桑園、その他一定の器具をそろえる必要があり、資金の蓄積が困難な農家では養蚕は困難となり、比較的上層の農家から導入されていく[91]。

しかし、開港以前から滞留していた農村の過剰人口という条件によって、わずかでも副収入を得るために養蚕を始める農家があったことが、養蚕業の拡大に貢献していく[92]。この過剰人口そのものは、蚕糸業が資本主義的な発展をとげたことに起因し、世界資本主義の一環としてそれに対応していくために遂行された諸政策の結果、生み出されたものである。この過剰人口によって労働の機会を奪われていく農村の中で、きわめて低廉な労働力として工場へ駆り出されていくのが、まさに年少の女性たちであり、そこに後年の女工階級を生み出す素地があるといえよう。

以上、明治期初頭までの蚕糸業の状況を概観したが、明らかに蚕糸業を奨励していく意図をもって政府により設置されたのが、官営工場である富岡などの製糸場であった。富岡製糸場は、皇后行啓というイベントをもって、大々的に政府の奨励策を担うべき場に置かれていく。では、皇后はこの富岡製糸場とどのように関わり、いかなる効果を意図して行啓したのであろうか。

2 富岡製糸場と皇后の行啓

開国後、外国商社を経由して輸出される生糸の需要の高まりに応え、粗製濫造の悪評を払拭し品質を向上させるために、製品のむらをなくす製法を改良することを課題として、民部省[93]は一八七〇（明治三）年に官営の富岡製糸場を設け、西洋の養蚕先進国であったフランスの機械と技術を導入することを決定した[94]。富岡製糸場は、一八七一（明治四）年三月に起工し、翌年七月に竣工、赤レンガ造りの西洋建築は文明開化の象徴的な建造物として当時錦絵の画題にもなった。

フランス人技師ポール・ブリューナを首長として、一一名のフランス人が雇われ、その中に四名の女性がいたとされ、彼女達は日本人女性に対して機械製糸の技術を指導する職務を持っていた[95]。

富岡製糸場設立においては、当時大蔵大輔であった大隈重信、大蔵小輔伊藤博文が中心的に関わっており、その事務を統括したのは、租税正であった渋沢栄一であった[96]。富岡の初代所長尾高淳忠は、渋沢の従兄弟であり、実際に工場建設に当たっている。また尾高の娘ゆうも一三歳で富岡の工女第一号となっている。

一般に知られているように、富岡製糸場の工女は後年の民間の製糸工場の女工哀史とは異なり、技術教育を目的とする教育機関のような役割を果たしており、工女の階層は士族階級が中心であった。その中には、渋沢の上司であった井上馨の姪である鶴子・仲子など上層の女性たちも含まれていた[97]。つまり、富岡製糸場は、「働く場所というよりはむしろ新技術を習得する学校」として工女も世間も受けとめており[98]、本製糸場の最大の成果は「むしろ器械製紙技術の伝習という工女養成の面においてであった」[99]とされているように、開化期の教育機関として設立されたと認識してよい[100]。

実際に、富岡の工女たちは、東京女子師範学校の卒業生が地方女学校の教師として赴任したように、地方の製糸工場の教師となっていった[101]。富岡製糸場そのものは、教育的機能を持っていたのだが、その設置目的として明らかに産業奨励という意図を持ち、工女たちへの技術伝習をもって、製糸技術を全国へと広げていく役割を果たした。

一八七三（明治六）年六月二四日、皇后が富岡製糸場を行啓する。万里小路宮内大輔、福羽美静、万里小路典侍らを伴って、皇后と皇太后が行啓したとされる。この行啓において、皇后ら一行は、ブリューナから説明を聞き製糸場内を視察した後、ブリューナが西洋料理を皇后にふるまったとされ、ブリューナの妻はバイオリンを弾きもてなしたと伝えられる。その際、皇后からブリューナ夫妻へ縮緬が下賜されたということである[102]。

この行啓について、工女たちは次のような文章を残している。山口から工女として富岡へ行った国司チカ女によれば、「皇后陛下も一度行啓遊ばされました。その時私共一同に扇子を一個宛賜りました。私は今もそれを家の宝として大事に保有しております」[103]。

また、大正一〇年一二月一九日の『上毛新聞』には、飯野みさ子という元工女が「明治六年には皇后陛下が富岡製糸所に行啓あらせられ親しく製糸工女の実況をご覧に相成、私等工女一同へ紺絣一反二子縞袴一反づつ御下賜になりましたが、其頃には汽車はありませぬ為め、御馬車でならせられたので富岡町は大変な騒ぎでありました」[104]と、回想した記事が掲載されている。

前記の文章からも推察できるように、皇后の製糸場への行啓は、一大イベントであったことがわかる。勧業の目的から設置された場であり、技術習得目的の工女たちの集まる場でもあった富岡への行啓は、まさに皇后が象徴的に蚕糸業を奨励していく意図を持っており、工女たちの高揚した回顧文からは、皇后行啓がまさに工女たちに奨励の意図を伝えたことを示している。

また、これらの文章に見られるように、皇后ら一行は、工女たちや製糸教師であるブリューナらに反物を下賜している点も注目できる。国司チカ女の場合は扇子であったと記憶されているが、布や装身具をそこに居るすべての関係者に下賜したものと想定できる。布の下賜という行為に注目するのは、工女たちの言説の中で具体的な部分が下賜された品に限られているためである。前述したように、布の下賜は、権力・権威の授受と深く関わり、布の交換を通して権力者に対して忠誠心が誓われる。その行為はおそらくその場限りのものではなく、工女たちの言葉から知るように、モノを通して記憶され、繰り返し再現される行為なのだとわかる。

図6　荒井寛方「富岡製糸場行啓」1927年、明治神宮聖徳記念絵画館蔵。

明治神宮の聖徳記念絵画館には、荒井寛方による「富岡製糸場行啓」（図6）と題する日本画がある。この絵は、日本蚕糸会により奉納された。一行の先頭に立つのが英照皇太后であり、そのすぐ後ろに立つのが皇后である。さらにその背後にいるのが典侍高倉寿子らであることがわかる。製糸場内に繭を煮る湯気がたちこめており、整然と工女たちが作業をしている様子が描かれている。後方にいるはずの男性の先導者たちが白い湯気によって見えなくなっていることから、皇太后・皇后・そして工女たちによって構成された女性の世界であると指摘されている[105]。まさに、この絵は、富岡の産業奨励のモデル的位置づけ、つまり近代的で清潔、真新しさ、そしてそこで国家の富を蓄積すべく伝習する工女たちを描き出しているといえよう。

3　皇后の役割と位置づけ

一八七一（明治四）年に、皇后が宮中で養蚕を始めたことについてより詳細な分析をするならば、明治期における皇后の役割について言及する必要があるだろう。

皇后がいかなるイメージによって表象されたかという点については、すでに若桑みどりによる詳細な分析があり、昭憲皇太后が国家において与えられてきた役割、そして必要とされた皇后のイメージが近代化をめざす日本にとって不可欠な存在であったことが論じられている[106]。若桑は、片野真佐子による『明治天皇紀』に即した調査[107]をもとに、皇后の担った役割が次の三点に集中しているとする。第一に、女子教育、第二に看護、特に戦時看護活動（慈善会活動を含む）、第三に織布製糸産業育成奨励であり、このような皇后が国家的な事業として関わる領域に身をおく女性たちこそが、近代的な国家において要請される女性たちであった。

片野は、『明治天皇紀』に記述された皇后の記録を調査し、そこから皇后の公的活動の領域を検証している[108]。以下、片野の研究にそって見ていくと、一八六八（明治元）年には行啓先は〇、皇后に関する記事総数二であったが、六九（明治二）年には行啓先一一、記事総数一四になり、七〇（明治三）年には、行啓先二、記事総数四、七一（明治四）年は行啓先七、記事総数一二、七二（明治五）年、行啓先七、記事総数一一となっている。まず、六八年と六九年との間には、大きな区切りがあるといえよう。六八年にはまだ皇后は行啓に行ってはおらず、六九年から皇后の行啓が始まったことがわかる。つまり、公的な場への皇后の登場は、六九年から始まると考えてよい。さらに、七二年も一つの区切りであるといえる。その翌年の七三（明治六）年には、行啓先四三、記事総数五三と急激に増大していることから、皇后の活動範囲が飛躍的に広がったことがわかる。ちなみに、この四三回の行啓は、明治年間で最も多い年であり、この年の皇后の行啓範囲にはその後の皇后の活動の基礎となる要件が含まれているものと考えられる。

天皇と皇后及び皇太后は、それぞれの役割に応じた行動をとっており、また、その行動は新聞や雑誌に記事として掲載された。『明治天皇紀』に記された天皇・皇后・皇太后その他皇族の行動がこれら新聞等のメディアと公的な記録に掲載された記事にもとづいていること、また『明治天皇紀』の分析はすでに片野によって詳細に行なわれていることから、ここでは、明治年間に新聞記事として公表された記事を分類することから、皇后の行動の範囲と分類をしていく。

分類対象とするのは、『明治ニュース事典』に掲載されている全記事の中から、天皇と皇后・皇太后に関する記事をすべて抽出し、それをそれぞれ年表の形式で記載したものが巻末の資料3から資料5である。この中で、本稿では皇后の行動に関するもののみを用いる。片野の分析では、行幸・行啓に関する記載のみであったため、それ以外の行動が読み取れなかったが、この表では、それ以外のたとえば皇后が養蚕を始めた記事なども拾うことが可能であり、単に行動の範囲だけではなく、メディアが何を取り上げようとしたのか、また、メディアを通じて国民に何を知らしめようとしたのかという点について、その一端を読み取ることができる（資料6参照）。

まず、明治年間に新聞記事として載せられた皇后に関する記述は、総記事数六一であり、一八六八年から一八八九年までの前半期には五一であり、一八九〇年から一九一二年までの後半期には一〇となっている。片野の調査では、行啓数は総数七九三、同前半期に四四六、同後半期に三四七とされており一〇七、比率に差があるものの、皇后の公への開かれ方は明治前半期に活発であったことが読み取れる。

片野の調査では、皇后は明治前期から中期にかけてかなりの頻度で行啓をしていることがわかる。また、後半期に入ってからも、数多くの行啓があったことが読み取れるが、新聞等の報道では後半期の皇后はほとんど記事にはなっていない。

具体的に記事を見てみると、一八七一年二月と三月には皇后が養蚕を始めたことに関する記事が三つある。さらに一八七三年の富岡製糸場行啓、一八七九年の青山御所での養蚕が二つ、御所内製糸所、一八八一年の御苑内養蚕所行啓となっている。つまり、蚕糸関連の記事は一八七一年から一八八一年までに八つある。

教育関係の記述では、一八七三年開成学校女学校、一八七五年には女子師範への下賜金、女子師範学校開校式、一八七七年の女紅場、女子師範幼稚園、一八七九年の女子師範卒業式、一八八五年華族女学校関連が二つ、一八八七年華族女学校となっており、一八七三年から一八八七年までに九つある。

看護・病院関連の記述では、一八八七年慈恵医院関係が二つ、赤十字に下賜金、一八八八年赤十字関係が二つ、一八九二年慈恵病院、一九〇四年包帯下賜、一九一二年徹夜の看病というように、一八八七年から一九一二年までに八つとなる。

前述したように、若桑によって皇后の役割が教育、看護、蚕糸業であると指摘されているように、新聞報道においてもこの三つの役割が皇后の行動の中で群を抜いて多いことがわかる。さらに、これらの記事の年代分布が次の図のようになっていることがわかる。

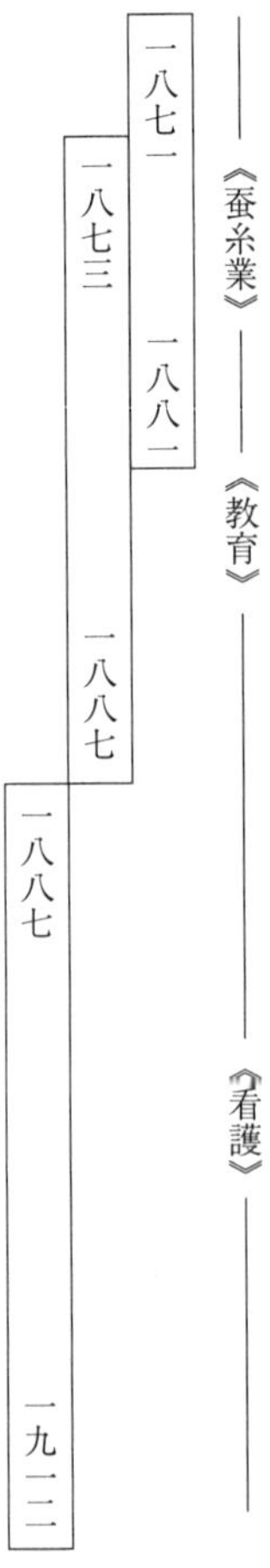

各ジャンルの記事の年代分布をみると、皇后の役割は一定の期間を区切って報道されている。これは、各ジャンルの中での中心トピックと関連している。各ジャンルの中での中心となるトピックは、蚕糸関連記事では、「皇

后親蚕」「富岡行啓」であり、教育関連記事では「女子師範学校」「華族女学校」であり、看護関連記事では「東京慈恵病院」と「日本赤十字」である。富岡製糸場の設置は一八七〇年、皇后親蚕開始は一八七一年であり、女子師範学校設立は一八七三年、華族女学校設立は一八八五年、また、東京慈恵病院は一八八七年設立[109]、赤十字については、前身の博愛社から日本赤十字社となったのが一八八七年である。まさに、物理的な施設設置という動きに連動して、皇后に関する報道がされているといえよう。

前節で富岡の行啓について見たように、皇后は各々のジャンルの中で象徴的な「場」、つまり、富岡製糸場、女子師範学校、華族女学校、慈恵病院と日本赤十字という「場」への行啓を行なう。さらに、皇后は行啓先にいる人々、また機関に対して下賜金、もしくは物（富岡では布であった）を下賜する。教育機関に和歌を授けるのもこの一環であると考えられる。下賜は恩恵ととらえられ、下賜を通して国民は皇后に対する忠誠を誓うこととなる。そして、前述したようにこのモノを通じて記憶が形成され、長期間にわたって忠誠心が持ち続けられていく。また、皇后はこれら奨励すべき女性役割を遂行する。蚕糸関連事業として自ら養蚕を行ない、教育関連では自ら学び、歌を詠む。そして、医療関連では包帯製作を行なう。皇后自ら象徴的な行為を行なうことで、これらの機関に人が集まり、人員確保につながっていく。そして、これらを総合して、国家の恩恵が示され、「場」に権威付けが行なわれ、国民の意識が統御されていくのだといえる。

さて、本書の課題である蚕糸関連記事について見ると、一八八一年を最後に関連記事が掲載されなくなる。しかしながら、その後も「皇后の養蚕」に関する報道はなくなるわけではない。メディアが変わるのである。その理由として、富岡製糸場は他の官営工場と同様に、採算のとれない経営体制であったため、開設時に脚光をあびたものの、後に経営難となり、一八九一年三井財閥に払い下げられるが、それ以前にすでに各地に多数の製糸教婦を送り出しており、一定の役割を終えたものと考えられる。

4 皇太后親蚕と華族養蚕所

一八七九（明治一二）年から始められた青山御所における皇太后親蚕[110]は、一八七一（明治四）年の皇后親蚕とは異なる目的があったと考えられる。この皇太后親蚕は、華族養蚕所設立と並行して行なわれている点に注目したい。

一八七四（明治七）年の火災によって皇居内宮殿と蚕室が全焼したために中断されていた養蚕は、一八七九年に英照皇太后が青山御所内に養蚕所を新設したことにより再開された。この養蚕所は、田島弥平の設計によるもので、木造二階建てで一階を飼育室、二階を上簇室とした本格的なものであり、養蚕所の隣には小さな養蚕室が設けられた[111]。この新設された養蚕所には、華族の子女が集められ、養蚕の技術を学んでいたとされる。

皇太后親蚕に関する報道は、一八七九（明治一二）年三月二四日の『東京日日新聞』による告知から始まる。この記事から、皇太后が青山御所で養蚕を始めたこととともに、この養蚕が華族の婦女子に対する殖産目的の告知であることがわかる[112]。

一八七九（明治一二）年、四月二〇日付けの『朝野新聞』には、次のような記事が見られる。

今般、思召しを以て勤倹の儀仰せ出され候に付きては、皇太后宮御手元の御用度いっそう御節減遊ばされ、かつ年来御親試在らせられ候養蚕の儀は御国産の一端に付き、なおまた御手広く遊ばされ、華族の婦女をも御誘導の思召しに付き、追々御申し立ての儀も在らせらるべく候間、速やかに御評決これありたく、この段申し進め候なり[113]。

記事冒頭にある「勤倹の儀」とは、一八七九（明治一二）年に出された「聖旨」であり、「勤倹を以て興国の基」とすべきとし、その内容は緊縮財政方針への転換を要請するものであった[114]。

この記事に見られるように、皇太后親蚕は「勤倹」「節減」という意味あいから説明され、その背景には国産品の保護という目的があったと考えられる。「華族の婦女をも御誘導」とあるが、いうまでもなく輸入品の消費者として筆頭にあげられており、華族組合を通じて通達があったとされる[115]。

この記事の隣の欄には、具体的に宮内卿より華族督部長であった岩倉具視に対して、華族に限り、養蚕の伝習を望むものに対して、志願者を募る記事が載せられている。

皇太后が自ら養蚕をしたという記事は見ることができないが、翌一八八〇(明治一三)年五月には、皇太后が御所内の養蚕所に行啓したとされている[116]。

この年八月五日の朝野新聞には、「岩倉公、殖産興隆に華族の発奮を説く」との記事が見られる。これは、華族宗族会における岩倉の演説を要約したものであるが、輸入超過にともなう貨幣価値の低下と財政難に対する憂慮から、華族の殖産事業を奨励する意図を持つものである。

その最も主務とすべきは、田野を開き鉱山を鑿ち、及び蚕事を力むる等にして、すでに毛利、鍋島の北海道の開墾に於ける、或いは某社の那須野開墾に於けるがごとき、皆美挙と言わざるべからず。諸君中またこれらの目的あるもの、その事業の小なるを恥じて、これを世に公けにするを欲せざるもの往々これありと聞く。それ一尺の田、一塊の鉱、一握の糸といえども、これを得れば、一として国家の利にあらざるはなし、諸君いやしくもこれに従事せば、余はまさに奏上してその志を顕わすべし。またかの輸入を減ぜんと欲せば、日常需用中なるべく内国の物品を用うべきなり、諺に曰う塵も積もりて山となると、こいねがわくは諸君これを勉めよとの事なりし由[117]。

つまり、いかに小さくとも何らかの事業に関わるべきこと、そして、国産品を使うことによって輸入超過を解消していくことが華族に求められていたことがわかる。この記事からも、皇太后親蚕が、これらの動きと無関係ではないと推察できる。

この動きに連動して、ほどなく華族養蚕所が新宿の植物御苑内に設立された。年代が明確ではないが、一八八一（明治一四）年には、すでに皇后・皇太后が華族養蚕所に行啓していることから[118]、青山の養蚕所に雇い入れ、技術を習得した後、華族養蚕所として独立していったのではないかと考えられる。そして、華族養蚕所は一八八五（明治一八）年五月には準備段階を終え、開業するにいたっている[119]。

この養蚕所の教師として、伊香保の豪農であった富岡竹次郎が選ばれ、この富岡によって、養蚕所内に織殿が設けるという提案もあったとされる[120]。

華族養蚕所の詳細を知ることはできないが、後年内務省管轄の内藤新宿試験場となり、試験場廃止後は農商務省の蚕病試験場となるのが一八八四（明治一七）年であるという。その後、西ヶ原に移転し、蚕業試験場、蚕業講習所、東京蚕業講習所など名称を変えながら、一九一四（大正二）年には文部省所管の東京高等蚕糸学校となった[121]。

このように時代に応じて名称を変え、場所を変えつつも、養蚕に関わる国家の機関として存在してきた。その変遷から、おそらく富岡製糸場と似通った、技能の伝習と蚕糸業に関する研究機関という性格を持っていたのだと考えてよいだろう。

明治一〇年代の、こうした動きは、華族及び士族の授産として養蚕が重視されていたことが背景にある。前述した岩倉の華族授産だけでなく、福沢諭吉も一八八三（明治一六）年に士族の授産として養蚕製糸業を重視する旨の論考を記している。


士族授産の事業には養蚕製糸の右に出るものなしは、我輩の兼々の持論なり。世間既に我輩に同意を表し、或は身躬から此業に当て我輩が忠告の偽なきを喜ぶの人さへ少なからざれば、今日に当り養蚕の功能は既に全国に明白となりと云ふも不可なきが如しと雖ども、士族の授産は目下尚ほ全国の大問題たるの性質を失はず、其急要はこれを前日に比して増す所あるも減ずる所なき有様にして、吾も人も共に疾首して思を煩はすの折柄なれば、我輩は又爰に養蚕の功能を概記して、士族其人並に士族のために其憂に任ずる諸子の参考に供せんとするなり[122]。

このように、養蚕製糸業が士族授産の重要な位置づけにあることを論じるのだが、その理由として第一に「養蚕の業は其品格甚だ高きこと」をあげている。その中で福沢は、封建制度の中で士族はその長として国政を預かってきたにも拘わらず、「突然古俗を破壊」して禄を奪われ、身分も農工商民に並び、「垢を含み辱を忍び終年路塵に暴露する」など、士族の心中は実に憐れむべきものであるとする。そして、「農工商の実業に従事するは何となく面伏せなる心地せられ」るとして、こうした士族の心情をやむをえないものとする考えを述べる。しかしながら、福沢は、養蚕はこれらの実業とは異なることを示そうとする。

幸にして養蚕の業たる、元と農事の一部なりと雖ども、其風雅なる、決して尋常一様の農務にあらず。古来今日に至るまで一国帝王の后妃にして自から養蚕に従事するさへ多く、何程高貴の家門たりとも蚕桑に従事して愧づる所なきは世に著明なる事実なれば、士族が養蚕を業とするに決して遅疑することなかるべし。又彼の桑園を培養し桑樹を刈取る労の如きは、尋常百姓の仕事よりも寧ろ花壇樹園を看護するたく駝師の楽みに類する所多く、決して無雅無趣の労作にあらざるなり。主人自から桑園に従事し、妻女自ら蚕児を飼養す。一見人をして其生計のためなるを覚へしめずして、却て消閑娯楽のためなるかを疑はしむるの趣あるべし。養蚕は今士族のために実に屈竟の産業なりと云ふべきなり[123]。

つまり、福沢は、養蚕はもともと農業の一部ではあるが、「風雅」であること、また皇后が従事していること、さらに「高貴の家門」（これは華族の養蚕事業をさすものと考えられる）でも従事していることから、決して士族が行なって恥ずべきことではないとする。

以上のように、明治一〇年代の皇太后による新たな親蚕は、勤倹の聖旨を反映するとともに華族・士族の授産を意図し、養蚕事業を高貴なものとみなしていく言説となって、機能していったことがわかる。

皇室の養蚕事業は華族の子女を巻き込んで推進されていった。皇太后が養蚕をすることは、「勤倹」「節減」そして「国産」品の保護という意味づけによって、「華族婦女の誘導」することにより、上から下へと「養蚕」が奨励された。皇后から華族へ、そして福沢のいうように士族へとその奨励策は広がりを持っていった。これらは、後に家政を執り行なう女性たちに対して「節約」という観念を強く主張していく動きにもつながっていく。自らの手で蚕を育て、糸を取り、布を織り、衣服を縫うという一連の過程が、輸入品に頼ることのない抵抗の象徴的な手段として表れており、その役目を、皇后を頂点とする国家の女性たちに十分に拡大していくことが、重視されていたのだといえよう。

皇后の行動が、このように女性に対して大きな影響力を持ち得る、一つの例として、岸田俊子が一八八九（明治二二）年に述べた言葉をあげることができる。岸田は、この憲法発布の年の五月二八日、皇后誕生日を前に、「吾々は女性たるの故を以て他性に比して更に深く更に切に皇后宮陛下を慕ひ奉る」[124]と述べており、皇后が自分と同じ女性であるということによって、より深く敬意を表しているのであり、「他性」つまり男性であるよりも近しい尊敬の対象として皇后の位置を設定しているのである。

つまり、皇后は女性であるが故に、女性に対して影響力を持ちやすく、そして、不特定多数の女性国民にとって象徴的存在となりえる可能性を有している。養蚕、製糸等の行為を天皇ではなく皇后が行なう意味はそこにある。これらの産業を担う多くの女性が、皇后という女性を通して、自らをその産業に従事させていく理由付けを持ち、華族・士族という階層においてはさらに、皇后という存在の影響下で、自らが養蚕・製糸に従事することの肯定的理由を見出しているのだといえよう。

以上、皇后親蚕が「復興」という文脈で語られるように、この言説そのものが近代日本において創出された「伝統」の一つであることを示した。そこには、宮中養蚕所が皇后を頂点とした華族社会の縮図であり、その下に華族養蚕所が設立され、さらには士族の子女を雇用した富岡製糸場があり、富岡の伝習生が全国に製糸技術を広めていくという、構造が作られていた。つまり、「皇后の養蚕」という言説は、皇后を頂点とする女性のヒエラルキーを表し、このピラミッド状の影響関係をもとに、次節で述べるように皇后親蚕に対する重層的な意味づけがなされ、すべての女性国民へと波及していくことになる。

4　読み替えられる「皇后親蚕」のディスクール

1　皇后親蚕の新たな意味

一八七一（明治四）年に始められ、約三年間行なわれた「皇后の養蚕」は、短い期間ではあったが、皇后の事蹟において常に重要な行為であったと語られていく。皇后親蚕が創出された当初、前述したように蚕糸業を奨励していくことに必然性があったこと、また、近代的な皇后像を形成していくためにも皇后独自の儀礼的な行為が必要であったため、メディアを通じて皇后親蚕は伝えられていった。そして、それは近代国家において女性がいかに活用されるべきかを示す、一つの模範でもあった。

皇后というきわめて象徴性に満ちた女性が行なう「養蚕」は、西欧列強と肩を並べようとする当時の日本の富の基盤を作り出す行為とみなされた。近代資本主義を推し進めようとする際の精神基盤となった儒教的精神を最大限に利用することによって、女性は二つの極に切り離された。それは、国家の経済基盤を支える男性たちが必要とする二つの女性の層となって現れた。一方は、資本家や労働者を癒し、家庭を維持管理し、出産・育児という再生産に専念する主婦という存在であり、もう一方は、大規模な機械化によって近代以前から蓄積された技能を根こそぎ奪われ、「生きた機械」と資本家にもてはやされつつも、きわめて低廉な労働力として消耗されていく女工たちであった。大規模資本化が進むにつれ女工の労働は低廉化する一方となり、いわゆる「女工哀史」として描かれたような悲惨な状況へと変貌していく。

しかしながら、明治中期にいたっても「皇后親蚕」は別の形でメディアに取り上げられ続けた。すでに述べたように、新聞においては皇后の蚕糸業関連の記事は皆無になる。しかし、女性向け雑誌において、皇后親蚕の記述は増加しており、新たなる意味づけがなされていった。それは、中産階級以上の女性を対象とした雑誌が中心であり、もはや女工たちに対するメッセージではないことは明白であり、蚕糸業奨励という文脈で解することのできないものであった。

2 「手芸」としての養蚕の重要性

〈「家庭に於ける手工」「手藝案内」〉

前章で論じた下田歌子の『女子手芸要訣』と『女子の技芸』において、「手芸」と「技芸」、その両方の中で、養蚕はきわめて重要なものと位置づけられていた。現在の認識では「手芸」の中に養蚕を位置づけることは、おそらくないであろうと思われるが、少なくとも、下田のみならず、当時の文脈で養蚕を「手芸」として位置づけることは、さほどめずらしいことではなかったようである。

下田の言説以外にも、養蚕が「手芸」として意味づけられた例はいくつも見られる。一八九二（明治二五）年『家庭雑誌』二号には「家庭に於ける手工」と題する論稿が掲載された。

衣食の爲に手工を作すは、言う迄もなし。手工を作して衣食の爲に稼ぐの必要なき富裕の家庭に於ても、手工の事は、努め怠る可からず。手工の中にて最も大切なる者は、養蚕、裁縫、機織。割烹の如きは、言うにも及ばず[125]。

この文章で始まる論考は、『家庭雑誌』の社説として掲載されたもので、著者は不明である。養蚕、裁縫、機織そして割烹は、「手工」つまり女性の手業の中で最も重要なものであるとされている。養蚕を筆頭に、これらの手業は、もはや都市の人間や富裕な家庭においては日常必須の手業ではなく、布や糸は商品として購入することが可能であり、裁縫さえも他人に委ね賃金を支払えばすませられる。そして割烹もまた、女中を雇うことや、商店で購入するなどすれば、十分にその家庭の主婦がやらずともすませられるものとなりつつあった。

つまり、この筆者がいわんとすることは、こうした経済的に恵まれた富裕な階層の女性たちが必要に駆られて手工をすることがなくとも、なお手工を怠ってはならないということである。では、なぜ不必要となった手工を、あえてしなければならないのであろうか。

家庭の中で浪風が起こるのは、妻に十分に与えられた役割がなく苦しんでいるためであり、そうした状況に置かれた女性がとんでもないことをしでかすのは、仕事がないためであると著者は語る。そのような「悪風」は、「家庭に流行し、或は不愉快の空気満ち、或は其心の平和を破り、或は其肉体の健康を傷ふもの、其原因多しと雖、遊惰なるより来らざるもの少し」[126]として、遊惰な生活から、家庭が乱されていくと述べる。その状況を打破するためには、「勉強」が必要であり、「勉強」の中で最も著しいものは「手工」であるとする。

著者によれば、「手工は、人をして規則立つ者とならしむ。手工は、人をして着実ならしむ。手工は、人をして正しくならしむ。手工は、人をして、邪なる念を去らしむ。手工は、人をして其同胞に向て同感の情を深からしむ。一言にて云へば、手工は、人をして其心にも其身体にも、健全を得、家庭をして平和幸福の天地とならしむ」[127]ものであり、「手工」をすることによって、女性の精神的な矯正が行なわれるとともに、その結果として家庭が平和かつ幸福な場になるのだとする。

さらに、「手工」の中で最も重要とされるのが「養蚕」と「機織」である。「養蚕」は、「その発生より繭となる迄には、一定の順序あり。蚕児を飼はんとする時には、己が心の自由に任せず、自から其規則を踏まざる可からず。眠ければとて、中夜燭をとりて蚕児に桑の葉を与ふることを遺る可からず」[128]とされ、自らの自由な意志でコントロールするのではなく、蚕が必要とすることを蚕のためにやっていくということが、重要とされる。

また、「機織」の場合は、「機織の如きも、其一縷一糸、相層りて一尺となり、一匹となり、是を作す時に於ては、忍耐の功をも積まざる可からず、胡麻化しをも爲す可からず」[129]とされ、忍耐を積むことの必要性を説くと同時に、「ごまかし」という行為を戒める。

「ごまかし」という行為は「手工」によって矯正される。「凡べて手工は、物を欺くこと無く、内、己れを欺くこと無く、所謂、己が良心を手の先に行ふ者なり。是を作す時に於ては、其心自から正しくなるは、自然の理なり」[130]。つまり、「手工」とは、物だけでなく自分自身を欺くことができない、自らの良心によって行なわれる手仕事であり、そのため手工をすることによって、自身の心が正しくなっていく。さらに、「又た是を作す間は、一心一向、之れに心向ひ居れば、不善なる考えの入り來る筈なし。而かも其仕事に就くときに於ては、之を成し、之を遂るには、一定の道筋がありて、決して無闇に出來上る者に非ざれば、其心自から着実になるは、当り前なり」[131]として、一定の手順を踏まなければできない手仕事をすることにより、着実な精神を養うことができると考えられている。そのため、女性には体操など大掛かりなことをさせるまでのことはなく、屋敷の外に出て、桑葉を摘んだり、屋敷の中で機織をさせれば、身体は健全になるのだとされる。

また、本来女性の一貫した手仕事であるとされていた養蚕、紡績、機織等の一連の糸に関わる労働が、分業され、商品化されていくことにより、自分が身につけている物がいかにして出来上がるのかということを知らない女性が増えてきたことを嘆き、それらの過程を知ることによって、「同感の情を深くし、己が傲り高ぶる心も、自から和らぎ、謙遜にして愛憐ふかく、而かも勉強にして怠らざる人となるを得べし」とする。そして、文明流の学問をした青年の子女や、豊かな家庭の女性は、以上の理由から「手工」を行なうことが大切であり、家庭には機織の機械を、そして庭には数種類の桑を植え、これらの労に服すことが必要であり、生活のためではなく、「実に家庭の幸福を増加し、其品位を揚るに於て、浅からぬ利益」[132]があるのだと論ずる。

この「家庭に於ける手工」について詳細に記してきたのは、この文章の中にある論理が、明治中期以降に一つの流行ともなっていった、中産階級以上の女性に「養蚕」を奨励する言説として、きわめて具体的かつ明快な理由付けをしているためである。

養蚕をする必要のない階層の女性たちに向かって、養蚕を奨励する言説は、たとえば『日本之女学』の「工芸」のコーナーで「養蚕の心得」として養蚕の具体的な方法を教える記事[133]や、『女鑑』の「家庭科学　蚕の飼育法」[134]など、また同じく『女鑑』の「蚕業の歴史」[135]なども同様の主旨で養蚕を女性に奨めている。中でも最も大きく取り上げているのが、『家庭雑誌』第二七号から九回にわたって「手芸案内」のコーナーで連載された「養蚕術」[136]である。これは、養蚕が始まる季節にあわせて、連載も各作業段階にあわせて掲載され、実用的に家庭の主婦向けの養蚕方法を記している。主に中産階級の主婦、子女を読者とし、養蚕を蚕糸業としてではなく、家庭内における「手芸」として強調するものである。

養蚕術は婦人手芸中の第一位に居るものなれば、東京の如き繁花熱鬧の市街と雖も、山の手辺の一家数畝の庭園を有する家の主婦又は娘女子は手づから桑を植え自づから蚕を養ひ、手づから糸を製するの業を市井の婦女等が「カルタ」を弄し閑話を爲し、昼寝を貪るに比すれば是非善悪の別、豈に天地雲泥の差のみならんや[137]。

ここでも「養蚕」は女性の手芸の中で最も重要なこととされている。市井の女性が「カルタ」で遊び、無駄話をし、昼寝を貪ることを批判的にとらえ、それに比較して都市の女性であっても庭に桑を植え、養蚕をし、製糸をすることを「雲泥の差」であるとして、称揚する。さらに『聞かずや畏くも我皇后陛下には御蚕所を置き玉ひ手づから蚕を養ひ玉ふにあらずや、以下の臣民たるものの婦女子、一生男子に依りて暖衣飽食し、以て天に対し人に対し汗顔恥なきとするか」[138]と続けるが、この文章に見られるように、皇后親蚕はもはや、国家規模での産業奨励を意味しない。つまり、東京山の手の住宅の庭に桑を植え、蚕を飼い、糸を紡ぐことは、「カルタ」を弄し閑話を為すことの対比で用いられ、勤勉さを一つの美徳として讃えるために、皇后親蚕を引用しているのである。

〈共立女子職業学校設立趣旨〉

また、女子のための手芸・手工の教育機関として設立された共立女子職業学校において一八八六（明治一九）年四月に出された設立趣意書では、次のように手芸・手工の奨励することの意義が述べられている。

現在の我国の婦女のありさまを見ると、父兄良人に頼り、衣食を仰ぐのみとなっており、自ら生業を営むことができるのは甚だ少ない。父兄良人に不幸があった場合には、たちまち身を処するところを失い、貧苦に陥り、いたずらに人を恨み、世を嘆いて何をすべきかを知らずにいるものがあり、その痛ましさはいいようがない。このような状態になってしまう理由を察するに、女子の教育がいまだ普遍化せず、実業を授ける教育がなされていないためである。

近ごろは女学校の設置が少なくないが、そこで教えられる学科は、閑雅優美であったり、高尚深遠であるなど、実業には疎く日用に適してはいないために、いたずらに小学校以上の学校教育は専ら中人以上の子弟に行なわれ、広く世の女子に及ぼすまでには至っていない。私たちはこれを切に憂い、同志の者たちで計画し、女子の職業学校を設け女子に適する諸職業を授け、あわせて修身、和漢文、英語、習字、算術のような日用必需の学科を教授しようとする。しかし、世の人の中には職業といえば賤しい業として嫌う人もあるが、それは大きな誤りであるとして、次のように「皇后親蚕」を例として示す。

古より天子后妃の尊きを以て、御みづから農桑の業をとらせられしは、和漢の歴史に昭々たり、近くは、我が皇太后、皇后の両宮には、毎年宮中に於て養蚕の業を執らせたまふにあらずや、かかれば、此等の女功は決して賤しき業にあらず、否、之を婦女の本分とこそいはめ、いかでか之を賤しむることを得べき[139]。

つまり、養蚕をはじめとするあらゆる実業である、手芸・工芸・技芸といった手仕事は、決して賤しい労働ではなく、「婦女の本分」つまり女性の徳を示すものであることを述べ、その象徴として皇后が用いられている。職業学校という名を掲げ、女性に職業的技能を授けることを目的として設立された共立女子職業学校は、労働の高尚さ、そこに込められた美意識を「皇后の養蚕」という事例をひいて、示そうとするのである。しかしながら、共立女子職業学校は、下層の労働者を対象とした女学校ではなく、中産階級以上の女子が通う場であり、そのことからも、ここで導かれた労働の重要性とは、女性が職業を持ち、一生涯かけて働き続けることを意図するものではなかった。ここで身につけた技能とは、生活の手段として得るべきものではなく、「皇后」という存在に象徴される高い婦徳を身につけた高雅な女性になるべき修練の蓄積の結果として得られる技能であり、こうした手工芸の象徴的な位置に「皇后の養蚕」が語られているのだとわかる。

以上、見てきたように、明治二〇年代以降の女性向けの雑誌においては、中産階級以上の女性を対象として養蚕が奨励されていく。農業としてではなく、また産業としてでもなく、家庭において「手芸」として養蚕をすることの意義が強調されていくのである。手芸や手工の中で最も重要なものは養蚕や機織といった労働であり、それらをすることによって女性としての徳が高まり、女性の精神の陶冶が行なわれる。究極的な目標は、高い婦徳の獲得にあり、その象徴として「皇后」が掲げられ、「皇后の養蚕」は最適な事例として示されるのである。

つまり、明治二〇年代以降、皇后親蚕は、産業奨励という一つの役目を終え、新たな文脈へと変換されつつあったことがわかる。それは、皇后という女性を頂点とするヒエラルキーが形成され、上から下へと婦徳のありさまを伝播させていくための象徴的な行為として意味づけられた。その第一の意味づけが養蚕を「手芸」として読み込んでいく動きであったといえよう。

3　下田歌子による「皇后の養蚕」の位置づけ

〈「歴代皇后宮の御坤徳」〉

さらに興味深いのは「歴代皇后宮の御坤徳」という下田歌子の文章である。この文章が掲載されたのは、大正一一年の雑誌『太陽』の『皇室の光輝』という特集号で、これは出版元の博文館の創業三五周年記念増刊として出版されている。巻頭には、天皇、皇后、皇太子の写真が掲載され、総勢三五名からなる寄稿者の文章、歌などによって構成されている。この中で下田は、歴代の皇后の徳を讃える文章を書いており、その徳を表す中心的なテーマとして養蚕をあげている。

下田は皇后の中で、神功皇后、雄略天皇の皇后、一條天皇の皇后彰子、そして昭憲皇太后を取り上げ、これらの皇后の徳は内助の功を尽くしたと記す[140]。さらに、「皇后陛下の御坤徳」として、貞明皇后の養蚕について、東京府知事井上による婦人会での講話を引用する形で記していく。井上の話は次のように始まる。

近年は、賢人の言行を漁ったり海外の婦人の言行を探したりする女性がいるが、日本の女性はそのようなことをする必要がない。なぜなら、「目の前に何よりも立派な模範であるところの賢明なる国母陛下を戴いて居る」[141]からであるとして、皇后が国家のすべての女性にとって模範であることが示される。そして、井上が宮中の養蚕所を観た折についてふれ、貞明皇后が養蚕を始めた理由が、健康面への配慮、娯楽的運動の必要、蚕業としての重要性、そして自分が養蚕を行なうことが「一般の日本婦人にも奨励すべきことであるから其を致して見よう」[142]という趣旨であったとしている。

また、皇后の養蚕については、皇后は毎日は養蚕所へ出向く事ができないので自分の御座所にも少し蚕を飼っており、それはすこぶる立派に育っているが、別の蚕の籠には病気の蚕を大切に飼っているのだという。普通は病蚕は川に流してしまうが、皇后は自分の慰みの為に蚕を飼っているので、病気の蚕を患者のように扱い天寿を全うさせようと思うと皇后は語ったという。その病気の蚕も七分通り繭を作ったという話から、「それにつけても思ひやられるのは、人の子を教えるのも全くその通りであらう、不良兒を教育するのは恰度蚕の病児を飼ふやうなものであらう」[143]と皇后自身が述べたとする。

下田は、皇后親蚕について他の文章でも何度かふれており、蚕業の奨励としてだけでなく、手芸、技芸の最大の項目として養蚕を取り上げている。それを、皇后の徳の高さを表すものとして重視してきたのである。この文章で注目すべき点は、第一に国家の産業奨励のためでもなく、皇后は自らの慰みのために蚕を飼っているとする点、第二に病気の蚕を患者のように飼っている点、第三として不良児を教育するのは病気の蚕を飼うようなものである、としている三点である。ここでの下田は皇后親蚕にさらに新しい意味を与えようとしているのがわかる。宮中養蚕所で育てた繭はきわめて良質であるとされてきたにも拘わらず、あえて自らの身辺で病蚕を飼うということに深い意味を持たせようとしているのである。

下田は皇后の養蚕という行為を新たに読み替えようとしているのだが、それは、心の寛容の現れとして、また看護する精神、困難な教育、という形で表され、それらがあたかも母の慈愛であるかのような文脈で教え諭されているのである。

〈教育としての養蚕〉

さらに時代を経ると、雑誌『家庭』に「紅葉山養蚕所を拝して」という記事が掲載される。この記事によれば、皇居内に東京市に勤務する女性教員を五〇〇名招き、皇居内の紅葉山養蚕所を見学させるというイベントが開かれたという[144]。その際、見学に訪れた小学校の訓導であった熱田梅子が、養蚕所の様子を伝えるこの記事を書いている。熱田は、皇后が飼育した繭から皇太子・内親王の衣服を作るということに感激したことをはじめ、この養蚕所を訪れ、具体的な養蚕所の様子を記している。

養蚕所内には、近代的な機器と昔ながらの道具が置かれ、それが農家の養蚕を尊重するありがたいことだとし、最小限度の暖房設備しか備えていない環境については「恐縮の至り」とし、さらに、病気の蚕を大切にする姿勢と排泄物をも厭わないことに皇后の懸命さを見ようとする。また、自ら桑葉を摘み、蚕に満遍なく与えていくことを「御仁慈」の極みであると述べる。香淳皇后に関するこうした言説は、貞明皇后の言説ときわめて似通っており、またそれは昭憲皇太后から引き続き語り継がれてきたものである。

養蚕所の様子を質素・倹約と、皇后については勤勉かつ仁慈に満ちていることを報告するこの文章は、女性の教員という限られた人に皇后の養蚕を見せていくことが何を意味しているのかを示している。つまり、女性の教員とは国家の人材の育成に関わる職業であるだけでなく、同時に「母」の役割も果たしており、彼女たちに皇后の「徳」を象徴する養蚕を見せることによって、皇室への敬意、農業の尊重、質素倹約の精神、病む子どもに対する労わり、排泄にかかわる世話の数々、そして満遍なく与えていくこと、つまり平等に子どもに接していくことなどが示されているのである。

4　育児および子宝のメタファー

〈雄略天皇紀〉

さらにもう一つ、皇后養蚕の新たな意味について述べておこう。

『日本書紀』の雄略天皇紀は、近世末の農書の中で、宮中養蚕の起源として取り上げられた。たとえば、上垣守國《ママ》の『養蚕秘録』においては、「人皇廿二《ママ》代雄略天皇の后、桑をもつて自ら蚕を養ひ給ふ事日本紀に見へたり」[145]として、雄略の皇后が自ら養蚕をしたと記す。

この雄略天皇紀は、近世末から明治に入ってからも繰り返し、宮中養蚕の起源として取り上げられ、常に引用され続けた言説である。『日本書紀』は次のように記す。


三月の辛巳の朔丁亥に、天皇、后妃をして親ら桑こかしめて、蚕の事を勧めむと欲す。爰に蜾蠃蜾蠃は、人の名なり。此をば須我屢と曰ふ。に命せて、国内の蚕を聚めしめたまふ。是に、蜾蠃、誤りて嬰児を聚めて、天皇に奉献る。天皇、大きに咲ぎたまひて、嬰児を蜾蠃に賜ひて曰はく、「汝、自ら養へ」とのたまふ。蜾蠃、即ち嬰児を宮墻の下に養す。仍りて姓を賜ひて、少子部連とす[146]。


雄略天皇が皇后に養蚕をさせたという言説は、近代に入ってからの皇后親蚕の伝統を補強する意図で、しばしば用いられてきた。雄略紀が養蚕奨励であり、また宮中養蚕の起源であるとする言説は、その目的は異なるが近世の農書にも見ることが出来る。

「古の賢王恵ミ万世にたれ給ひ、民の産を制し、后妃みづから桑を採り、養蚕の道は、婦人の業たる事を諭し給ふ。貴き御身だにかくせさせ給ふ。況しもつかたの者をや。もつはら励ミ務めずむば有べからざる業なり」[147]と述べ、過去の后妃が養蚕をしたということから、産業を奨励する意味合いが、明らかに読み取れていたことを示している。

つまり、賢王は民の生業をつかさどり、妃は自ら桑を摘み、養蚕を女性の仕事であることを民に諭したとしており、こうした高貴な身分の人でさえもしているのだから、下々の者が養蚕に従事するのは当然であり、民たるものが一筋に努力しなければならないのが養蚕の仕事であると記されている。ここでは、古代の皇后親蚕が明らかに産業奨励と結びつけて考えられていると同時に、養蚕を女性の労働とし、当時の文脈においても奨励されるべきこととしている。

雄略天皇紀の引用は、今述べたとおり、近世農書だけではなく、近代に入ってさらにより広い層の女性たちに知らしめるために、繰り返された。

〈少子部連蜾蠃伝〉

この短い文章は、明治期に養蚕書や女性向け雑誌などでも取り上げられ、簡易な読み物として掲載されていく。一九〇六（明治三九）年五月、東京・上野で日本初の子ども博覧会が開催された[148]。これに合わせて同年五月の『日本の家庭』では、子ども博覧会の特集の中で、皇后の養蚕の直接的な起源だと繰り返される雄略紀を、女性や子ども向けの簡単な読み物にして掲載している。少々長いが引用する。

> 大変昔の事で御座りますが、唯今から丁度千四百年程前に、少子部連蜾蠃と申すお翁さんがありました。（中略）或年の春の事でありましたが、お妃方に蚕を飼はしめ為さらうとして、蜾蠃をお召に為り、沢山にまだ小さい蚕を諸方から集めて来る様に、と申し付けに為りました。蚕は「飼ひ子」で飼ひ養ふ虫と云ふ所から起つた名でありますが、其頃は単に子と云ひましたから、子を集めて来いと仰せに為つたのを、蚕の事とは心付きませんで、子供の事と思ひ込みまして、天子様の申し付けとて、諸方から可愛らしい小さい子供を沢山に呼び集めて参りました。
>
> 天子様は、蜾蠃が仰せの如く沢山集めて参つたと云ふので、喜んで御覧に為りますと、蚕ではなくて大勢の子供を引連れて居ましたので、全く思ひ掛けてお出に為らぬ間違ひでしたから、大変にお笑ひに為つたのです。併し今更諸方を廻つて集めました事とて、何とも致し様が御座いませんから、すべての子供を蜾蠃の子

として、御殿の近くで養はせに爲りました。蜾蠃は之が為め、俄に大変な子福者と為り、毎日子供を相手と致して、御殿のあたりに遊んで居ました[149]。

『日本書紀』「雄略紀」は、明治初頭には皇后親蚕の起源として、さらに産業奨励を成功させた徳の高い天皇として繰り返し引用されてきたが、前記のような脚色は明治中期に初めて表れてくる。「蚕」と「子」の混同によって、「蚕」ではなく「子ども」を全国から集めてきてしまった蜾蠃は、天皇の命によりその子どもたちをすべて育て、「子福者」になったと記されている。ここでは「蚕」と「子」、「養蚕」と「育児」が関係付けられ、「養蚕」が「育児」へと読み替えられている。

つまり、皇后親蚕は育児および子宝を得ることの幸福のメタファーとなっていった。

〈子どもとしての蚕〉

蚕を子どもとして見る言説は、きわめて多く、現代でもいまだその言説は有効性を失っていない。『養蚕秘録』では、用明天皇の治世の時、聖徳太子が父天皇のもろもろの政務を補佐し、民を愛し、養蚕の技術を教えたと伝えており、次のように養蚕について語る。

太子曰、蚕を養ふは、父母の赤子を育つるがごとし。蚕を思ふ事我子を思ふごとくせよ。寒暖陽気の加減平生我身分に倣ひて、温ならす、冷ならず、平和なる様陽気を廻らし、昼夜間断なく精力をつくすべしとおしへ給ふ[150]。

聖徳太子は、養蚕について十七条憲法に「十六に曰く、民を使ふに時を以てするは古の良典なり。故れ冬月には間有りて、以て民に使ふ可し。春より秋に至りては農桑の節なり、民を使ふ可からず。其れ農せざれば何をか食まむ、桑とらずば何をか服む」とあるように、かなり重視していたとされる[151]。実際には、太子が養蚕の技術を教えたとする史料はないとされるが、太子の言葉として、養蚕を育児と同様であると説明し、養蚕の重要性を語るのと同時に、蚕を子と同一視することで、養蚕にかかる労力を育児という普遍的な労力と結びつけている。

また、皇后の養蚕という文脈においても、昭憲皇太后が田島弥平を呼び寄せた際、田島から「お蚕さんは人の心をよく知っております。お蚕をわが子のように慈しむことが、よい蚕を育て、よい繭をつくる秘訣にございます」との助言があったことが示されている[152]。

こうした傾向は、何も近世・近代に特徴的な言説であるとはいえない。現代にいたってもなお、蚕は子どもと、養蚕は育児と関連付けられ、養蚕をすることが母としての営みであることが強調される。

『朝日新聞』に投書として掲載された以下の文章は、蚕を赤ん坊と重ね合わせながら、蚕に与えた愛情が「恩返し」つまり孝行という形で返されることに強い感動を覚えたとする著者によって書かれたものである。

五月四日、蚕の幼虫をもらって来ました。エサのクワの葉から離れません。食べて、寝て、排せつしては、赤ちゃんと同じです。蚕は、まゆを作るまでに繰り返し脱皮をします。ある朝、脱皮に失敗して、体半分下が抜けきれないのがいました。見守ること数日。これでは命が……と思えたので、私は意を決して、つまようじの先で、皮を破っていきました。汗だくだく。見事成功した時は、拍手で娘と喜びあいました。同じように愛をそそいでも何かの原因で命を落とすものも。そして、ふと、主人が何回かお世話になった外科医のことを思ったりしました。

蚕は、このころになると、性格、体質、個性も、はっきりします。人間の一生をみるようです。早くも、十二日目にして、一匹が糸をひき始めました。まゆ作りの家にとりかかり、さあ、どうぞと指定しても、それぞれが選ぶ権利を主張して、一晩中吟味して回るもの、同居するもの、離れたところがいいとばかり、二メートル離れたカーテンに登って、まゆ作りを始めるもの。最後は百三十匹になりました。あと数匹は、紙をはがし骨だけにしたうちわの上で、一生懸命、生糸を出して、ツルの恩返しならぬ、蚕の奉仕をしてくれています。ありがとう。出来上がった生糸地のうちわは、我が家の大切な家宝にしますからね[153]。

以上見てきたように、皇后の養蚕は明治中期以降、そこに付与された意味づけを変化させてきた。新聞というメディアから一斉に皇后親蚕の言説が消えたことは、まさに産業奨励を国家施策とする明治初期とは異なる意味づけが必要になったことを示しており、皇后、華族、士族そしてあらゆる女性国民は、蚕糸業を担う役割から、新たな女性役割を与えられる時期へと入って行ったのである。

皇后親蚕という行為が伝えられるべき対象は、もはや女工のみではなく、次世代の国民を育てるすべての女性つまり母たちであった。皇后は、母なるものの手仕事として、養蚕から子どもたちの衣服製作までを担うと言説化され、それこそが母の愛情であると示された。また養蚕所という場は清潔で、簡素で、質素な状態をよしとし、子ども（蚕）が育つ適切な場を表しており、つまりは学校や家庭のあるべき様子を示している。そして、皇后の蚕に対する対応は、愛情に満ちており、汚物を嫌うことなく、献身的に接するものとされ、そしてその愛情と配慮が満遍なく蚕（子ども）たちに与えられているのだと賞賛される。これらは、家庭において子どもを育てる「母親」や、学校教育において子どもをみる「女性教員」に対して育児と教育の理想の姿を示すものであったといえよう。

5 錦絵にみる宮中の養蚕

1 養蚕錦絵

これまで言説としての「皇后の養蚕」について論じてきたが、皇后が行なう宮中の養蚕は言説だけでなくイメージとしても描かれてきた。前述したように近世の農書に描かれてきたのは雄略天皇の后の養蚕であったが、近代になると同時代の宮中の養蚕を描いたものが出てくる。実際に絵師や画家といった人たちが宮中の養蚕を見て描くという事はなかったが、言説として現われた「皇后の養蚕」は一つの社会の反映としてイメージ化されていくのである。

「皇后の養蚕」のイメージは浮世絵版画が中心である。明治以前から作り続けられた浮世絵の中でも、伝統的な美人画や役者絵などとは趣きが異なり、文明開化を主題とした「開化絵」として位置づけられている。開化絵のモチーフとなったのは、西洋建築や鉄道、歴史的事件などであるが、必ずしも実際の事物や事件を忠実に写し取ったものとはいえず、テーマとしてこれらを扱いがならも浮世絵師によって再構成されたものだと言える[154]。宮中の養蚕も、新聞報道などが先行してそのイメージが形成されたと考えられる。まさに、それは一つの「事件」であり「事業」であったのだといえよう。

宮中の養蚕を見ることが現実には不可能だった浮世絵師たちは、最大限の想像力を駆使して宮中の皇后の養蚕を描き出そうとした。絵師たちは、通常見ることができる農家の養蚕ではなく、文明開化の事業として行なわれる宮中の養蚕に多大な興味を示し、農業としての養蚕ではなく開化の事業としての養蚕を、宮中という場と皇后という存在への新たな興味とともに描き出しているのである。

養蚕を題材とした浮世絵版画、いわゆる錦絵は、一七八六（天明六）年の勝川春章、北尾重政による「かいこやしなひ草」が最も古いものと考えられており、これは中国の佩文斎耕織図を原本とした橘守国の「絵本直指宝巻一・蚕家織婦之図」（一七四四年）から借用したものとされている。喜多川歌麿の「女織蚕手業草」（一七九五〜一八〇〇年）もまた、「蚕家織婦之図」からの借用であるとされている[155]。
さらに一八〇〇年代に入ると、養蚕の作業を描いた「養蚕作労絵」や、「見立絵」と呼ばれる説話などを使って当代の事物・人物になぞらえた錦絵が描かれた[156]。

図7　翌軒竹葉「宮中養蚕之図」1886 年、東京農工大学工学部附属繊維博物館蔵。

こうした一連の養蚕錦絵の一つとして「宮廷蚕織錦絵」と呼ばれる宮中の養蚕図がある。宮中養蚕図は、明治一〇年代から三〇年代にかけて描かれたものが多く、そのタイトルには宮中とは明確に示されてはいないものもあるが、「貴婦人」「皇国」「天覧」など明らかに養蚕農家の様子ではないことがわかるようになっており、タイトル・イメージ共に宮中であることが暗示されている。これらの制作年代は明らかに皇后が養蚕を行なっていた時期とは異なり、明治一二年から始められた皇太后親蚕との関連は指摘できるものの、画面に皇后が描きこまれていることなどを考慮するならば、皇后親蚕という言説が一人歩きし、イメージ化されている一つの事例だと考えてよいだろう。

〈洋装の「宮中養蚕図」〉

「宮中養蚕之図」と題された錦絵（図7）は、一八八六（明治一九）年に翌軒竹葉によって描かれたものである。宮中の養蚕を描いたものとしては異例の、洋装の女性たちによる養蚕図である。

画面右に見るように、画面の一番右側には洋装の皇后が立ち、その隣には椅子に座った天皇が描かれている。皇后の衣服は、薄い紫色の布地にモスグリーンのふち飾りのついた装飾的な上着状のドレスであり、その下には赤い生地のふんだんにフリルを用いたドレスを着ている。左手は自分の腰にあて、右手は天皇の座る椅子に添えられている。頭には装飾的な帽子をかぶり、赤い花が一輪飾られている。

一方、隣に座る天皇は、軍服姿であり、サーベルを手に持っている。その顔にはひげをたくわえている。天皇の座る椅子の背後には、赤い織物がかけられた花台が置かれており、大きな花びんには菊の花が生けられている。その花台の上には、おそらく天皇のものであろうナポレオン帽が置かれている。天皇が帽子をかぶっていないのはそのためであろう。

また、画面中央には、三人の女性が描かれている。右奥の女性は、右手に鳥の羽を持ち、左手には蚕の卵の産み付けられた紙をもち、羽で掃っている。いわゆる掃き立てという作業である[157]。その隣で覗き込んでいる女性は、手に繭の入った籠を持つ。そして、手前に後ろ向きで椅子に座る女性は、箸を持ち、それで蚕をつまみ、選り分けている。さらに、画面左では、二人の女性が描かれている。手前の女性は、繭を加工しており、奥の女性は繭を茹でて、絹糸をひいている。

これらすべての女性たちは特に名を与えられていない無名の女性たちであるが、状況から考えても宮中養蚕所で働く蚕婦を表しているように思われる。皆、洋装であることはもちろん、養蚕・製糸という「労働」を行なうにはあまりにも豪奢な衣服を身につけているのが特徴的である。実際には、宮中養蚕所の蚕婦たちは、このような洋装ではなかった（図8）。彼女たちは、養蚕の産地からかき集められてきた豪農の娘が中心であり、養蚕に関する知識と技術の高さを誇っていた。ここに描かれたような洋装、しかもかなり高価なドレスなどは、労働の場で着るものでないことは明らかである。

天皇と皇后が宮中の養蚕風景を「見ている」存在であることが重要である。皇后は自ら養蚕を行なっていたという言説は多いが、実際には宮中養蚕所には多くの蚕婦が雇われており、皇后は名目上の経営者として養蚕所と関わってきた。

図像上、注目すべきは、中央画面と左画面に描かれた蚕婦たちの形態の類似性であろう。中央画面の右上の女性と左画面の右手前の女性は、顔の描き方や、姿勢が酷似している。また中央画面の左の女性と左画面の左の女性も、同様によく似た形態をしていることがわかる。

錦絵にはままあることだが、人物の描写がパターン化され、多くのヴァリエーションを持っていないことがその理由であろう。パターン化された形態は、この一枚の図像だけでなく、他の図像にも引き継がれる可能性を持ち、一つの主題の図像が似通ったものになっていく可能性を秘めているといえよう。

図8　「明治四年奉仕者」『日本蚕糸業史』大日本蚕絵編、1935年。

それでは、この絵の特徴を明らかにするために他の養蚕図を数枚見てみよう。この宮中養蚕図は、様式、主題ともに養蚕図においては特異な図像である。しかし、この絵の特殊性は前近代のイメージをひきずる後宮に対する民衆の思いを払拭する大きな要素を持つ点にある。日本がまさに近代化を目論見、そこに国民を引き込もうとするその時に、描かれたイメージだといえる。そのことを明らかにするためにも、いくつかの同主題の錦絵を見ていこう。

2　蚕神の図像

〈「大日本蚕神像兼略伝」〉

宮中もしくは高位の立場の女性が養蚕をするという主題の中でも、

図9　歌川国輝「大日本蚕神像兼略伝」1865年、東京農工大学工学部附属繊維博物館蔵。

かなり早い時期のものとして一八六五（慶応元）年の歌川国輝作「大日本蚕神像兼略伝」（図9）がある。この図は、宮中で養蚕が始められる以前に制作されているため、この場が「宮中」であるとはされていない。しかしながら、このイメージが「宮中」であるという認識が、明治四年以前になかったわけではない。たとえば、図5に示した『養蚕秘録』の皇后の養蚕のイメージなどは、近世において一定の階層で共有されていた可能性を示すものである。

この図は、タイトルにあるように、蚕神とその略伝が記されたもので、右手後方に二人の神が描かれているのがわかる。画面の手前には七人の人物が描かれている。緋袴の女性が二人、十二単の女性が三人、少し低い身分であろう着物を着た後姿の女性が一人、画面の中ほどには小さな人物が一人いる。

画面で見るように、桑の葉を刻む女性の後方奥に雲に乗り降りてきているのが二人の養蚕神である。養蚕神は、時代、地方によってそのイメージが異なる。養蚕業は、古くからの重要産業とされており、農家の収入を大きく左右する場合もあった。近代的な養蚕業が成立するまでの間、その豊作を祈るために、各地で蚕業にふさわしい神仏が祀られ、守護神のイメージが作られてきた[158]。

〈蚕神のイメージ〉

たとえば、図10は「衣笠明神」であるが、右手には蚕種を持ち、左手には桑の枝を持っている。特徴的なのは、頭に絹の反物をのせ、さらに衣服の腹の部分には馬の絵が描かれている点である[159]。「衣笠明神」の持物としては、蚕種、桑、巻絹、馬の絵、糸繰り枠などがあり、養蚕の民間信仰の中心的な神であったといえる。図11も養蚕神と考えられる「馬鳴《めみょう》菩薩」の図である。馬鳴菩薩は、右手に天秤をもち、経済的な繁栄を示し、左手には赤い丸い

図 10 「衣笠明神」1874 年。

図 11 「馬鳴菩薩」『養蚕秘録』。

図 12 「金色姫誕生」『養蚕秘録』。

図 13 「稚産霊日神」『蚕桑弁』野村義雄著・喜多村豊景、1875 年、王潤堂。

図14 「蚕神を祭る図」『蚕桑弁』。

図15 「蚕神祭の事」『養蚕秘録』。

鏡のようなものを持っており、白い馬に乗っている。馬と娘と蚕の関係は、四世紀、晋代の撰といわれる『捜神記』の中で、人間の娘が馬に懸想し、最後には馬と娘が蚕に化すという物語に端を発するものであるという[160]。図10の「衣笠明神」の腹にある馬の絵も、同様に蚕と馬の関係を物語っている。さらに、図12は「金色姫誕生」の図である。金色姫とは、天竺の霖異大王の娘であり、四度の苦難を奇跡的に乗り越え、のち日本に船で流され、その霊魂が蚕に変化したと伝えられる人物であり、神格化されている[161]。図13は、『日本書紀』巻一の第五段、一書の二にある次のような起源神話にもとづくものである。イザナギノミコトは、火の神カグツチのために焼かれて亡くなる際、伏しながら、土の神ハニヤマヒメと水の神ミツハノメを出産する。後にカグツチはハニヤマヒメと結婚し、ワクムスヒを出産した。この神の頭の上に、蚕と桑とが生じ、臍の中に五穀が生じたとされる。この「ワクムスヒ」が図13の稚産霊日神である[162]。

また、養蚕の神といわれるものとして、天照大神、保食神、天熊大人神の二神を祀ればよいとされている[163]。天照大神と保食神は、天地と陰陽をつかさどる神であり、天照が天を保食が陰をつかさどるとされ、保食神は、別名を倉稲荒神とも呼ばれ、稲作との関わりも強調されている[164]。また、天熊人人という神は、天照大神の勅命を受けて保食神のところへ行き、五穀の種子、蚕の繭を持ち帰って天照大神に献上したとされる。つまり、この三神がいなければ、養蚕と農耕が伝承されず、民の暮らしは立ち行かなかったため、これら三神を祀るべきだとされている[165]。図14の『蚕桑弁』の挿図及び図15『養蚕秘録』の挿図にあるように、掛け軸に養蚕神の名を連ね、祀っている様子が示されている。

〈「大日本蚕神像兼略伝」の神の特定〉

さて、図9の「大日本蚕神像兼略伝」に戻ると、一番右手の奥に二人の養蚕神が描かれていることがわかる。前の男性神は手に桑の葉を持ち、後ろの神は両手に繭もしくは蚕のような白いものを包み込むように持っている。二人は雲に乗り、この養蚕をしている場へと降り来た様子が示されている。後ろの繭を持つ神の姿と、前の桑を持つ神は形態的に、図13の稚産霊日神と似通っている。特に雲に乗り降りてくるという表現は他の養蚕神の表現とは異なり、この二人の神のうちどちらかが稚産霊日神を表している可能性が指摘できる。

明治四年以降、宮中紅葉山養蚕所で行なわれる「御養蚕初の儀」と「御養蚕納の儀」において皇后自らが神前に拝するとされる養蚕神は、まさに和久産巣日神《わくむすびのかみ》と大宜都比売神《おおげつひめのかみ》である[166]。図中の養蚕神が稚産霊日神である可能性は図像的類似性から考えてきわめて高いと言え、親蚕開始以前よりこれら養蚕新が宮中の養蚕と結び付けられる基盤があったと考えられる。

養蚕神の前方に座る女性は、桑葉を刻んでいる。桑葉きざみの図像は、養蚕図像の中でも一般的な図像であり、他の宮中養蚕図においても、必ずといってよいほど、見ることができるものである。

図9の画面中央には、「大日本養蚕神像」と書かれた略伝が掲げられており、画面手前には、掃き立てをする二人の女性が描かれている。女性の後ろには桑葉の入った籠があり、その隣には、蚕棚が設置されている。

左画面では出来上がった繭を運ぶ女性たちが描かれている。画面の高い位置（後方）の女性は十二単を着ており、何かを手渡したあとであるかのようなポーズをとっている。彼女は指示を出す立場の女性であると思われる。右手の女性は繭の入った籠を持ち、少し振り返るような仕草をしている。緋袴姿で襷がけしていることから、実際に作業に従事する立場の女性であることがわかる。さらに、その手前にはこちらに背を向けた女性がしゃがみこんでいる。緋袴を着用していないこと、また頭髪を高く結っていることから、宮中での高位の女官ではないことがわかる。姿勢を低く保ち、前述の女性たちに傅くように繭の入った箱を差し出しているのも、身分的に低い立場の女性を表しているものと思われる。そして、唯一、顔の描かれない存在であることも、同様の意味に解釈できる。

この図9からは、第一に明治四年に皇后が養蚕を始める以前に制作されていること、第二に、これより後に描かれる宮中養蚕図においては、このような養蚕神の表現はなくなることの二点が読みとることができる。これは、民間信仰として広まっていた養蚕神のイメージを宮中のイメージの中に取り込んだものである。養蚕神の存在は、近世の農書においてすでに知られており、図9はこれらの神々の降り立つ場としての「宮中」を想定して描いたものと思われる。

また、宮中で養蚕が開始される以前ではあっても、一八六五年当時、すでに生糸は輸出品総額のうち高い比重を占める重要な品目であり、蚕糸業が重要産業であったことは間違いない[167]。生糸の流通の規制は、この時期の重要な問題でもあった。その中で、その産業としての重要性、同時代性を描くとともに、神と宮中とを結びつけ、「大日本養蚕神像」を描いたことの意味は重視してよいと思われる。

3　その他の宮中養蚕図

一八七七（明治一〇）年頃から、宮中の養蚕を主題とする錦絵が、数多く出回り、現在でもそのうちの何点かを見ることができる。（現在、東京農大学附属織維博物館が多くの養蚕（蚕織）錦絵のコレクションを所有しており、貴重な錦絵の画像をインターネット上で見ることができる。）

宮中養蚕図は、大きく分けて一八七七年から一八八〇年くらいまでの時期と、一八八四年以降というように分類でき、その構図や意図に違いが見られる。ここでは、まず前期一八七七（明治一〇）年から一八八〇（明治一三）年までの間に制作された宮中養蚕図を見ていこう。

図16　蜂須賀国明「千代の栄　蚕の養」1877年、東京農工大学工学部附属繊維博物館蔵。

〈一八七七年―一八八〇年の宮中養蚕図〉

●「千代の栄　蚕の養」

図16は、一八七七（明治一〇）年に蜂須賀国明によって制作された「千代の栄　蚕の養」である。制作年代から考えて、皇居内の光景を想定して描かれているものと思われる。床一面に赤い敷物が敷き詰められ、さらに女官の衣が緋色なので、画面全体が赤い色に支配されている、華やかな錦絵である。画面左側から蚕の二令から三令の時期[168]を表し、中央では桑葉きざみ、右側は掃き立ての光景を表わしている。

左画面には、手前に緋袴の三人の女官が座って作業をしている。その後ろにも緋袴の女官が一人立っている。後方には少し位が高い女官が二人立ち、最奥にもう一人緋袴の女官が描かれている。居室の外には桜の木が描かれて、さらにその後方には、水をたたえた風景画広がっている。画面左手には蚕棚が置かれ、桑の葉がびっしりと敷かれている。手前三人の女官は、すでに出来上がった繭を手に持ち、糸繰りの機械を使って糸をひいている様子であり、手前右手の女官の横には繭が入った籠が置かれている。

中央の画面では、三人の緋袴の女官が桑の葉を運んだり、刻む作業をし

図 17　梅堂国政「養蚕皇国栄」1877 年、東京農工大学工学部附属繊維博物館蔵。

ている。その横には、これを見る高位の女官が一人立ち、後方には、籠に入った繭を運ぶ女官が描かれている。画面中央には牡丹の花が生けてある花瓶の乗せられた台座がおかれ、右奥にはおそらく渡り鳥を描いた軸が掛けられているのが見える。

右画面では、手前の二人の緋袴の女官が作業をしている。左の女官は、蚕の入った箱に目をやり、中央の女官は紙（ここでは蚕卵紙）を羽で払っている。つまり、紙の上で孵化した蚕を、羽で箱の中に払い落としているのである。後ろに立つ御簾の内側の三人が高位の人間であることがわかる。中央で松の扇を持っているのがおそらく皇后であろう。皇后の両側に立つ二人の女官は、皇后の側に向き、少し腰をかがめたポーズをとっている。そのことにより、中央の人物が、この二人と比べて、より高位の女性であることが示される。

●「養蚕皇国栄」

図17は、同年、梅堂国政による「養蚕皇国栄」である。

左部分では、中央の花台の左側に扇を持つ皇后、その隣にはおそらく養蚕の指導的立場の高位の女性が描かれている。皇后の隣に立つ女性が、常に皇后に向かって語りかけるような姿勢をとっているのは、養蚕を見る皇后に対して説明をする立場の女性だからだと思われる。皇后の後ろには一人の女官がボールのような器を持ってくるところである。手前には三人の女性が描かれているが、皇后について養蚕を見に来た地位の高い女性であろうと想定できる。画面右端にも同様の女性が一人描かれている。この右端の女性と手前の三人のうちの左二人は、その髪型から、年若い女性であると思われる。

中央の画面では、居室の内と外での養蚕の作業が描かれている。画面手前には、居室内で掃き立てをしている女性が二人いる。手前後ろ向きの女性は羽のようなもので蚕卵紙を払い、右側の女性は箸を持っている。手前の三人以外はすべて外で作業をする女官である。左後方には蚕棚に桑を入れている女官、その手前には籠に桑を入れている女官、中央には桑の葉を刻む女官、さらに桑を運ぶ女官が描かれている。画面後方は広大な庭園が配されており、やはりここでも水が描かれている。

図18　雄斎国利「大日本国産図養蚕天覧之図」1877年、東京農工大学工学部附属繊維博物館蔵。

さらに右画面では、屋外の作業のみになる。手前では蚕に桑の葉を与えている二人の女官、その右には蚕棚、置くには地面に座り桑を与えている女官が二人描かれている。その後方には池があり、水の向こう岸には滝、山並み、松の木があり、庵も見ることができる。

居室の内と外に大きく二分された画面は、すべて女性によって構成され、内から外へ、さらに居室内も皇后の位置から外に向けて、宮中内の位が反映された人物の配置になっている。椅子に座る皇后とかしづく女官、居室内での作業をする女官、そして室外でたすきをかけて作業をする女官と、階級的な上下関係が表されている。また、内と外の関係は、人物の大きさとも関連しており、内にいる女性たちに比して、外で労働に従事する女官たちはきわめて小さく描かれている。

●「大日本国産図養蚕天覧之図」

図18は、やはり一八七七（明治一〇）年に描かれた雄斎国利による「大

日本国産図養蚕天覧之図」である。右画面の中で皇后を中心に四人の女性たちが配されて、みな同じ方向を向いている。彼女たちの後ろには、やはり牡丹の花が生けられた花瓶が置かれており、背後の御簾は下ろされている。それに対して、中央・左の両画面では、掃き立てやまぶしの作業をしている女性たちが描かれている。さらにこれらの後ろには、屋外で働く女性が多数描かれている。彼女たちは蚕棚を見たり、桑を運んだりしており、同じ柄の着物を着て、たすきがけして、赤い襦袢が見え、足元も隠していないなど、下働きの労働をする女性たちであることがわかる。

手前にいる室内の女官たちは、牡丹、菖蒲、紅葉、朝顔、菊、松などの模様が描かれた着物を着ている。後ろに描かれたユニフォームの下働きの女性たちとの対比で、手前の女性たちはその地位の高さや、美しさを表しているだけでなく、着物のカタログ的な役割も与えられているのではないだろうか。

画面の中央には日の丸の旗が飾られ、さらに左画面の上方には、富士山が描かれている。タイトルにもあるように、国産品として蚕糸の重要性は大きく、国家の産物としての蚕、それを育てる美しい女性たちという描き方がなされている。

●「開化養蚕之図」

図19も同様に、皇后と宮中の女官たちによる養蚕図であり、一八七九（明治一二）年、楊州周延による「開化養蚕之図」である。すべての作業をする女官たちが緋袴を着ており、居室内に二人だけ異なる着物を着た女性が描かれている。奥の御簾の内にいる女性が皇后もしくは皇太后であると思われる。彼女は、これまで見てきた図像の皇后とは異なり、実際に養蚕をしている皇后である。彼女の前には蚕が置かれているのがわかる。さらにもう一人の女性は、軒先まで出て蚕に桑を与えている。この女性も、これまでの例から考えて高位の女官であるか、もしくは皇后・皇太后であると思われる。この時期の言説では、皇后が養蚕をするというものばかりでなく、英

照皇太后も養蚕をしていることが記されており、ここに描かれている二人の女性が、皇后と皇太后という組合せである可能性がある。

女官たちは、たすきがけに緋袴という統一した姿で、画面左側から桑を運び、その桑を右端の女性が刻み、蚕に与えている。画面後方には大きな桜の木が描かれており、枝垂桜が満開の季節を描いている。背景にはやはり水辺の風景が描かれている。

図19　楊洲周延「開化養蚕之図」1879年、東京農工大学工学部附属繊維博物館蔵。

これらの宮中養蚕図は、養蚕をする女官たちをその美しさと高貴さから働く主体としてではなく、見られるべき存在として描いている点で共通している。女性たちが何を着ているのかという点はきわめて重要である。錦絵の女性たちは、顔や容貌で識別することが困難であり、何を着ているのか、また何をしているのか、ということが彼女たちを特徴付ける数少ない要素である。

これまで見てきた錦絵は、女官たちと皇后によって構成されていたが、同時期の宮中養蚕図の中には天皇が描かれるパターンもある。

●「皇国蚕之養育全図」

図20は、一八八〇年（明治一三）の荒州八十八[169]による「皇国蚕之養育全図」である。画面の中央に天皇が椅子に座り、その隣に皇后が立って養蚕をする女官たちを見ている。天皇は軍服姿であり、皇后は十二単を着ている。右画面には掃き立てをする女官たち、左画面には桑葉を刻む女官たちが描かれており、中央画面で天皇・皇后を前にして蚕を見せている女官もいる。居室内奥には、蚕棚が設置されているのも見える。

図20　荒州八十八（豊原国周）「皇国蚕之養育」1880年、東京農工大学工学部附属繊維博物館蔵。

図21　梅寿国利「養蚕天覧之図」1880年、東京農工大学工学部附属繊維博物館蔵。

屋外には桑の葉を採ろうとしている女官もおり、その隣にはその採集した桑の葉を運ぶ姿も見える。背景には水辺の風景が描かれているのは、これまでと同様である。

●「養蚕天覧之図」

また、図21も天皇を描いた養蚕天覧図である。一八八〇（明治一三）年の「養蚕天覧之図」で梅寿国利によって制作されている。この図でも、画面右端に軍服姿の天皇と十二単の皇后が並んで描かれており、その前には巨大な台に乗せられた無数の繭玉が山と積まれている。繭のまわりを女官たちが取り囲んでいるが、さらにその外側の女官たちは、繭を運んでくる様子が描かれる。

画面後方には、養蚕をする女官たちが、かなりの数、描きこまれているのがわかる。この図は、養蚕そのものを天覧しているというよりも、出来上がった繭を献上されているところと言うべきかもしれない。このように、天皇・皇后は養蚕の光景を見るだけの存在ではなく、献上された国産繭・糸を受け取る側にも置かれるため、図22

のような献上図も描かれている。

〈一八八六年以降の宮中養蚕図〉

●「養蚕之図」

図22　楊洲周延「蚕製糸献上図」1879年、東京農工大学工学部附属繊維博物館蔵。

図23　楊洲周延「養蚕之図」1886年、東京農工大学工学部附属繊維博物館蔵。

一八八六年以降も引き続き、宮中の養蚕の情景は錦絵の定番の主題として描かれ続けた。しかし、構図上、またモティーフに変化が現れるのがこの時期である。図23は一八八六（明治一八）年、楊洲周延による「養蚕之図」である。画面中央の最奥にいるのが軍服を着た天皇、その隣に皇后が描かれている。その前には山盛りの繭が積まれており、室内のいたるところに繭山が置かれている。天皇・皇后の背後には牡丹が描かれた屏風が置かれており、これまで花瓶に生けられていた花がここではなくなっている。画面右奥には、掛け軸と鏡餅が見える。掛け軸に描かれているのは、おそらくは神武天皇像ともう一人の神像ではないかと思われるが、この図像からは特定が困難である。

前節で見てきた錦絵と決定的に異なるのは、天皇と皇后を中心としたピラミッド型の構図が使われており、その頂点に天皇・皇后が置かれている。このピラミッド型は、繭山の形状とも比例関係にあり、図の中に天皇へ収斂されていく力の方向性が反映されている。

このように、天皇と皇后を画面の中心にすえ、周囲に女官を配し、さらに神武像を配置するという図像は、他にも見ることができる。

図24　楊洲周延「富貴之春蚕之繁栄」1889年、東京農工大学工学部附属繊維博物館蔵。

●「富貴之春蚕之繁栄」

図24は、一八八九（明治二二）年に楊洲周延によって制作された「富貴之春蚕之繁栄」である。画面中央左側に軍服を着た天皇、右に十二単の皇后が立っている。画面左手には、蚕に桑を与えている女性たち、右手には繭を採っている女性たち、さらに右画面の奥には、糸を紡いでいる女性が描かれている。天皇と皇后を挟むような格好で、赤い地に神武と天照両神が描かれており、それらの中央、画面の消失点（不正確な遠近法ではあるが）の方向には、富士山が描かれている。また、富士と、水の風景、さらに桜の花、というモティーフが、これまで見てきた錦絵との類似性を示している。この図の中で、天皇と皇后を中心として、きわめて近い位置には緋袴の高位の女官が配され、その外側には実質労働にあたる女官ではない女性たちが、さらに画面の中では小さな存在として縞の着物を着た、下働きの女性が

描かれている。図23では、図像上明確にピラミッドが構成されていたが、この図24では、天皇と皇后を中心に、同心円状に階級的な格差が描き出されているのがわかる。そして、背景の中の富士と松と桜を頂点としたピラミッド型が構成されており、それによって、この図像が単に養蚕の光景を描き出したのではなく、養蚕という労働が中心である天皇と皇后に帰するものであり、その担い手である女性たちを階級的に統御しつつ、その労働の成果である繭を「献上」させていくシステムが見えてくる。

図25　梅堂国政「美人養蚕之図」1887年、東京農工大学工学部附属繊維博物館蔵。

4　翌軒竹葉の「宮中養蚕之図」

それでは、本節冒頭の図7で示した翌軒竹葉の「宮中養蚕之図」に戻ってみよう。この錦絵は、時代的には一八八六（明治一九）年制作である。これまで見てきた宮中養蚕図との決定的な違いは、養蚕に従事している女官たちがすべて洋装で描かれている点である。

●「美人養蚕之図」

今回の調査では、洋装の養蚕図はこの図とあと一枚しか見つからなかった。図25は、一八八七（明治二〇）年、梅堂国政制作の「美人養蚕之図」がその一枚である。左画面から見ると、左から蚕棚に手をやる女性、蚕に桑を与える二人の女性、桑を運ぶ女性、手前には桑葉をきざむ女性が描かれている。また、中央画面では、桑葉を取る二人の女性、蚕を蚕棚に運ぶ女性、奥には繭を煮て製糸している二人の女性が描かれている。さらに、右画面では、手前の二人の女性が羽を持ち掃き立ての作業をしている。その後方には、両手に白い箱に入った繭を一つずつ持ち、運んでいる女性がいる。唯一、これらの女性たちの中で、極端に装飾的な衣装を身につけている女性が、中央に描かれている。この女性は、他の女性たちよりおそらく身分的に高い女性であることを想定して描かれていると思われる。蚕卵紙を前に置き、扇のようなものを手に持っているが、その隣で掃き立てをしている女性たちとは異なる立場であるように見える。

この図25は、「美人養蚕之図」とされており、宮中の養蚕風景を描いているかどうか、定かではない。しかし、その可能性も否定できない。これだけの設備を揃え、洋館の一室を使って洋装の女性たちを養蚕に従事させることができる場というものが、宮中以外にあったとは考えづらい[170]。

〈洋装の宮中養蚕図の意味〉

では、図7と図25のような洋装の宮中養蚕図[171]は、どのような意図で描かれたものであろうか。

最大の答えは、欧化政策真っ只中の日本において、洋装の女性像はその象徴的な存在であったことがあげられる。たとえば、鹿鳴館が開館したのは一八八三（明治一六）年一一月であるが、そこでの女性の風俗は、欧化をめざす日本にとって欠くことのできない存在であった。日常的に洋装をしていない女性たちも、鹿鳴館に行くために慣れない洋装をし、そのこと自体が嘲笑の的であったり、都市の風物ともなっていったのである。

また、片野の指摘するところによれば、皇后が洋装を始めた時期は一八八五（明治一八）年から一八八六（明治一九）年である。それまで公的な場ですべて和装で通していた皇后が、洋装を始め、それが文字とイメージの両面から記録されていった[172]。

一方で、宮中の養蚕、または高位の女性たちの養蚕というものも、都市の風物の一つと見られていた可能性がある。養蚕をする女性は、農村において日常的な存在であったが、それは農業として、また生活の一部としてあったのであり、それらを描き出そうとするまなざしは、都市の人間のまなざしであった[173]。特に、宮中という民衆には決して見ることのない場で、皇后が養蚕を行なっているという言説は、新聞等の報道で知ることはあっても、その意図と目的についてうかがい知るものではなかったと思われる。

確かに、殖産興業政策において絹が重要な位置にあること、養蚕・製糸業が女性によって担われていることは、民衆も知るところではあった。しかし、皇后が養蚕を始めた一八七一（明治四）年直後には、それが意図するものを把握しえた民衆はおそらく少なかったことであろう。

このように背景を考えるならば、洋装の養蚕図は、洋装を始めたばかりの皇后のイメージと、日常の労働としての養蚕ではない、都市の上流の女性の風物としての養蚕のイメージを複合的に描き出した主題であるといえる。

5　洋装の皇后と養蚕

本節では、宮中を主題として描かれてきた養蚕図を制作年代にそって見てきた。最初期の宮中養蚕図は、近世の農書の流れを汲んだ養蚕神と養蚕の起源を取り込んだイメージで描かれている点から見て、民衆の信仰を反映した養蚕図であったが、明治一〇年代初頭には、それが明治に入ってから創出された皇后の養蚕を想像して描かれるようになった。

明治一〇年代初頭の宮中養蚕図は、皇后と多くの女官たちによって構成される。作業に従事する女官たちは、その階層にしたがった服装をしており、すべて和装で描かれている。また、人物の描写はパターン化の傾向が強く、数種類のポーズの女性を組合せて画面が構成されている点は、この時期の錦絵の特徴ともいえる。

女官の服装については、緋袴などのように統一された衣装の場合、表情も身体的特徴も持物も、一切が均一になり、女官の身体は養蚕という作業を行なう機械的な身体にも見えるが、一方で、多様な模様の描かれた和装の女官たちが並ぶ場合には、それらが均一な顔と多様な衣服とによってカタログ的な要素が強く現われる。

その中に置かれる皇后は、装飾品や持物、着衣によって皇后であることは識別されるが、画面の中心をなすような大きな力を有しておらず、むしろ、養蚕に従事する女官たちの身体に重点が置かれているのだといえよう。

明治一〇年代後半の宮中養蚕図になると、その傾向が変わってくる。

第一に、画面に中心ができるようになり、その中心には天皇と皇后が置かれ、女性（皇后及び女官たち）が階層化されていくこと。第二に、一〇年代初期には描かれなかった神武天皇、天照大神が現われるようになること。そして第三に、洋装の皇后と女官たちで構成される宮中養蚕図が登場することである。

●「女官洋服裁縫之図」

こうした変化をしながら、翌軒竹葉の「宮中養蚕之図」（図7）が描かれたのだが、実は、宮中の養蚕を主題とはしていないが、しかしきわめてよく似た同時代の図像がある。

図26は一八八七（明治二〇）年、楊洲周延による「女官洋服裁縫之図」である。左にはミシンを踏む女官、右には布を裁つ女官、中央に立つのが洋装の皇后であり、同じく洋装の皇太子がともに描かれている。若桑みどりによれば、これに続いて、華族女学校や家族の家庭でも、洋服の裁縫が行なわれた様子が、「貴女裁縫之図」（松斎吟光、一八八七年）に描かれているし、裁断、縫製、アイロンがけ、付属飾りのためのレース編み、ブラシかけなどの工程が図示されている[174]。楊洲周延の作と松斎吟光の作は、イメージが酷似しており、どちらかがもとになったものと思われるが、オリジナルを特定できてはいない。

●「梅園唱歌図」

また、図27は、同年の同じく楊洲周延による「梅園唱歌図」である。梅園を背景にして、左の女性はオルガンを弾き、その後ろの女性は譜面を見て歌っている。右にはバイオリンを弾く女性と歌う女性がいる。中央には皇后と皇太子[175]が描かれている。

ここで、図7と図26と図27の図中に登場する女官に注目してみたい。

この三枚の図像には、「椅子に座る女性」と「前かがみの女性」が共通して登場する。「椅子に座る女性」のヴァリエーションは、左から「蚕を選り分ける」「ミシンを踏む」「オルガンを弾く」は同じ姿勢で同じ向きに描かれていることがわかる。この三者は洋服の模様までよく似ている。また、「前かがみの女性」では、「繭を加工する」「布を裁つ」「歌を唄う」が同じ姿勢で描かれている。そして、三枚の図像に表されれた三人の皇后は皆、まっすぐな姿勢で立っている。座る、前にかがむ、という姿勢は、他の養蚕図の女官の姿勢からもわかるように、皇后と同じ画面に描かれている女性たちに共通するポーズである。これは、皇后よりも高い位置に頭がこないことが考慮されているためと思われる。

これらの図像が似通っているのは、偶然ではない。「養蚕」「洋裁（裁縫）」「音楽」という主題は、一見まったく異なるものに見えるが、しかし、きわめて似たポーズで描かれ、よく似

図 26　楊洲周延「女官洋服裁縫之図」1887 年、東京家政学院大学附属図書館蔵。

図 27　楊洲周延「梅園唱歌図」1887 年、早稲田大学附属図書館蔵。

比較図１　椅子に座る女性像。

比較図２　腰を屈めて立つ女性像。

た雰囲気を持ったものとして描かれているのである。

〈文明開化のイメージ〉

それでは、「養蚕」「洋裁」「音楽」の共通項とは何であろうか。

『明治文化全集』では、皇后の養蚕について次のように書かれている。

明治四年　皇后宮御苑之養蠶

皇后ノ宮、東京城内吹上ノ御苑ニ於テ、親ラ蚕ヲ養ヒ玉ハントノ御事ニテ、上州岩鼻県ニ命アリテ、蚕桑ニ事習レタル女四人ヲ差出スベキ旨ヲ仰下サル。三月上旬ニ四人ノ女撰マレテ出京シ、御苑ニ伺候シ、蚕桑ノ業ヲ教エ奉レリ。

推古帝養蚕ヲ創メ玉ヒテ、諸方へ桑柘ヲ植ヘシム。之ニ依テ一時養蚕大ニ行ハル。中古衰微ス。今又古ニ復シ、養蚕ヲ大ニ開カントテ、皇后宮ノ尊ヲ以テ、親ラ蚕桑ヲ試ミ玉フ。国ノ本ハ農桑ニ在リ、内助ノ開化ニ功アル、豈ニ鮮少ナランヤ[176]。

ここには、「皇后の養蚕」に関する一つの解釈として、「内助の開化」という意味が述べられている。つまり、宮中の養蚕を文明開化の文脈でとらえ、皇后が行なうことから「内助」であると考えられている。「国ノ本ハ農桑ニ在リ」ともしていることから、殖産興業という意味も含まれてはいるのだが、民衆の側の受け取り方としては、「文明開化」と「殖産興業」の両方が存在していたことが示唆されている。

宮中の「養蚕」を文明開化とする解釈が存在するならば、「洋裁」「(西洋)音楽」もまた、開化の文脈でとらえられる要素を強く持っている。「文明開化」の表現として、洋装の女性が登場し、開化に貢献した事物が描かれ、そしてそれらは上流の女性と強く関係付けられているのだと言えよう。また、これらの事物(養蚕、洋裁、音楽)とは、すべての女性の生活において不可欠なものではなかった。洋裁、音楽が西洋から流入した技術であり、上層の階級の女性たちにとっての新たなる技術であり、たしなみ、教養として学ぶことが推奨されたものではある。一方、養蚕は、民衆の生活にとっては日常的なものであっても、近代の都市空間においては、必ずしも必要とはされるものではなかった。しかしながら、その労働を宮中で行なうこと、皇后や上流の女性たちが行なうことは、きわめて「新しい」開化の出来事であり、その新しさこそがメディアとしての錦絵の中心テーマだったのだと言えよう。

そのことは、図7にのみあてはまることではない。目新しい作業をする女性の新奇さや、洋装の物珍しさ、民衆とは生活空間を異にする上流の女性たちへのまなざし、完全に閉鎖された宮中に関する報道への興味、それらが、文明開化という文脈を用いて、宮中養蚕図には重層的に表されているのである。

6　明治期における皇后の養蚕の意味

これまで、明治期を中心とした「皇后の養蚕」のイメージと言説を見てきた。ここで改めて、「皇后の養蚕」の意味について考えてみたい。

日本の近代化において、蚕糸業の発達は、それによってもたらされる大きな経済的基盤であった。この蚕糸業の発達を支えてきた基礎条件は、農家の低所得によって供給された安い繭と、低賃金による労働力の収奪であった[177]。そして、この蚕業の様々な場面に女性が関わっていった。

本章で考察したように、「皇后の養蚕」は、一八七一（明治四）年に創出され、明治初頭においては、国家の重要産業として蚕糸業の奨励を意図していた。しかし、それはわずか二年間にすぎず、その後は「皇后が養蚕をしている」という言説がメディアで繰り返されることによって、あたかも歴史上連綿と続いていたかのように語られていった。この時期の蚕糸業は、富岡製糸場に代表されるように工女の技能的な熟練を必要とし、そこで働く工女たちは高い技能を有するエリート階層の女性たちであった。国家の富を担う重要性、最先端の技術を担う先進性、西洋建築の官営工場における高い教育、これらは皇后と皇太后が行啓をすることによって、より高い栄誉へと結実していった。

明治一〇年代の皇太后の親蚕は、華族養蚕所と連動し、華族・士族授産という目的をもって行なわれた。さらに、明治二〇年代以降、「皇后の養蚕」は新たな意味を与えられ、メディアの中で読みかえられていく。それは、まさに国家における女性役割であるところの、育児・教育・手芸であった。

以上のように、「皇后の養蚕」は先行研究にあるように産業奨励をはじめとする四つの目的だけでは語りきれない側面を持つことが明らかになった。「皇后の養蚕」は常に女性のありようを示すものであり、必要に応じて読み替えが行なわれる。つまり、この問題は、糸や布をめぐるジェンダー象徴体系の中に位置づけられるべきものであると考える。それは近代の養蚕製糸の場が、皇后という存在の近代における重要性、近代産業構造における女性労働の重要性、さらには布と女性をめぐる社会規範が、重層的に皇后という女性を頂点とするピラミッド構造を形成しているトポスであるからである。

女性は布の労働と多くの場面で結び付けられてきた。養蚕・製糸・紡績・機織・裁縫などの糸に関わる労働は、女性の領域であるとされ、そこに女性を駆り立てるための理由付けが常になされてきた。明治という時代において、そこで一定の影響力を持ちえたのが「皇后」という象徴的な存在であったといえる。この時代にあっても、女性は布と強い関わりを持たされたが、それは一方では近代的な大規模機械工場においてきわめて低廉で単純な労働力として必要とされ、また他方では、こうした近代産業に従事し、近代資本主義を邁進していく男性労働者の妻として再生産に専念する無償の労働力として必要とされてきたことを意味する。再生産に専念するということは、決して糸の労働からの解放を意味しない。この問題を考えるうえで、きわめて重要であると考える細井和喜蔵の『女工哀史』にふれておきたい。

『女工哀史』は自らも紡績工であり、妻も女工として働いていたという細井和喜蔵が大正期の女工のきわめて悲惨な労働状況を告発した書としてあまりにも有名である。細井の批判の根拠となっているのが、細井自身の糸と女性を結び付けようとするジェンダー象徴体系にもとづく議論である。

細井は、次のように述べる。

私はこの衣食住の労働を「父」と「母」という相異った二つの性格で表すことに興味を持つ。農民は人類の父である。米や麦や、その他あらゆる原料を作って人間を養って行く。そうして「紡績工」はその父が作った原料を糸にひき布に織って子供に着せる。すなわち「母性的いとなみ」であり、愛の労働である。実に農民が人類の父であるのに対して、紡績工は人類の母であらねばならぬ。そして家を建てたり、道路をつけたりするようなその他の諸々な労働は、一切この「父と母」なる二つの大きないとなみの分れに過ぎないであろう[178]。

衣食住の労働を「父」と「母」という相異った二つの性格で表すことを明言し、「紡績工」は「母性的いとなみ」であり、愛の労働であるとする[179]。さらに、

先ず、女工問題を速かに解決しなかったら国家はどうなるか？人類はどうなる？（中略）かくして日本の「母体」は、日々時々傷められて行く……[180]。

人類に衣を着せるちょう（という）いと貴き「母性のいとなみ」、彼女はそれを苟めにも忘れたことがない。しかしわれわれは、二百万の母性が喀血に喘ぎながら織りなしてくれた「愛の衣」を纏っていることを忘れている[181]。

このように、女工問題を解決する糸口として細井は、女工を日本の「母体」であるとし、彼女たちを本来の母性のいとなみへと返すこと、つまり紡績や製糸は母のいとなみであるが、そのいとなみを汚し、そこから搾取する事の非人道的な側面を強く批判している。しかしながら、女工からの搾取がなくなろうとも、製糸・紡績が女性にとって必然的な労働であるとされ、搾取されずとも、永遠に無償の労働を提供し続けることが「母のいとなみ」として肯定されている点に無批判であった。身分・階級が異なっていても、母の構造の中にいることに変わりはない。

細井によって女性の製糸・紡績労働の搾取は、巨大な資本化のもとに暴露され顕在化したが、問題の本質は変わっていない。近代的な工場から女性が解放されてもなお、女性は家庭内において無償の手仕事を奨励され、「母」として糸・布に関わる労働をし続けるのである。

細井の批判は、女工のおかれている状況に対してきわめて有効な提言であったはずであるが、一方で、その批

判の根拠となっている母性信仰は、女性労働の無償化と出産・育児を強力に結びつけ、母なるものにすべての女性を収斂していく言説として遺されていくのである。

皇后の養蚕は、皇后の国家における役割を規定していく過程のきわめて初期の段階で創出された行為であった。その基盤には、女性国民を統御していくためのモデルとしての皇后の重要性、また国家の産業基盤となっていった養蚕・製糸業への低廉な女性労働の必要性、さらに糸・布にまつわるジェンダー象徴体系への女性の絡め取りといった問題が重層的に存在する。

皇后の養蚕は、創出以来、その営為・方法等を大きく変えてこなかったにも拘わらず、その意味づけを必要に応じて変化させ、明治中期以降、女性国民を対象としたメディアに伝えられてきた。その意味の変化を明らかにしていくことが本章の目的であった。

皇后の養蚕が創出された明治初頭、何よりも強調されたのが産業奨励というディスクールであった。その際、常に伝統の復興であることが記され、天照大御神から始まり[182]古代の天皇が后に養蚕をさせていたとの事例が引かれた。皇統の正当性が強調される一方、親蚕が后妃の坤徳と深く結びつくこと、后妃が為してきた数少ない営為であることを、中国の女訓書から学んだのだと言える。しかし、実際には中国の后妃の事例からの移植であるとはされず、日本の古代の皇后に学んだことが繰り返し強調されていく。

一八九〇年代の女性向けメディアの開拓、女子教育制度の整備、さらに良妻賢母思想の台頭は、皇后の養蚕に新しい意味を与えていった。そこでは養蚕は産業ではなく、主婦・母・娘が行なうべき家庭内の手仕事として表された。また、次世代の国民を育てるべき母親として、養蚕は育児のメタファーであると考えられるようになる。そして、女性の領域であると考えられた看護・介護・教育などの象徴的な行為であると説明される。

さらに、錦絵で見るように、文明開化を表す象徴的な行為として、宮中の養蚕が描かれた。民衆の視線から見れば、養蚕が宮中で行なわれるということ自体、物珍しさと新しさの象徴であった。数多く描かれた宮中養蚕図は、産業奨励と文明開化という文脈でとらえられ、言説と並んでこの事蹟を国民に知らせる重要なメディアとなっていたことがわかる。

「皇后の養蚕」という行為は、国家が必要とする女性の営みに次々と読み替えられていった。そのメッセージは常に女性国民に向けられており、段階的に、女工、母、看護婦、教師などを媒介とし、手仕事、育児、看護、教育などの領域が国民としての女性にとってきわめて重要であることを示すものであった。

つまり、「皇后の養蚕」は、ジェンダー象徴体系にもとづき、すべての女性を必要に応じて統御していくためのモデルとして、きわめて具体的な方法論つまり、無償もしくは低廉な労働力を家族または国家のために提供すること、蚕を育てることを通じて育児・教育・看護という女性役割を学習すること、そして質素、倹約、従順、忍耐を学ばせる人格陶冶という機能、すなわち近代日本の国民として期待される女性を創り出していく表象システムであったといえよう。

第3章
近代日本における手芸

1　はじめに

第1章では、下田歌子について論じながら、彼女が構想した女性の統御システムについて考察し、女性の「実学」すなわち手仕事を中心とした諸技能が女性を統御するために必要不可欠であると認識した近代日本の女子教育のありようを検証してきた。そこでは、「手芸」「技芸」というものが、女性が十全に女性役割を遂行するために学ぶべきものであるとされ、女性を国民として統御するために用いられてきたことを示した。

さらに、第2章においては、近代の「手芸」の中でも最も重要とされてきた養蚕について、特に皇后の養蚕に関する言説を中心に論じた。女性と養蚕・製糸・紡績など糸に関わる諸労働は深く結び付けられてきた歴史がある。それらは、養蚕や製糸・紡績業における女性の労働力の重要性ゆえに語られてきたばかりではなく、隠喩的に女性と糸との関係を作り出すことによって、糸に関わる労働を女性の領域とみなし、さらに出産・育児などを決定的な女性の役割として導き出す論理も含み込んでいた。さらに、皇后が養蚕をすることにより、糸と女性の関係は強化され、上から下へとイデオロギーを伝播させるシステムを構築・利用することが可能となり、女性役割を固定化していく役割を果たしていった。

以上の二つの大きなテーマは、近代日本における女性役割形成に「手芸」という概念が大きな意味を持っていたことを示している。これまで論じてきた章では、皇后を頂点とするピラミッド型の階層構造を利用した女性の統御システムの存在を意識的に構想してきた一つの事例として下田を取り上げ、下田が女性統御の具体的方策として「手芸」を扱っていることを示した。さらに、このピラミッド型の統御システムを巧妙に利用した「皇后の養蚕」という言説を検証することによって、このシステムの中核にあるものが、女性の領域の確定と囲い込み、つまり国民として女性が行なうべきこと――それは母となり妻となること――であることを示してきた。

この二つの事例を結びつけるものこそが「手芸」であり、これは日本近代における女性役割を最も端的に映し出した概念であると考える。本章では、「手芸」が近代の日本においてどのように位置付けられ、そしてどのように社会的に機能してきたのかという点について論じ、「手芸」の持つ意味について検証していく。

本章では、序論で定義した「手芸」概念について、改めて詳細に論じる。まず最初に、「手芸」とは何をさすのかという点について考察する。その際、明治以降の概念定義さえも、現在我々が認識している「手芸」とは異なるものが多く、明治期を通じてその概念が安定して用いられていないことが明らかになる。しかしながら、「手芸」を「手芸」と定義するために必要な要素はいくつかあり、それが何であるかということを明らかにしつつ、論を進めたい。

さらに、近代日本における「手芸」の範囲、そして女性と「手芸」を結びつける諸言説の分析を通じて、「手芸」行為が女性を「女らしさ」へと導き固定化していくシステムを明らかにしていく。

2　近代日本における「手芸」概念

1 「手芸」に関する一般的定義

現在、一般的な「手芸」定義は次のようなものである。たとえば、小学館の『大日本百科事典』の「手芸」の定義によれば、次のようになる。

主として手先の技術によって家庭内の実用品・装飾品・玩具などをつくることをいう。古くはお細工物と称し、一般の細工物と区別し、明治中期頃から技芸とも呼んだ。最近は芸術味を含ませて手工芸ということもある。英語のハンディクラフト handicraft にあたるが、また、ハンドワーク handwork とか、マニュアルアーツ manual arts と訳すものもある[1]。

また、次のように定義する事典もある。

手わざ、手先の技術およびそれによる製作活動をさし、主として糸・布を用いて、日常の生活を美しく豊かにするための実用品を作る手仕事の総称[2]。

いずれも、ごく一般的な「手芸」の定義であり、この「手芸」とは、handicraft, handwork, manual art, youthful art などと訳されることが多い。これらの例から考えるならば、現在の「手芸」とは第一に手先の技術そのものをさし、第二に衣服や室内装飾・家庭内の実用品、また玩具などを家庭で制作する行為をいい、第三にそうして制作された物をさしている。
また、日本では手工芸・技芸と同義に用いられたとあるように、「手芸」「工芸」「技芸」「手工芸」などの明確な定義は認識されてこなかった。たとえば、handicraftなどの日本語の訳語が、工芸・手工芸・手芸など多様かつ曖昧な訳を与えられてきたことと軌を一にする。前記の、handicraft, handwork, manual art, youthful artなどは、必ずしも「手芸」そのものを言い当てた言葉ではない。「手芸」を英訳するとhandicraftとなるが、handicraftの定訳は「手芸」だけではないことからも、日本語の「手芸」「工芸」その他諸概念がきわめて曖昧な概念として使用されてきたことがわかる。

2 「手芸」の領域

では、具体的に「手芸」とは何をさしているのか。桜井映乙子は、「教育上で手芸という場合には、新村出編の『広辞苑』が規定しているように、主に手先の修練による家庭工芸で、刺繍・編物・摘細工・絽刺・綴錦・染織・袋物細工・リボンアート・人形細工・押絵・組糸などの指導である」[3]としている。現在、手芸という場合、おおよそ以上の領域を含んでおり、その特色は、第一に主として糸・布を用いた手仕事であること、第二に被服制作などを含まないことから、日用の必需品の制作は手芸とは呼ばないということである。被服制作などについては、裁縫と呼ばれ、教科としても技能としても独立して扱われている。糸と布を用いるという点では「裁縫」と「手芸」は似通ったものであるが、この「裁縫」と「手芸」の違いについて、飯塚信雄は次のように述べている。

裁縫と手芸はどうちがうかというと、これらの言葉を英語に置きかえてみれば容易に理解できる。裁縫、つまり、針仕事はニードルワーク（needlework）であり、手芸はアート・ニードルワーク（art needlework）と呼ばれる。つまり、針仕事が純粋に機能性だけを求めるのに対して、手芸は機能性と共に装飾性を求める[4]。

このように飯塚は「手芸」と「裁縫」とを英語の訳語から区別するのだが、「手芸」には針を用いた制作のみが含まれているわけではなく（特に現在では粘土細工やステンシルなども含まれることから）、装飾的な針仕事（art needlework）として一括して分類できると明言することはできない。ただ、ある一時期の定義としてこれが有効だったことは指摘できよう。氏の指摘からも明らかなように、手芸は裁縫とは異なり、装飾的な要素が強く現れており、反対に、実用的な機能からやや遠いということはできる。

以上のように、今日的意味での「手芸」は、辞書的かつ一般的な定義からは、「手工芸」「工芸」などとの明確な区別ができない。しかし実際には、「手芸」と「手工芸」「工芸」は異なる領域を言い表す言葉として使い分けられている。たとえば、美術史学の領域では、「工芸」は美術の一つとして取り上げるが、「手芸」は美術であるとはとらえられていない。一方で、家政学の領域では「手芸」を取り上げるが、「工芸」は含まれていない。「手工芸」という語が、「手芸」と「工芸」の中間的な位置にあるものならば、その両極に位置する「手芸」「工芸」それぞれは、何によって分けられ、どのように位置づけられるのか。

その一つの事例として、飯塚は西洋の「手芸」を取り上げ、「工芸」と「手芸」の違いを次のように説明している。

同じ手仕事でありながら、手芸が工芸とどうちがうかというと、それは西洋の場合殊に、手芸には、家庭婦人の手すさび、つまり、それを生活の糧にするのではない単なるホビーか、または、よい家庭婦人になるための教養、という考え方がまつわりついているためではないだろうか[5]。

また、次のように「工芸」「手工芸」「手芸」の関係について述べている。

より大がかりな設備のもとで手作りされるものを工芸と呼び、手芸と合わせて手工芸（ハンディクラフト handicraft）と称する[6]。

飯塚の指摘の中には、現在の使われている「手芸」の特徴が端的にいい表されている。つまり「手芸」とは「家庭婦人」に担われた「ホビー」趣味的領域であること、さらに女性に必要とされる「教養」であるということである。現在「手芸」という際、おそらくこれに近い意味あいで用いられているといってよい。ここで「手芸」の特徴の一端を見ることができる。

以下、現在の「手芸」についてまとめるならば、まず、第一に、「手芸」とは、家庭という場と密接に結びついたものである。家庭内で制作をすること、家庭内で使用するモノを作ることこそが「手芸」の第一の要素である。飯塚が「家庭婦人」と端的に述べているように、その多くの担い手がそもそも女性であることが想定されている。さらに第二として、「生活の糧にするのではない単なるホビー」であり、「家庭婦人の手すさび」という要素が強く、作られた制作品には商品としての価値は認められないこと。では、流通する商品でなければ誰がどこで使用するのかといえば、それはまさに家庭において、家族が使用することに限定されているのである。第三に、「手芸」とは女性に必要とされる教養であるということ。モノを作り出す技術が「教養」であるということは何を意味するのか。つまり、「手芸」をするための知識と技術とは、商品を生み出す労働でもなく、賃金を得るための労働でもない、社会的な連関を断ち切ったところに存在する女性自身の付加価値となり、評価の軸上にのせられた女性の価値付けの基準ともなり得ているのである。

現在の「手芸」を定義していく中で、「手芸」にまつわるいくつかの論点が見出せるだろう。なぜ「手芸」の担い手が、ほぼ女性であることを前提に論じられるのか、なぜモノを作る行為でありながら、そのモノ自体に価値が生じずに作り手の教養育成に主眼が置かれるのか。これら現代の「手芸」概念が形成される以前、近代の日本における「手芸」に眼を向け、以下論究していく。

3　近代以前の「手芸」

「手芸」という概念は、前述したように他の領域との境界線を曖昧にしたものである。現代の辞書レベルでの定義では、「手芸」という概念が近代以前からあるものとし、次のように「手芸」の「歴史」を説明する。

「手芸」の原型となるのは、「紐状のものを編む、ほころびを繕う、模様をつけるなど生活の必要と美へのあこがれに迫られて発生した技術」[7]であるとされ、それが年月とともに工夫・改良され、世界各地で、「それぞれの民族的特色を豊かに表わして伝承されている」[8]とされる。つまり、基本的に「手芸」とは日用品であることと「美」的であることを兼ね備えていると解釈され、逆説的ではあるがそうした定義をクリアしている古代史料の類が「手芸」品であるとみなされている。たとえば、きわめて広義の解釈ではあるが、「古代の土器・石器・木製品・牙角貝製品・木皮繊維製品の類も手芸品である」[9]ともいわれる。こうした制作は次第に分化し、発達し、「もっぱら手指技術によるものと、器具機械を多分に使って製作するものとに分かれ、さらに創作によって芸術味を発揮した工芸と、伝統にもとづき修練によってつくる手芸とになった」[10]とされる。「手指技術」と「器具機械」への分離は、手仕事と工業との分離とも考えられ、さらに「手芸」と「工芸」は、もとは同じ手工技術から発すると考えられている。

具体的には、「奈良時代聖徳太子の没後、妃の橘大郎女が太子往生の天寿国の様を縫い取りした曼陀羅（天寿国繍帳）は最古最大の手芸遺品」[11]であるとされたり、また、「平安時代の宮廷の官女たちが手芸にいそしみ、綴錦・絽刺・紗刺・剪綵・袋物・摘み細工などが喜ばれ」[12]たとするもの、さらに、「江戸時代には、下級武士や町人の妻女が手すさびと生計の一助として手芸にいそしんだ」[13]とするなど、「手芸」を歴史化する際、橘大郎女・宮廷の官女たち・下級武士や町人の妻女など、あらかじめ作り手が女性とみなされ、さらに「手すさびと生計の一助」として行なってきたことなどとすることから、これらにはきわめて近代的な言説が影響を与え、「手芸」的なものを歴史の中から取り出している様子が読み取れる。

「手芸」作品は、日用品であること、布と糸で制作されていることなどから、保存・保管の対象とすることが困難であったという経緯があり、実際に残されているものは限られている。天寿国繡帳を「手芸」作品と呼ぶか否かも、「手芸」の一つである刺繡の技法が使われていることと、その作り手が女性であると記されてきたためであろうが、一方で繡帳が日用品を作ることを目的とした「手芸」とは異なっていることも事実であろう。近代の「手芸」に最も近い形で存在していたのが江戸期の「お細工物」の類で、押絵や摘み細工、袋物制作などをさしており、これらはそのまま明治以降の「手芸」の中に取り込まれるものである。

歴史の中に残された作品を「手芸」として位置づけていく過程については、近代に成立する「手芸」の概念枠組みが深く影響を与えている。つまり技法的特徴や作り手のジェンダー、さらには使用目的などを鑑みて、近代的「手芸」の枠組みに適ったものを歴史上の「手芸」作品として位置づけているのだと考えられる。

4　近代日本における「手芸」

本章冒頭で述べたように、現在の手芸と明治期の手芸ではその範囲は異なる。明治期の「手芸」には、何が取り入れられていたのか、以下確認していく。

明治維新後、西欧文化の輸入にともない毛糸の編物・レース編み・造花・ビーズ細工・手織物・臈纈染・押絵・製帽・皮細工・木の実細工の類などを含めて、「手芸」という概念が形成されていった。しかし、西欧からの輸入文化にふれられる階層の人々は数的には限られた人たちであり、一般には「手芸」は学校教育の中で学ぶものとして確立していく。

西洋的な「手芸」が流入する以前、また、以下に論じる学校教育の中での「手芸」の制度化以前、「手芸」はどのようにとらえられていたのであろうか。明治初頭、「手芸」という言葉が用いられた例として、明治三（一八七〇）年に中村正直によって翻訳出版された『西国立志編』があげられる。サミュエル・スマイルズによって著されたこの啓蒙書の中で、次のような文章がある。

ソノ眼目ノ高キ、手芸ノ絶タルコト、山水画工ノ第一流ト、世ニ称許セラルルニ至レリ[14]

スマイルズは、本書第六編において西洋の芸術家についてふれており、前記の文章はクロード・ロランについての記述の中にある。「古労徳（クロード）ハ森羅万象ヲ以テ師トナシ」としてロランの風景画の写実性を賞賛し、その技術の高さを記しているのが前記の部分である。

ここで「手芸」といっているのは、handicraftとしての「手芸」ではなく、テクニック、技能、技術力をさしている。つまり「手」の「芸」であり、ある特定の制作領域をさす言葉として用いられてはいない。中村正直の翻訳が、当時の社会的な文脈から「手芸」の語の適当な用い方であるならば、「手芸」とは明治三年の段階では、手仕事に関わる技能や技術力を現していたととらえることができる。

一八七二（明治五）年、学制が発布され「邑に不学の戸なく、家に不学の人ながらしめん」ことをめざし、男女の別なく、女子も八年制の尋常小学を「必ス卒業スベキモノ」と定められた[15]が、この学制が意図した学校体系は、近代的な学問・技術・道徳を大幅に取り込んだきわめて広範なものである一方で、女子に対してのみ家庭生活に関わる教科外の科目を設定している。女児小学において、「女児小学ハ尋常小学教科ノ外ニ女子ノ手芸ヲ教フ」（第二十六章）として、女子のみに家庭生活に関する科目を課している[16]。この場合の「手芸」は、広く女性の手仕事をさし、裁縫・機織り・洗濯・料理などを包括する広義の名称であった[17]とされ、近世から続く「婦工」の概念を踏襲したものと考えられる[18]。つまり、手仕事に関わる技能をさす言葉を、女児小学のみに設置することによって、

「手芸」という概念そのものがジェンダーによって規定されたのだと言える。中村正直の用いた「手芸」には、ジェンダーによる規定がなかったが、この語に、内容的に「婦工」の枠組みを取り込み、その担い手を女子に限定することによって、「手芸」は女子のみの行なうべきものと定義された。

より本格的に「手芸」が取り入れられたのが女子上等小学においてであり、その手芸科では、次のようなカリキュラムが組まれていた（表1）19。

第六級	木綿反物丈ヶ巾心得ノ事　運針ノ事　男襦袢　小裁襦袢
第五級	一身単衣　袷　一身綿入　三身綿入　四身綿入
第四級	木綿半纏　木綿唐機木裁物　木綿唐機小裁羽織　木綿唐機本裁羽織
第三級	夜具　袖類半天　袖類女物　男帯　木綿唐機掛襟物　男袷
第二級	木綿唐機男物重物　袖類絹裏小裁袷　女帯　袖絹裏男物重
第一級	袖類絹裏袷　縮緬長襦袢　小裁模様物　京織八丈男物重　袖類本裁羽織　袴

表1　女子上等小学校手芸科の内容

前記の一覧を見ると、女子上等小学における「手芸」とは、基本的に「裁縫」をさしていることがわかる。

「手芸」を専門的に学ぶ場として、実業系の女学校があげられるが、これらの学校のうち、「手芸」の内容が明確にされているものを、いくつかあげておきたい。

まず、第一章でもふれている女子工芸学校であるが、ここでは、術科において手芸科目が取り入れられている。術科は家事、裁縫、編物、刺繍、造花、挿花、図画、押絵、速記、看病法、割烹、写真術で構成されている20。

東洋女芸学校は、その設立の趣旨で次のように記している。

> 女学の目的は品性の陶冶、婦徳の養成にあること言ふを俟たず、然れども豊富なる独立自営心の修練亦た忽

にすべからず、されば美術技芸の如き大に之を奨励し、その趣味を養ひその用に充て、自立の道を授くるは、女子に於ける教育の最も必要なることと信ず、我らここに鑑る所あり、此目的を達し併せて婦徳品性の涵養を期せむ為め不肖自ら計らず、敢て本校を設立す、而して私かに期する所は、資実堅忍の風なり、温良貞淑の気なり、独立進取の心なり、以て当代女子教育の模範たらんとす云々[21]。

美術技芸の習得をもって、女子の自立の道を開くとともに、「婦徳品性の涵養を期」するという「手芸」に対する一般的な解釈を踏襲したものであるといえよう。この学校のカリキュラムは次のようになっている。

正科　（技芸）裁縫、刺繍、造花、絵画図案、応用染織
　　　（その他）倫理、家政、英語、国語、習字、数学、応用理科、音楽
別科　家政専攻、教員養成、洋服専攻、和洋服速成、礼法割烹、音楽

このことから、基本的に裁縫、刺繍、造花、図案、染色をもって「技芸」つまり「手芸」としていることがわかる。

また、私立東京英和女学校では、その設置の目的を以下のように記す。

本校ハ東京英和女学校ト称テ明治二十一年秋青山ニ於テ米国美以教会ノ女子外国伝道会社ノ創立ニテ其目的タル築地海岸女学校ノ卒業生及ビ日本淑女ニ高等普通学科ヲ授ケ殊ニ基督教ノ真理ヲ知ラシムルニアリ。本校設置ノ目的ハ英語・和漢学・数学・地理・歴史・天文・博物・生理・物理・化学・倫理・心理・経済・政治・教育・画法・音楽等ノ諸学科ヲ教授スルニアリ。聖書・唱歌・図画・英和書法・裁縫・女紅・割烹・

作法等ハ各級ニ之ヲ授ク。

ここであげられた学科のうち、裁縫、女紅、割烹等が技芸的科目と考えられるが、この「女紅」は裁縫・刺繍・編物・袋物など手技全般を呼称したものとされている。

さらに、東京英和女学校には一八九五（明治二八）年に手芸部が設置されている。

「其目的とする処は第一は将来或る職業により自活の道を立てざるべからざる女子を教育するにありて、第二は高等教育を感ぜざるも普通の教育を受け傍ら家庭に必要なる手芸の一般を学び一家庭中実用の婦人たらんと欲する女子に有益なる手芸を授くるにあり」[22]とされ、前記の「女紅」の範囲が教授されたものと考えられる。

また、一八九九（明治三二）年には、青山女子手芸学校が設立され、「本校ハ女子ニ適切ナル技芸ヲ授ケ自営ノ道ヲ得セシメ併テ基督教ノ綱領ニ基キ其品性ヲ陶冶シ道義ヲ啓発シ以テ謙譲・方正ナル婦徳ヲ培養スルヲ以テ目的トス」[23]として、その範囲を「女子ニ適切ナル技芸」としている。

以上のように見ていくと、女子教育の中で「手芸」は次のように位置づけられている。

第一に、学齢が低い場合、裁縫一般が主流となり、基礎的な針仕事が履修対象となる。第二に、女学校レベルでは、専門性の高い手芸教育がなされ、手芸そのものが中心となる女学校も設置される。その「手芸」の範囲は、裁縫、刺繍、造花、図案、染色、編物が基本となり、女子に適切なものという前提を保障する範囲に止められるべきものだったと考えられる。

5　手芸の枠組み

近代日本における「手芸」とは、何をさしたのか、ここでは、その枠組みをより明らかにしていくために、「手芸」の同義語、もしくはそれに近い意味あいで使われる、いくつかの語について考えておきたい。

一八七二（明治五）年の学制による規定は、「手芸」がジェンダー化される一つの契機となっているのだが、こうした制度化が、規定の設置によって一気に進むわけではない。明治二〇年代までは、「手芸」が女性の手仕事をさすものとして一般的に認識されていなかった可能性もある。一つの概念がどの程度一般的なものであるか、どの程度共有されているのかという点を見極めるのは困難であるが、一つの指標として、明治期の辞典・辞書を数冊検討した[24]。その結果としては、明治二〇年代を通じて、「手芸」という言葉が一つも登場しないということがわかった。他の言葉、たとえば「工芸」や「技芸」は、一八八八（明治二一）年の『いろは辞典』に始まり、必ず定義されているにも拘わらず、「手芸」の語は項目としても設定されていない。

「手芸」という語は登場しないが、本書では重要な位置にある「技芸」は定義されている。『いろは辞典』においては、「技芸」は「わざ、てわざ、げい」と記され accomplishments, arts, skill であるとされている。「工芸」については、「工作の芸」とあり、works of arts とされている。この二つの概念の違いは、「技芸」が広く技能そのものをさしているのに対して、「工芸」は限定された「工作」の技能・作品をさしている点である。この定義は、他の辞書でも同様で、『日本大辞書』でも、「技芸」は「ワザト芸ト」とされ、一方「工芸」は「工作ニ係ル芸」とされている。さらに『日本大辞林』でも、「技芸」は「わざ、てわざ、げい、げいのう」とされ、「工芸」は「ものをこしらふるなどのげい」であるとされる。

『言海』では、「技芸」は取り上げられないが、「工芸」を「工作ニ係ル芸」とする一方、「工業」を「工作ニ係ル事業」とし、「工芸」と「工業」はその扱う領域が同じでありながらも、その規模の大きさによって分けられていることがわかる。

第1章で論じたように、「手芸」が「技芸」の枠組みの一部を占めることから、「技芸」の「わざ、てわざ、げい」の中でも、「手芸」は特に「てわざ」の意味を強く帯びたものだと想定することはできる。また、工業的な側面からは切り離されていることによって「工芸」と区別されているとも考えられる。

佐藤道信は、「『技芸』は制作を示すことばである」[25]として、「美術」という言葉が誕生する以前に、「工芸」と「芸術」とをつなぎ、技術的にも概念的にも双方のニュアンスを含む語として用いられていた可能性を指摘している[26]。氏は、「技芸」の語は、もともと古くからあった言葉であり、近代では一八九〇（明治二三）年に、皇室による伝統美術の保護奨励を目的に宮内省下に作られた、「帝室技芸員」制度の名称として使われたことを例に取り、その目的にふさわしく伝統用語の中から採択したものと説明している[27]。

この「技芸」の「技」とは、もともと手ワザ、タクミのことをさし、手偏がついているのもそのためであるとして、「技芸」でも手ワザ、技術の意味はほぼ同じであるが、「芸」がついている分、洗練されたレベルのものをさす。したがって、前代の「工芸」の中で、のちに「美術」へと移行した部分にあえて言葉を当てるとすれば、「技芸」の語が最もふさわしく、それは、後の絵画・彫刻・美術工芸のジャンルのすべてを含むものであり、それが明治になって、新概念で括られた時には「美術」、既存用語で括られた時には「技芸」になったとする。つまり、もともとの母体としては、実質的に同じものだったと言える。それを違う語で表示したのは、「美術」は未来の創出、「技芸」は歴史の保護という、志向性の違いを明示するためだったとしている[28]。

「美術」という視座を含むと、おそらくは佐藤が述べる「技芸」の意が用いられてきたのであろう、しかし、いくつかの手芸論における「技芸」の記述を見てみると、必ずしも氏の定義する意味だけではないものを含んでいることがわかる。

たとえば、「女子が技芸を修めるのは（中略）裁縫は云ふ迄もなく、（中略）刺繍を半襟に応用して見たり、造花や摘細工で室内を装飾」するためとしている。つまり、この「技芸」とは裁縫、刺繍、造花、摘細工等の装飾的手芸をさしている。また、「絵画は婦人の技芸として、或程度まではよいが、それ以上は不適当である」とするように、絵画も含めてとらえることもある。さらに、「女子の普通の学科の外に、絵画及び工芸音楽等を学ばれつつあるも、それらは一種の技芸として必要なので、美の思想を養成するの手段には遠いやうに思はれる」という部分からは、技芸として絵画、工芸、音楽まで含めて考えていることがわかる。

明治期を通じて、「手芸」とほぼ同義語として扱われた語に「女紅」「女功」という語がある。「女紅」「女功」というのは、古く『史記』の「貨殖篇」や『漢書』の「景帝紀」に出てくる言葉であるが、もともと、「女の手わざ」、女子の仕事一般をさす意味で用いられてきた。要するに、女性が手がけた裁縫・機織・刺繍・編物・細工・挿花・押絵などを包括する、広義の名称であったといえる。前述した女紅場の「女紅」も、そこから名づけられていることから「女の手わざ」を学ぶ場であることがわかる。「手芸」と「女紅」「女功」は、その扱っている範囲・領域がきわめて近く、使用され方も似通っているため、ほぼ同義に用いられていたといえよう。

しかし、ほぼ同義に用いられていたとはいえ、「手芸」という場合と、「女紅」「女功」という場合ではおそらく本質的な定義が異なっていると思われる。「手芸」は、前述したように、そもそも女性の手仕事一般、さらに家事領域まで含む広義の名称であったため、そこには作り手（行為者）のジェンダーが強く反映している。前提として「女性が行なうこと」もしくは「女性がなすべきこと」というジェンダーにもとづいた規範意識が含まれている。

しかしながら、「手芸」概念が社会の中に浸透し、教育制度の確立、活字文化の定着などを経て、ある一定の領域をさす言葉として定着したことから、ジェンダー規範は暗黙の了解事項となっていく。つまりジェンダー化された言葉が、ジェンダー規範を内包し、さらに制度化され、概念が定着していく。そのジェンダー規範は日常レベルで機能しながらも、完全に定着してしまった規範は、あえてその説明の必要性がなくなっていく。つまり、「手芸」が制度化される過程において、執拗にジェンダー化しようとする言説が繰り返されるが、制度が確立した段階ではもはや説明のいらない技法・領域の用語として用いられるようになる。「手芸」は、担い手が女性であることを前提とする了解事項が共有され、結果として刺繍や造花などの技法・制作をさす言葉と認識され、一定領域が確立することによってその領域への男性の参入も理論上可能になっていく。

それに対して「女紅」「女功」の場合、作り手（行為者）のジェンダーが明確に示されている。この場合、どのようにしても女性が行為者でなければならず、言語上、ジェンダー規範の乗り越えが不可能である。この不可能性は、近代の日本において女性を国民として取り込む際にきわめて有用なものとみなされてきた。つまり、女性の側からの越境の不可能性は、同時に男性の側からの不可侵性でもあり、女性が国家において、また家庭において為すべき役割を、固定化し保守することで、国家・家庭において意味のある存在であることが示されるためである。

「手芸」と「女紅」「女功」とは、ほぼ同義語であるが、しかし語の使用者が意図するものがジェンダーにもとづく規範性とどの程度の距離を想定しているのかという点で、使い分けることも可能である。実際に、明治末には、次第に意図的に使い分けられるようになっていく。

近代の手芸論においては、「手芸」は「技芸」ときわめて近い概念であり、「手芸」は「技芸」の一要素と考えられていた。明確に、「手芸」と「技芸」を分けてとらえている文献は見られないが、ほぼ同義に用いているものは多く見られる。

特に、第1章で述べた、下田歌子著『女子の技芸』と『女子手芸要訣』における「手芸」と「技芸」の範囲の比較から考えるならば、「技芸」はより広い範囲を指す技能の総称だといえるであろう。

さらに「工芸」と「手芸」の違いも重要である。

飯塚信雄は、「今日、手工芸はマイナー・アーツ（minor arts）、つまり、小芸術、二流芸術と呼ばれ、芸術の中ではひときわ軽い存在であるにすぎない、とされている。美術史の本の中でも、絵画・彫刻・建築があくまで主流であり、生活に密着してその用となる工芸は、一段と低い存在として僅かなページがさかれているにすぎず、まして、手芸などは相手にもされない」[29]として、芸術のヒエフルキーにおいて、絵画・彫刻・建築に比して工芸が低く位置づけられ、さらにその下に手芸があると指摘する。

しかしながら、この指摘にあるヒエラルキーの認識は、「手芸」と「工芸」の概念の曖昧さが引き起こしたものではないかと考える。

佐藤によれば、日本の場合「工芸」とは、「『美術』成立以前の絵画・彫刻も含む最もマキシマムな包括概念たりうるもの」[30]であり、画工・彫工・陶工・漆工・金工・木工・石工・織工などをさすものである。つまり、そもそも「工芸」には、絵画・彫刻からいわゆる工芸までを含んだ意味が含まれており、「美術」の制度化に伴ない現在の「工芸」に編成されていったものであるとする。

近代になり、同じ「芸術」の中に位置づけられた後の「絵画・彫刻」と「工芸」は、官の枠組みによって類別されていったとされる[31]。文部省によって「芸術」として、宮内省によって「伝統美術」として、さらに農商務省によって「産業品」として位置づけられる「工芸」があるわけだが、これと「手芸」とを比較してみると、「手芸」的な制作品もまた、宮内省によって織物や刺繍などが「伝統美術」として位置づけられ、農商務省によって造花や絹製品などが輸出品・産業品として位置づけられている。つまり、「工芸」と「手芸」が決定的に異なるのは、文部省による定義となる。

絵画彫刻＝芸術――文部省

工芸＝芸術――文部省、　伝統美術――宮内省、　産業品――農商務省

手芸＝手芸――文部省、　伝統美術――宮内省、　産業品――農商務省

教育の領域では、「手芸」と「工芸」とは明確に分けられる。「工芸」が美術の領域であるのに対して、「手芸」は家政の領域であり、「手芸」は専ら女性だけが学ぶものとされ、作り手のジェンダーに規定された概念ということになる。「手芸」がジェンダーによって規定された概念である一方、「工芸」は必ずしも作り手のジェンダーによって規定されてはいない。つまり、モノの作り手が女性であった場合、その制作品は、「手芸」とも「工芸」とも位置づけることが可能であるということができる。

実際に、織物や刺繡、染色などの分野は、「工芸」と位置づけられてきた。しかし、織物、刺繡、染色等の制作品をそれでもなお「手芸」品として扱う指標があるように思われる。それが、「工芸」に対して低く価値付けられ、

ヒエラルキーの下位に置かれた「手芸」ではないだろうか。

なぜ、前述の飯塚のような価値の体系（「工芸」より「手芸」は低く位置づけられる）が存在するのか。確かに、「手芸」テキストは、繰り返し「誰にでもできる」「簡易な」手芸であることを強調する。簡易さと容易さは「手芸」の特徴であると言える。しかしそれだけではない。

「手芸」と「工芸」は、その想定された担い手の幅が大きく異なっているのである。文部省が管轄する「芸術」としての「工芸」とは、いわば、プロフェッショナルな工芸家もしくはそれをめざす人の作品をさしているのに対し、「手芸」の担い手は素人の女性であることが大前提である。すなわち、「誰にでもできる」ということは、「誰もがやらなければならない」ためにやむなく生じる言説であり、それゆえに簡易さと容易さが求められているのである。

「手芸」と「工芸」は、その概念形成の段階で、ジェンダーというファクターによって分けられている。作り手のジェンダーは、その作品が制作される場や制作過程、さらに使用される場、目的など多岐にわたった差異を生み出している。ゆえに、「手芸」は単純に「工芸」の下位に置かれるものとは言えず、こうした差異を生み出す諸状況に関する詳細な分析なしには、理解し得ないであろう。

3 「手芸」テキストにおけるディスクール

前節では、現在の手芸の領域などから手芸が内包するジェンダー的要素を導き出し、他領域との違いを明らかにしてきた。その中で、手芸を特徴付けるものとして、「女性の手仕事の総称」として用いられてきたことが明らかになり、「手芸」が根本的にジェンダーに起因する概念であったことがわかった。

現在、流通している「手芸」とは、刺繍やパッチワーク、編物等々、かなり広範囲の手仕事が取り込まれているが、本稿の課題である明治期の「手芸」には、現在とは異なる「手芸」が取り込まれていた。実態として、何が「手芸」と呼ばれ、いかなる「手芸」が行なわれていたのか、明治期の手芸テキストを中心に考察していこう。

1　明治期の手芸テキスト

〈明治期の手芸テキスト概要〉

明治期には大変多くの手芸テキストが出版されている。女学校の手芸の教科書として編纂されたものや、一般の家庭の女性達に向けて出版されたものなど、またかなり詳細な記述のある実用性の高いものから、理念を中心に記したものまで、さまざまである。今回の調査で、明治期に単著として出版されている手芸テキストは、二八〇冊以上の膨大な数が確認できた。一八六七年から一九一二年（一九一二年については、大正期に入ってからもカウントしている）までの各年に出版された冊数の推移を表2に示した。

表2　明治年間の手芸テキスト出版の推移

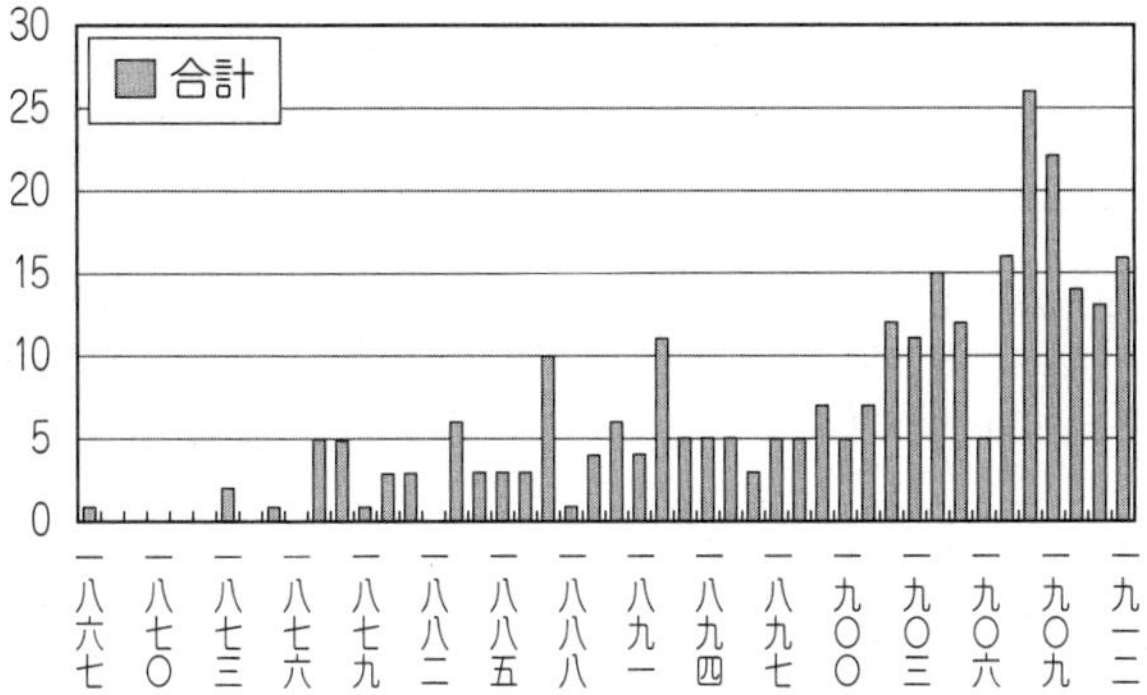

この表から、手芸テキストは一八七〇年代末から徐々に増加し続け、明治四〇年代にピークに達していることがわかる。最大数を示した一九〇八年には、年間で二六冊もの手芸テキストが出版されている[32]。

ここで、手芸テキストとして扱っている著作は、「手芸」「技芸」などのように総合的に女性の手仕事を扱っているものもあるが、「裁縫」「編物」など個別の項目で出版されたものが多い。これは、手芸は手先の技能であるため、それぞれの分野で専門的技能を有するものがおり、各分野はそれぞれに独立した学習体系を持っていたことを示している。

表3

領域	手芸	技芸	染色	養蚕	刺繍	押絵	編物	造花	機織	裁縫
合計	6	5	1	1	9	1	25	32	26	175

さらに、明治年間に出版されたこれらのテキストを領域別に数量化すると、表3のようになる。全体の六割以上を「裁縫」のテキストが占めており、次に「造花」「機織」「編物」の順になっていることがわかる。「手芸」「技芸」の領域は、これら個別の領域のうちのいくつかをまとめて扱っており、総合的な手芸テキストとなっているものである。この数値はあくまで出版されたもののうち存在を確認できたものに限られていることと、出版数が必ずしもその領域の重要性や需要と一致するとは限らないことなどから、あくまで傾向しか提示できないが、少なくとも女性の手仕事のうち、「裁縫」が需要の高さと学ぶ必然性がきわめて高い傾向にあるといえるであろう。

また、裁縫以外では「造花」「機織」「編物」の三領域が突出している。これらの領域の特徴として、生活の糧となる可能性があることがあげられる。家庭内における趣味としてではなく、収入を得るための手段、特に内職として一般的なものである。単行本として出版される場合、購入する側がそのテキストに何を求めるのかが大きな問題となる。後述する女性向けの雑誌では、その「手芸」に関する簡単な知識とテクニックが短く紹介される傾向が強い。しかし、単行本の場合、その「手芸」を体系的に学ぶことが意図されており、そのため、より専門性も高いという特徴がある。そうした専門性は、家庭内において、家族のために「手芸」をする女性に必要とされるのではなく、技能者として必要なテクニックを「職人」という枠の中で経験的に学ぶことがないが、しかし家庭内において家計を助ける目的で手仕事に従事する内職者に必要とされたのだと考えられる。

また、「裁縫」と「単科」テキスト（ここでは、「機織」「造花」「編物」「押絵」「刺繍」「養蚕」「染色」を合計したもの）と、「総合」テキストの、明治年間の推移を表4に示した。

このグラフからわかることとして、第一に、「裁縫」は一八七〇年代半ばから徐々に増加し始めていくのに対して、「単科」テキスト及び「総合」テキストは、一八八〇年代半ば以降になってから増加していくことがわかる。これは、「裁縫」が明治初期から女性の手仕事の必須領域であったのに対して、いわゆる「手芸」というものが「裁縫」に比して実用性が低く、装飾的要素を強く持っていたため、重要度が低いと見なされていたことと関係していると思われる。

第二に、一九〇〇年代以降、「単科」テキストが著しい増加をみるが、このことは、いわゆる「手芸」が女性の手仕事として一定の認知を得たことを示している。つまり、女性の手仕事が単に生活の必要からのみ奨励されるのではなくなっていったことがわかる。

表4　種類別手芸テキストの比較

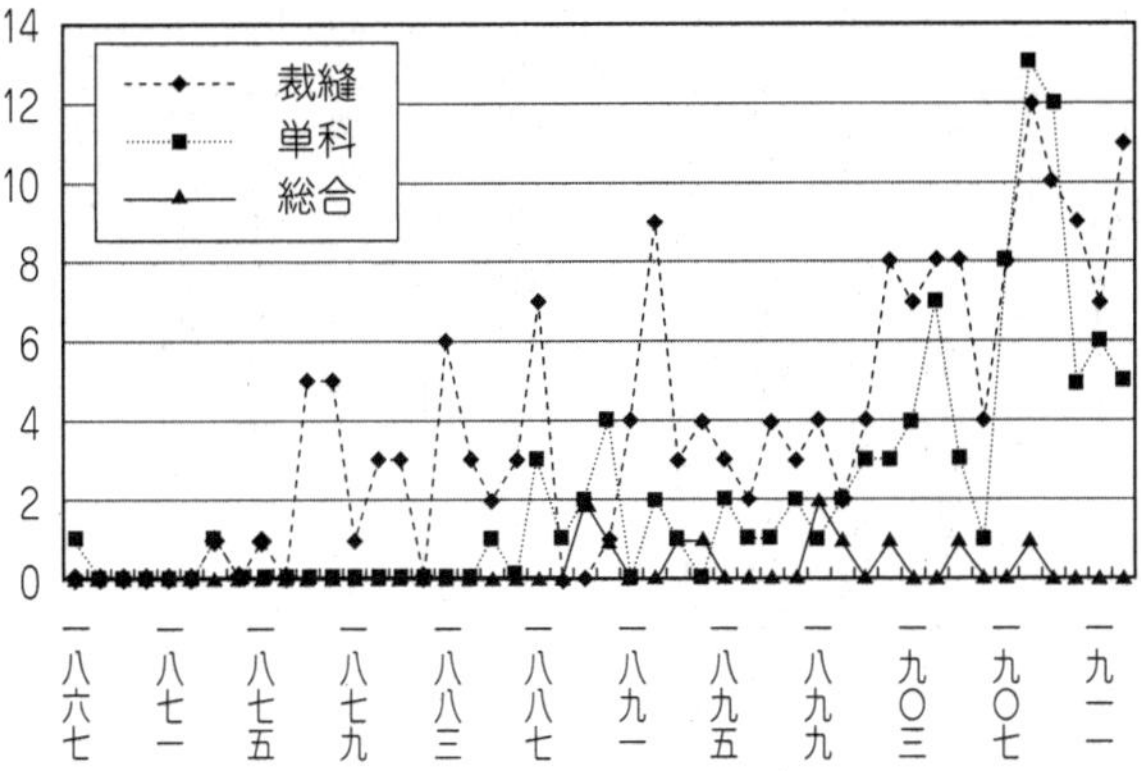

以上のように、明治の手芸テキストは、その多くが「裁縫」を扱ったものであり、数量分布からもわかるように、明治の早い時期からその重要性は確認できる。そして、明治期を通じて、一定量のテキストが常に出版され続けていた。それに対して、いわゆる「手芸」テキストは一八八〇年代半ば以降に登場し、明治末に向けて急速な増加をみることになる。これらのことから、女性のあらゆる手仕事を総称する「手芸」という概念から、近代的な「手芸」概念への変化と確立が、この時期に行なわれ、一定の社会的な認知を得たと考えてよいだろう。

本書では、これらすべてを論ずることはできないが、典型的なテキストを取り上げながら、これらのテキストが扱っている手芸の領域について考察しよう。

●『裁縫と手芸』

まず、標渓道人編『裁縫と手芸』[33]であるが、本書は「家庭全書」の第五篇に組み込まれた一冊である。巻頭には、四枚の女性像が掲載されており、それぞれ手芸と裁縫をする女性のイメージが描かれている。

最初の図28は、母親と娘が室内に座しており、母親は裁縫をしており、幼い娘はその隣で人形を作っているか、着せ替えをしている様子が描かれる。背景には鶴の描かれた屏風が置かれている裕福な家庭が想定されている。母の「裁縫」と娘の「手芸」もしくは「遊戯」がテーマとなっており、図の周囲を牡丹、菊、菫、梅などの花々が彩っている。

学校教育が普及し、裁縫や手芸が教育の場で教授されるようにはなっても、基本的にこうしたテキストが主張するのは、手芸や裁縫という女性が担うべき手仕事は母親から娘へと家庭内で教えられるべきものであり、それが困難な社会になってきたが故に、学校で学ばせるようになったとする。そうであるならば、この図に示された母娘の空間は、ある種の理想的な手芸空間だと言ってよいだろう。

少女が人形を手にしていることは、一見なにげない光景であるかのように描かれているが、娘に人形を与える行為は、母親から娘、将来母になることという価値観を伝える重要な意味を持つものである。人形を通して、「小さなお母さん」は、裁縫の基本を学び、社会が女性に求めるものを学ぶ。さらにそうした針仕事の訓練を遊びの中で行い、それを通じて身に付けられる社会性は、この図の母と娘のように、母の世代から次世代へと家庭の中で受け継がれることが、理想として描かれているのである[34]。

図29は、前の女性達より少し年長の女性が火鉢の傍で毛糸編物をしている様子が描かれている。室内奥にある豪華な屏風と火鉢にえがかれた菊の絵などの贅沢な設えから、豊かな階層の女性であることが知らされる、他二枚のイメージも手芸をする女性像である。

これらの図には、その属する階層に関わりなく、各々の女性たちが手芸・裁縫に勤しむことが美しく描き出され、女性にとっての美徳であることが示されている。

四枚の女性像の次には、刺繍図案が五枚掲載されている。第一図は「日ノ出ニ鶴」(図30)、第二図は「菜ノ花ニ蝶」、第三図は「鏡ニ桜花」、第四図は「手毬ニ猫」(図31)、第五図は「牡丹」である。

女性イメージと五枚の刺繍図案とは、前者が手芸・裁縫をする女性の理念的な側面を補足し、後者がこのテキストの実用性を表しているとも言えよう。

図28　槱渓道人編『裁縫と手芸』挿図、1899年。

図29　槱渓道人編『裁縫と手芸』挿図、1899年。

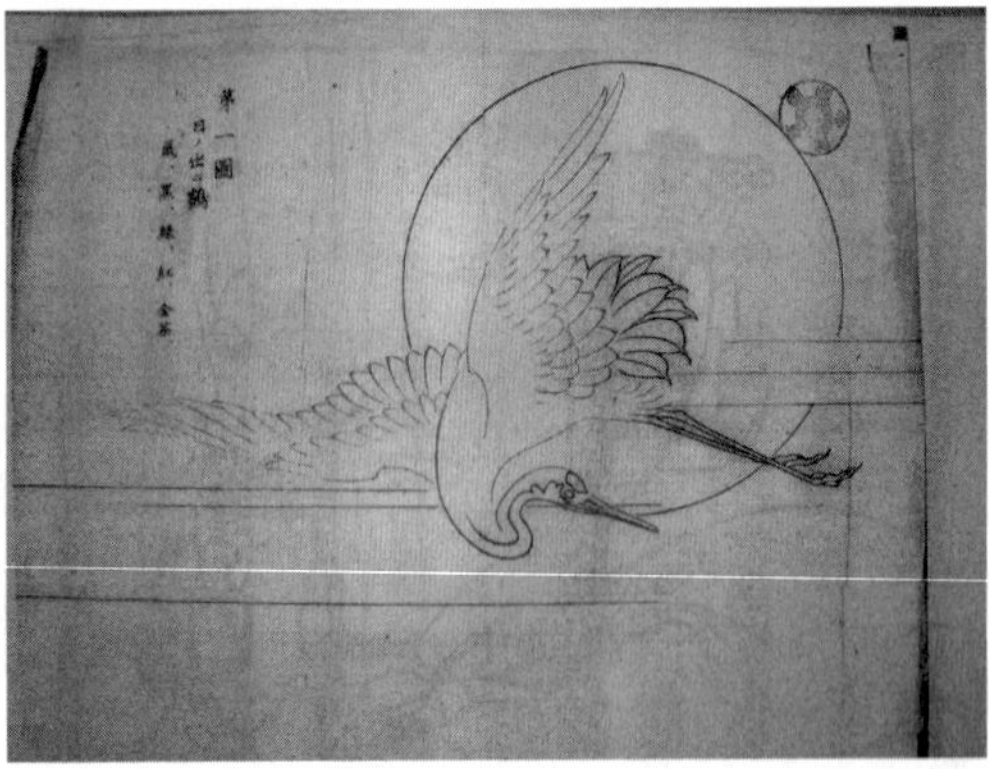

図 30　標渓道人編『裁縫と手芸』図案「日ノ出ニ鶴」1899 年。

図 31　標渓道人編『裁縫と手芸』図案「手毬ニ猫」1899 年。

『裁縫と手芸』の内容は、大きく「裁縫」の部分と「手芸」の部分、「附録」の部分の三部に分かれている。目次に従って見ていくと、次のようになる。

総論	
裁縫	裁縫の要具（裁縫要具に就ての心得方、裁縫要具の使用方、縫針の名称） 裁縫及び衣服の沿革 裁方（襦袢、着物、袴、雑類） 篦附方

	運針法 衣類 縫方 衣服のたたみ方 袴のたたみ方
手芸	編物総論（錘針編、編物の種類、鈎針編方、ひぢつき編方、ランプの台しき編方、守袋の編方 洗濯 早染方 押絵 造花 縫取 小笠原包方 小笠原結方 紋切
附録	貼紙細工、厚紙細工、紙革の製法、渋紙を製する最良法、人造麝香製法、水白粉の製法、各種香水及び香油製造法、頭髪香油製法

この目次立てから判断して、本書の編者櫺渓道人は「裁縫」と「手芸」を次のように区別していたことがわかる。両者の特徴をあげておく。

▼「裁縫」

①基本的に和裁に限定。

②裁縫に必要な技能として、用具の知識、沿革、裁ち方、へら付け、運針、衣類の知識、縫い方、たたみ方が

必要である。

▼「手芸」

①「手芸」の範囲を、編物、洗濯、染色、押絵、造花、縫取り、包み方、結び方、紋切とする。

②この中に制作ではないものとして、洗濯と包み方、結び方が入る。

さらに、附録では、当時新しい技術として話題になっていたもの、化粧品などを取り上げており、全体を通して、女性に必要な諸知識、諸技能がまとめられているものといえよう。

●『婦女手芸法』

次に須永金三郎による『婦女手芸法』[35]の場合を見ると、以下のような目次立てになっている。

裁縫	裁縫初歩、和服裁縫、洋服裁縫
編物	錘針編、鈎針編、レース
料理	日本料理献立及包丁式、西洋料理
養蚕紡績及染色	養蚕、紡績、機織、染物
雑芸	造花、押絵、ハンケチ縁縫、縫取、剪箔、紋形
遊芸	茶之湯、香道、投扇興、貝合、花骨牌、西洋骨牌
女礼式	日本礼式、西洋礼式

須永は「手芸」を大きく七つの領域に分けている。裁縫、編物、料理、養蚕紡績染色、雑芸、遊芸、女礼式である。『裁縫と手芸』と比較すると、①手芸の中に「裁縫」が取り込まれている。②「裁縫」の中には洋裁も含まれる。③編物としてレース編みが入っている。④料理、養蚕紡績染色、遊芸、女礼式を「手芸」として扱ってい

る。⑤橒渓道人が「手芸」としたものが「雑芸」として扱われている。以上、五点が指摘できる。

●『新撰女子の手藝』

さらに、一九〇二（明治三五）年、鏑木かね子編の『新撰女子の手芸』[36]は、以下のように目次立てをしている。

総論	造花	袋及巾着	涎かけ	雑部
結び物	押絵	刺繍	肱突	編物

鏑木は、手芸の範囲を次のような意図で編纂したことを記している。「女子の手芸は、其の種類中々に多かるべし」[37]として項目を立てたが、「以上揚ぐる項目の外、裁縫、養蚕、紡績、機織等のごときいづれも手芸ならざるはなし、故に之をも網羅すべかりしが、是等は、各専門のものありて、世に公になり居れる」[38]として、手芸として扱うべきものとしながらも、専門性の高いものは省いていることを記している。鏑木は、冒頭の総論の中で、次のように述べる。

抑も手芸は、女子が技芸としての花なり、故に女子にしてこの手芸に巧ならざらんには、恰も樹木に枝葉の繁茂せるありて、花なきがごとく、樹木としての本分を尽くさぬものとこそ謂ふべけれ、女子にして其の本分を尽さざらんか、形容こそ人なれ、などかこれを人と云ふべき、いかになさけなきことならずや[39]。

鏑木による「手芸」と「技芸」の関係は、実に明快である。「技芸」とは女子のなすべき技能を総称しており、樹木に例えられる。それに対して「手芸」は装飾的な花であり、樹木は花を咲かしてこそその本分を尽くすのであるから、女性も多くの技芸を学べども、手芸ができなければその本分を尽くしたことにはならないのである。ここには、裁縫を第一とし手芸は重要度の低い業だとする考え方はなく、むしろ、広く「技芸」一般の中でも「手芸」を高く評価し、位置付けている。

鏑木が総論において補足しているものも含めて、「手芸」の範囲をどのように定めているかといえば、結び物、造花、押絵、袋物小物作り、刺繍、編物、そして、裁縫、養蚕、紡績、機織となる。

●『女子手芸要訣』『女子の技芸』

さらに、本書第一章において述べた下田歌子著『女子手芸要訣』では、次のように手芸の範囲を定めている。

総論	紡績 附染物	裁縫	押絵 附紋形	造花
養蚕	機織	刺繍 附縫綴	編物	包み、結び物

下田は、「手芸」として、養蚕、紡績、染色、機織、裁縫、刺繍、押絵、編物、造花、包み結びをあげる。さらに、もう一つの著作『女子の技芸』では、次のように「技芸」の範囲を定めている。

機織	養蚕	造花	絵画	彫刻	料理
紡績	染工	編物 かがり物	写真	蒔絵	包み結び物
裁縫	刺繍	押絵	速記	挿花	

このように、「手芸」として列挙しているものと、さらにより広く「技芸」が設定されていることがわかる。

以上のテキストが取り上げている手仕事を、まとめてみてみると、次の表のようになる。

表5

	『裁縫と手芸』	『婦女手芸法』	『新撰女子の手芸』	「女子手芸要訣」	『女子の技芸』
編物	○	○	○	○	○
押絵	○	○	○	○	○
造花	○	○	○	○	○
縫取（刺繍）	○	○	○	○	○
染色	○	○	○	○	
小笠原結方	○	○	○	○	
紋切	○	○	○		
小笠原包方	○	○	○		
裁縫	△	○	○	○	
養蚕紡績	○	○	○		
機織	○	○	○		
料理	○	○			
遊芸	○				
女礼式	○				
肱突	○				
雑部	○				
洗濯	○				
絵画	×				
写真	×				
速記	×				
彫刻	×				
蒔絵	×				
挿花	×				

注　『裁縫と手芸』では、「手芸」と「裁縫」が別に立てられているので、「裁縫」に△を付してある。また、『女子の技芸』では、「技芸」としてあげられているため、この中に「手芸」が含まれていることがわかる。特に、この中で「絵画」以下の項目は、「手芸」とは呼ばれていないことがわかる。×で記してある部分。

以上見てきた、いくつかの手芸テキストを総括すると、明治期の「手芸」の範囲を次のようにとらえることができる。編物、押絵、造花、刺繍、染色、包み結び、紋切、裁縫、養蚕、紡績、機織は、複数のテキストで「手芸」として扱われており、そこに当時の一定範囲での了解があったことがわかる。

2 「手芸」の目的

それでは、前述した「手芸」と認識されていた手仕事は、どのような目的で女性に学ばせようとしていたのであろうか。これらのテキストには、各「手芸」の具体的な解説の前に、簡単ではあるが、その「手芸」の意義を述べている。なぜ、女性が「手芸」を学ばなければならないのか、またなぜ女性だけが学ぶことを奨励されてきたのかが、この部分から読み取ることができる。「手芸」は、その種類によって技法だけでなく、由来や、材料の違いなどによって、意味を持っており、ここでは、いくつかの事例を見ていくことによって、諸手芸をつらぬく「手芸」の目的を明らかにしていく。

▼「編物」

日本には伝統的に糸を編むという編物は存在しておらず、漁業用の網や、夏場に用いる網襦袢のような特殊な編物しかなかったとされる。そのため、明治期に編物と称されるものは、基本的に明治初期に西欧から流入してきた毛糸編物とレース編みをさしている。

明治期には、すでに西洋の鈎針と棒針が入ってきており、毛糸を編むことは比較的広く行なわれていたが、レース編はあまり取り上げられることはなく、おそらくは高い階層の女性によって行なわれるのみであったことが想像できる。

編物（主に毛糸編物をさすが）は、日本で従来使われていた被服材料と異なり、保温性・伸縮性に富むという利点があり、また技能的には複雑なテクニックを必要とせず、少ないテクニックで応用範囲の広いことから、日本流入後、かなり早く一般化していった。

「女子手芸の一にして裁縫に次で心得置く可き有益の職業なり」[40]とされるように、すでに明治中期には一般化した手芸であった。「編物は（中略）、畢竟編方の難かしきにあらざれば、手わざの能く慣るる事に意を用ゐるべきなり」[41]とあるように、技巧的な難易度は高くないため、練習すればそれなりの制作が可能であり、「熟練するに従ひ（中略）自在に編み得るやうになる」[42]と考えられており、その簡便さと習熟の簡易さから表5の手芸テキストでは、すべてに取り入れられている。

また、「毛糸編物のごときは、上下おしなべて之れを知らざるものなき程の有様とはなりにき、而して此の技は、婦女子の好んで行ふところのものなれば、其の習熟するに従つて速なれば、七八歳の女子といへども能くこれを編みて遺憾なきに至りしぞめでたき」[43]とあるように、低年齢からの習得が可能であり、習熟度に応じて作業が早くなるとされる。

日本人は、手指が器用であるとして、「斯うやうの術は、彌々益々巧妙を極むるに至れる」[44]、また、特に西欧から流入した後に日本で開発されたとする花簪、枝花等を編む技術は、「益々、我れら同胞姉妹が美術的の意匠と、巧妙なる技術とを、証拠立つることが出来るのである」[45]と高く評価され、編物の技術に「手芸」として大いに期待するものがあるとしている。

▼「押絵」

押絵は、小さな布帛を使って、羽子板や小箱の装飾をする技術である。さまざまな布帛を立体的に構成し、モティーフを作り上げていく。その歴史は、「将軍の大奥、及び、諸侯の奥向に行はれしもの」[46]とされ、あまり古いものではなく、（中略）かんざしや楊枝さしなどをつくったもので、商品としては羽子板などが流通するのみであったとされる。しかし、近来、押絵を学ぶ際、植物学を学び、絵画を習って、なるべくリアルなものを作るよう心がけ、配色に注意するなど、リアルさの追及が押絵の技術の発達につながり、それによって、「往時の物に比して、大いに面目を改め」、「これも女子が美術的技芸進歩の一端であらう」と述べる[47]。つまり、押絵はレリーフなどに見られるように、平面の構成をいかに立体的に見せ、リアルな作品を作れるかが、その技能的価値につながるものといえる。

また、「布帛を以て、種々の形を作るものにして、其の巧妙なるものに至りては、誠に優にして美なるものなり、是れ亦美術に属したる手工にして、婦女子の業には至極適当なる」[48]ものであるとされる。つまり、女性が行なうとされる手仕事の中でも、きわめて優美かつ美的なものであると考えられ、「美術に属したる」という文脈からは、技巧的な難易度ではなく、生活との密接度が低いことが強調されていると思われる。こうした、美的なもの、優美なものを女性と結びつける言説は、そもそも女性の存在を「美的」であるという考えにもとづき、視覚表象の対象として、見られるべき存在である女性という位置づけと関連している。美的な存在であるがゆえに、美的なものを創造することが好ましい、この言説によって手芸は常に女性的なものとみなされ、手芸のみならず、「美術」もまた「美的」であるがゆえに「女性的」な領域であるとも考えられてきた[49]。

女性が「美的」であるがゆえに「美的」な手仕事に向いている、「緻密な性質」であるがゆえに「緻密」な作業に適している、という適性論によって女性と手芸は結び付けられているのである。

さらに、「之に習熟すれば生計の補助たる可き資を得るに難からず押絵は多く羽子板、守入、小函等に貼附して装飾とするものにして現に之を内職となし居る女子少からず」[50]とされるように、明治以前から羽子板などが商品として流通していたことから、押絵は市場で一定の価値を持っていた。しかしながら、「生計の補助」そして「内職」というように、職人としての価値を認められるものではなく、廉価な労働力にすぎないと考えられてきたことがわかる。つまり、前述したように、技能的には簡易なものであるため高度な技術は必要とされず、「手芸」として誰もが行なうことが可能である反面、誰もが行なえる程度の簡易な技術であるために、市場価値としては低廉な労働力にしかなり得ない。しかし、この構造はまさに主婦の労働として適切なものと考えられた。「手芸」として制作することはすなわち「節約」を意味し、「内職」として製作するならば「内助」を意味する、「節約」と「内助」は女性の美徳としてきわめて重要であるが、どちらも主たる家計維持者の地位を脅かすことは「徳」を損なうことにさえなりかねないのである。そして、「今は我が国の美術の一技として、盛んに海外に輸出するもありとす、則ちこの技芸を紹介し教導するは、その益少からざる」[51]として、この技術（技芸）が、その美的な価値ゆえに海外に輸出され、国家に対する内助として位置づけることによって、女性が「手芸」を行なうことによって国家における女性の地位が確保されることにもつながっていく。

このように「押絵」は、その美術的価値と手軽さからも、「少女が徒然の慰めがてら、暇あらん折々には、一亘り学ばせ置きて、然るべきもの」[52]と考えられ、年少時より技能を蓄積し、習得させることが奨められ、女性はその成長の過程において、常に暇をもてあまし遊惰に生活することを「手芸」によって抑制することが望ましいとされてきた。

押絵は、近世において流行したものとして、パトリシア・フィスターもその著作において取り上げており、裁縫を日常の業務とする女性たちが、一つの気分転換として、こうした手芸を行なってきたとしている[53]。

▼「造花」

造花は「つくりばな」とも呼ばれ、紙や布を用いて花を造り、室内の装飾のために飾られた。鏝を使って、布に襞をつけ、花弁や葉を作り、針金を通して成形していく。数種類の花をまとめて大きな花瓶に飾ったり、菫などの小さな花を自然なかたちでいけたり、また桜や桃などの枝モノも一般的な造花の種類としてあった。

この細工は「近年の流行物にして、亦女子手芸の一に属し、高尚にして而も優美に、且つ利益ある職業」[54]、「女子手芸の一に属し高尚にして而も利益ある職業として学ぶ可きの価値あるもの」[55]と繰り返されるように、「婦女子として学ぶ可き価値あるもの」[56]とされてきた。女子の手芸の中でも「高尚」かつ「優美」とされ、その一方で「利益」に結びつくことが「造花」の特徴であった。内職としても一般的であった。

造花は「全く装飾の一点にありて女子の頭飾に用ふる花簪乃至床の花籠等に用ひ」[57]ることにあり、「これを室内に飾り置くときは、炎威の赫々としてなほ単衣すらいと重きを覚ゆる頃、梅花の咲き匂へるを賞すべく、寒気肌を劈く冬の夕べ、菖蒲の嫋々としたる、ゆかりの色のやさめらで、端午の節にあるがごとき感想を起さしむるものは、夫れ造花の巧妙なるものにあらずして何ぞや」[58]とあるように、その技術の高さは日常の装飾的意味において、きわめて重要且つ効果のあるものであると考えられている。

そもそも「造花の技は、先づ、仏前にささぐる料に物せしを始めにて」[59]、近年では、その技術も高まりつつあるが、なお「進歩改良を加へなば、造化のぬしが、眼にも、孰れを真、孰れを偽と、見分き難きまでにぞ、成もて行きぬべきなる」[60]境地を目指し、さらなる精進が必要とされている。

造花は仏花として古くからあったものであり、万葉集などにも造花を詠んだ歌があるとされ、古から人類が美的観念を持つ以上、かならず作り手としての神にのみ一任せず、其自然の美を模倣してみようという考えが起こるのが当然であると考えられた。この自然の美を模倣するという点では、花を「描く」行為との類似性が見られる。

一八世紀末の西欧では、花の絵は通常、女性画家のジャンルとされるようになっていた。花の絵は、女性の画家が描くものであり、密接にジェンダーと結び付けられたジャンルとして知られている。

ロジカ・パーカーによれば、「小さな、根気のいる、愛らしい花の絵、画家に求められるのはただ努力と手先の器用さだけといった花の絵の特徴は、多数の描き手の性別に関わっている」と述べる。女性がこれまでも好んでたずさわってきた種類の芸術、つまり、花の絵は、女性が描くのに適した主題であり、それは女性自身が持つ

「優雅さ」と「みずみずしさ」ゆえであり、この女性的特質とされるものと競いうるのは、「優雅」で「みずみずしい」「美しさ」を備えた花の絵だけであるとされた。つまり、フェミニティに関する社会の定義が、女性の特質を示す評価軸となり、アーティストとアーティストが扱う主題とが同一視されたのだとされる[61]。

もともと花の絵は、一六世紀から一七世紀初頭にかけてヨーロッパいたるところで静物画の一ジャンルとして始まり、一七世紀オランダにおいては主要なジャンルともなり、二〇世紀に至るまで多くの画家にとって魅力的なジャンルであり続けた。草創期から少数ながら女性は花の絵を描いていた。花は豊かな意味を含む隠喩として用いられた。虚栄や、人間の誕生、開花、死から腐敗へという生のサイクルのアレゴリーとして表現され、徳と人間の死すべき運命の象徴であった。

しかしながら、花の絵が女性の領域であるとされていく背景には、女性を自然と同一視する傾向が強固にあり、そのことによってあたかも必然的なつながりがあるかのように扱われたことがある。ロジカ・パーカーは述べる。

> 花の絵と、それを描く女はただ互いを映し合う鏡とされた。女らしさという思想の普及とともに、花の絵はただ女であることの延長線上にあるものとなり、それを描くアーティストはただ女としてみずからの自然をまっとうしているだけとされた[62]。

「造花」において強調される「高尚」かつ「優美」な特質は、花の絵を描くことにおける「優雅」さと「みずみずしさ」にきわめて似通っている。また、模倣という行為に注目するならば、方法的な違いはあっても花を表象するという同質的な行為であると考えられる。さらに言うならば、室内で描かれ室内に飾られた花の絵と、同じく室内で制作され室内の装飾を目的に作られる造花とは、制作の場と目的の一致を見ることができる。そして、何よりも、両者の最大の共通項は、緻密な作業と手先の器用さを有するとされる女性を、美的な存在と見なすことによって、同じく美的な「花」に同じ質の特徴を見出すことから、女性に特有の、また女性に適したジャンルであるとする点にあるといえよう。

▼「刺繍・縫取」

今回調査の対象とした手芸テキストにおいては、刺繍はほぼ日本刺繍に限定されており、伝統的な図柄の説明と技法が説明されている。しかし、明治期初頭にはミッション系女学校の教師などから、西洋刺繍の技術が流入している。特に、日本刺繍に比べて簡易であった「フランス刺繍」と呼ばれる技術は、家庭の主婦向けに一般化しつつあり、認識も高まりつつあったと言えよう。

刺繍は、縫取ともいい、手芸の中でも「美術」に属するものであると説明される。たとえば、「刺繍とは、(中略)美術に属して優雅なる技芸なり」[63]、また「刺繍は、女子の手工中、殊に美術に属して、優雅なる技芸なり」[64]というように、女性が為す手仕事の中でも、優美なものと考えられ、美術的要素が強いことから、「刺繍を学ばんとする者は、宜しく、先づ、図画の方法を学ぶべし」[65]とするテキストさえ見られる。

しかし、手芸テキストにおいては、美術品と説明されるような高度な技術を要する刺繍は決して扱わない。手芸テキストが扱うのは、「簡易なる縫取」[66]や、「簡易なるもの即ち風呂敷の記号又は車夫馬丁の法被の記号等の如き」[67]ものが中心であり、「少しく習熟すれば誰にも容易くなし得るもの」[68]である。手芸全般を扱うテキストであるため、技法としては簡易なものに限られている特徴が見られるが、それでも、女性にとって刺繍が適切な手芸であることは次のように強調される。

刺繍が伝統的に有してきた優雅さや、刺繍に必要とされてきた高度な技術は、「刺繍」を「美術」として語るうえでの重要な要素となる。しかし、明治期の手芸テキストは誰もができる簡易な技術で、誰もが優雅な生活スタイルを手に入れられることに力を注いだ。それは、家庭の主婦が、得手不得手に関わらず、多少の技術の蓄積、つまり訓練さえつめば、だれもが「優雅さ」を手に入れられるものでなければならないためである。この訓練には、「綿密」な性質が必要とされ、それは女性が持っている天性の特性でもあるとされてきた。「刺繍は、資性綿密なる女子が、美術的工芸として学ぶには、甚適当のものであらうと思はる丶」[69]。つまり、刺繍には緻密な作業が必要であり、こうした作業に女性が天性持っているであろうところの「綿密」な性質が適しているとする。

緻密さや綿密さによって、大人しく刺繍台に向い、手に針を持ち、美しい図案を写し取り、細かな細工をほどこし、そして家庭内の装飾品を作り出すことは、身体的・精神的な従順を必要とし、刺繍をするという行為そのものが、女性の美徳を必要とし、また刺繍をする過程そのものが女性の徳の獲得に有益な時間であるのだとされていたのである。

ロジカ・パーカーは「刺繍の歴史を知ることは、女性の歴史を知ることである」[70]として、「刺繍芸術は、女性らしい理想に向けて女性を教育する方法であり、それが達成されたことを試す方法である」[71]と刺繍の政治性を論じる。まさに、西欧においても、同様の機能を刺繍が持っていたのだといえる。しかしながら、刺繍は女性らしさを強要する手段として存在しつつも、一方で「女性らしさの強制に抵抗する武器ともなりうる」[72]として、現代のフェミニスト・アーティストによる刺繍が伝統的な手仕事しか与えられてこなかった女性のみが表現し得る作品となって現われていることに触れていて興味深い。

▼「養蚕・紡績」

養蚕は、説明するまでもなく蚕を育て、繭を取ることをいい、「養蚕の業は、また、女子の大切な務めとして、早くから奨励されたもの」[73]であり、「養蚕紡績及染色の技は古来女子特専の手芸として一般に伝習し来り」[74]とされるように、伝統を有する女性の務めとして奨励され、伝習されてきた手芸である。現在では養蚕を手芸のひとつとして見なすことはほとんどない。しかしながら、明治期の手芸テキストにおいて「養蚕」は手芸のひとつとして位置づけられる場合があり、前章で論じたように、近代の養蚕が持ちえた多様な意味の中でも、「手芸」と解釈は決して特殊なものではなかった。

明治中期以降の手芸テキストにおいても、「養蚕」は女性の重要な務めとして扱われている。しかし、同時代の都市の女性たちにとっては、たとえ「手芸」であると説明されても、すでに養蚕は日常的な労働ではなく、知識さえも十分にはなかったようであり、「都会の地に生育せる女子は只に其概略をも知らざるのみか甚しきは蚕は如何なる虫なりや繭の形は如何等の質問に対しても応ふる能はざるもの多しと聞く」[75]と、批判されている。

養蚕を奨励する言説は、第2章において述べているが、基本的に皇后・皇太后による養蚕を例にあげ、それを見習うよう奨める形式が多い。また、養蚕業が国家にとって重要な産業であることを示す場合もある。手芸テキストもその形式に則り、后妃が自ら「こがひの業」を営み、今に至るまで全国で行なわれてきたという言説を採用し、「畏れ多くも」、現在明治の御世でも、皇太后・皇后が御苑に蚕室を作らせ、採葉少女（はとりめ）を集め、蚕事に従事させていると述べる。歴史上の皇后の養蚕を引用することによって、連綿と続く女性の手仕事の歴史を想起させ、この労働を女性が行なうことがあたかも当然であるかのごとくみなされる。そして、同時代の皇后や皇太后が養蚕を引用することによって、「養蚕」という手仕事に権威を与え、女性の手仕事としての価値を高めていく。たとえ、現実には行なわれることがなくとも、養蚕の重要性を学ぶことと、あらゆる手芸において「養蚕」こそがその基本となり、そして根本であることが示されているのである。

また、国家経済についてはは述べないが、しかし、「婦女をして、之れに従事せしめば、また大いに其経済を助け」[76]るものだとして、家計を助ける程度の利益があることを記している。さらに、「蚕児を養ふは、恰かも、人の子を養ふが如し。其育つる人の、寒ければ暖め、暑ければ涼うし、食を足し、居を安くし、至誠以て、是を保護せんと勉むるに於ては、其児の発生、必ず、佳良なるや疑ふ可らず。是れ、蚕事に関る者の、最も深く心を注めて、熟思すべき事なり」[77]として、養蚕が子どもを育てるかのような気配りを必要とし、そうした性質を獲得するために養蚕が有効であることも示されている。

以上のような理念上の効用は述べつつも、実際に都市の女性たちが養蚕を行なうことをどの程度可能なことと理解していたのかはわからない。しかしながら、

都会に住するところの女子、（中略）良家の婦人も、亦、其珍卉名花を培ふ、庭園の、幾分を割きて、桑林となし、かたへは、長き日の徒然を慰めがてら、運動の一つとして、蚕事を経営さるる[78]

良家の婦女も亦、後園には、桑樹を植ゑしめて置いて、一つには、蚕桑の味ひも嘗めて、之を専業とする人の困苦をも思ひやる[79]

など、都市の中上流の家庭の女性に対して、庭園を造り、花を育てるように、桑林を造り、趣味として養蚕をすることを奨めるのである。

「紡績は、裁縫に亞ぎて、婦女が、必ず務むべき手工の一つとして、本邦、古来より甚た奨励したる業」[80]であるとされ、その重要性が示されている。裁縫は女性の手仕事の中で、常に生活に密着した必須の手仕事であったため、最も重視されていた。被服産業の発達は、紡績業などと比べて大規模工業化の達成が遅く、特に和服の場合には、あくまで手仕事に支えられていたため、一般に家庭に為すべきものと考えられていた。被服産業に比して、紡績業は極めて大規模機械化が早い分野であった。そのため、家庭においてすべての女性が必須の手仕事として行なうという状況は、すでに明治中期には解消されていた。

「紡績のわざは、むかしは、大切なる婦工の一つとして、数へられたものであつたが、近来、（中略）余り必要で

無いかのやうに、世人にも思はる、であらうが、（中略）決して、個人の学ばるべきことで無い」[81]とあるように、すでに日常の手仕事として紡績を家庭ですることは少なくなっていることが記されている。

こうした背景には女子の就学率の上昇や、社会全体の分業体制が形成され、紡績業も専門性が要求されていることなどから、女性ですらこの技術に関する知識を持たなくなっていったことに対する憂慮がある。もはや、家庭で必要に迫られて行なう手仕事ではないため、紡績を奨める理由は次のようなものになっている。たとえば、「徒然をも慰みがてら、我が手して、紡みもし、績ぎもしたる糸すぢもて、至親至愛なる、親、夫、子どもが衣、織もし、縫ひも出でたらんには、そも、いかばかりか、楽しかるべく、着る人、将た、いかに嬉しくもぞ覚えぬ」[82]として、家族に対する愛情の表現として糸を紡ぎ、また、「是等の事を心得て居れば、おのづから、屑糸の一筋、糸の一片も、冗にしなくなるものである」[83]として、糸を実際に紡ぐことがなくとも、これらに対する知識を得ることによって、裁縫などに用いる糸を大切にする気持が育まれるであろうと述べる。さらに、

「下婢などを使うて見ても、（中略）機織、紡績、養蚕等のわざは、一通り心得て置かしめたいと、望むのであるが、分けても、紡績の如き手工は、（中略）希くは、徒然なる長き日のすさびにも、試みしめて置きたい」[84]として、家庭で下婢を使っている階層の女性たちが、こうした知識を得ておくことが必要であることが望まれているのである。

▼「染色」

染色、染工は、「ひとり、機織る帛布や、絲などの為にのみ、必要であるのでは無」[85]く、「刺繍、造花、押絵、編物等、すべて、美術的手工を学ぶ者は、是非心得て置かねばならぬ。」[86]として、染色の技術が他の手芸領域の基礎となり、基本の段階であるとされる。

「染物は、我が国では、太古から、既に開けて居た」[87]とされ、「染工も、機織、紡績の業とおなじやうに、専女子のしわざとして居たやうであるが、漸々、この業の進むに従つて、却つて、重に、男がするやうになつたかと思はる、」[88]とあるように、家庭において染色を行なうことは、すでに明治期には日常の工程ではなく、専門の染色業者へ依頼することが多かったようである。そうした工房の技術者の多くは男性によって占められ、「職人」として技能が伝承されていくようになった。こうした職人の手仕事は、通常「工芸」とみなされ、もはや「手芸」とは呼ばれない。

染色の例からもわかるように、手芸が「手芸」であるためには、その作り手が女性であること、また制作の場が家庭であることが重要な要素であるのだと言えよう。

▼「裁縫」

「裁縫とは何ぞや、衣服を裁ち衣服を縫ふの謂ひなり」[89]というように、裁縫はあくまで衣服の制作をさす。テキストによって洋裁と和裁を分ける場合もある。また、「針仕事」とも称する。「針仕事」という場合には、衣服の制作だけでなく、袋物の制作や、小物制作など、その幅はより広く、針と糸を用いたあらゆる制作がそこに含まれると考えてよい。

「針仕事は女子の必らず学び置く可き大切の手芸」[90]、「裁縫は、従来、女子が手工中、最大切なものとして、第一に学ばしめたものである」[91]、また「裁縫は女子が、専ら務むべき業の重なるものとして、早くより、いそしみ修めしめしなり」[92]などとあるように、裁縫は、女性が為すべきとされる手仕事の中で養蚕と並んで最も重視されている。そのため、裁縫の技術に拙い女性は「其家政を理むるの時に当たりて、経済上、管理上、少なからざる損失あるのみならず。其夫を助け、父母舅姑に事ふる女徳の上に於るも、亦甚だ不完全なるべきを思ひ、年少の頃よりして能くよく務め習ふべき」[93]であるとされる。

女性の行なうべき基本の手仕事であるため、これら手芸を怠り遊芸にはしる女性たちは淑女としての資格を問われ、「万一の不幸によりて零落するやうのことあらばかかる心がけ悪しきものは他人の合力を受けて見苦しき生活をなすかさなくば道傍に仆れ臥して恥を世間に晒す身となる」[94]など、厳しく誡められる。

▼「結び物」

「結び物」とは、贈答の際などに用いる紐の結び方や水引の掛け方などを指し、紙や風呂敷などで美しく包む「包み物」と合わせて、「包み結び物」と呼ぶ場合もあるが、通常は、普通礼式などの学習の際に、礼式として教えられるとされる。紐や水引を結ぶパターンや、紙・風呂敷の色目の合わせ方、またそれらを用いるべき場との組合せなど、美的な要素が強いことから、礼式ではなく「手芸」としてあえて扱う場合がある。

結び物は、早くより、女子が手芸の一つとして、習はしたる事なりと覚ゆ[95]

とされるが、「結び物」が女性にとって不可欠な手芸であるというのは、階層的にはかなり上層の家庭を想定していることは明らかで、こうした手芸テキストの中では相当のページ数を割いて図解している。

「普通の進物品に水引を結ぶは、誰人にても行ふところのものなり、されど、麗しく体裁よく結ぶ人は多からざるべし、此の結び方のうるはしきと否らざるとによりて、其の進物品の体裁を或ひは善く、或ひは悪くならしむるものなれば、是等は婦女子の業として平生に心掛けられたきものなり」[96]として、手芸テキストが扱う部分が、「普通の進物品」ではなく、より「麗しく」「体裁よく」進物品を贈るための心がけの一つであることがわかる。

「これを網羅せんは、難き業なる」[97]として、これら礼式のパターンを網羅することは必要とされていないが、こうした礼式を知っておくことが女性の一つの徳を示すことにもなり、しかしながらその知識も、「ただ覚へ置きて、人に対して物識顔に誇るの材料となり了らんのみ」[98]として、知識をひけらかすような行為は、たしなめられている。

3　明治期の手芸テキストの位置づけ

明治期の手芸テキストは、その他数多く出版された女子教育のテキストや女訓書などと同じ流れの中に位置づけることができる。

手芸テキストの特徴として、第一に、女性のための生活全般を網羅するシリーズ化されたテキスト集の中の一冊として、たとえば「女子自修文庫」というシリーズの一冊として『女子の技芸』が書かれ、また「家庭文庫」というシリーズの一冊として『女子手芸要訣』が書かれるなど、女性の生活をひとつながりの枠の中でとらえ、その中のひとつの側面として「手芸」を位置づけている点があげられる。女性が為すべき事は、生活時間の中、家庭という空間の中に点在しているのだが、それらの諸芸を「女性」という枠組みで括り、関連付けていくことによって、当時の理想的な女性のあり方が示される。そのすべてが書かれているのがシリーズ化されたテキスト群である。「女性」でカテゴライズされた時間と空間のテキストであるゆえに、そこに取り込まれた「手芸」は、基本的に女性を読み手とし、作り手としており、そこには「善き女性」となるために必要とされる諸領域が書かれているのである。

第二に、「手芸」として取り上げられている諸芸は、大きく二つに分けられる。ひとつは、明治初頭から主として西欧から流入した西洋手芸であり、もうひとつは、日本に明治以前からあった手芸である。前者は、編物や造花などであり、後者は養蚕や、紡績などである。前者の語りは、生活の中での便利さ、華麗さ、美しさや装飾性が中心で、利益のある技能であることが強調される。それに対して、後者の語りは、そもそも高度な技能について語ることはなく、もはや日常生活の中から消えていく手仕事に対する杞憂から、せめてそれらに関する知識だけでも得る必要があることを説く。必要性のない手仕事を今なおやるべきであるとする、その吸引力として、手芸を為すことにより徳が獲得されていくことが示され、近代的な主婦層に対して手芸に関する知識を紹介していく。つまり、前者は現在形で技能の習得が必要とされ、後者は知識のみ習得することが求められているのである。

このことは、手芸や技芸を教える女子教育機関で前者は学科として取り込まれるが、後者は学科として設置されることがなく、もはや技能として不必要であることが社会背景からみても明白であり、その認識が共有されているためであるといえよう。

第三として、すべての手芸テキストが「簡易さ」を強調していることがあげられる。これは「手芸」の総合的なテキストを選んでいるためにやむなくそうなっているとも言える。しかし、こうした手芸テキストを見て学ぶという立場の女性たちが、それ以前に実業系の女学校や町の手芸塾などの専門的な場で学んでいない人たちであることが、想定されているためであろう。より専門性の高い手芸のテキストはある。それらは、すでに基本を学校などで学び、その後自宅にて制作を続ける人たちのものであり、今回見たような手芸の総合的なテキストは、初歩段階にある女性たちに手芸の導入の機会を与えるもので、そのためにも「簡易さ」は必要であり、重要であるとされる。

4　「手芸」の奨励システム

1　学校教育における奨励

「手芸」が基本的にジェンダーに起因する概念定義であり、その大きな目的として「徳」の獲得がめざされてきたことを論じてきたが、このように「手芸」を実技のテクニックであるとともに徳育の手段であるという認識は、当然の事ながら、学校教育においても取り上げられてきた。

前述したように、「手芸」は女性の徳を高めるために必要とされ、その技能の獲得は幼少期から始められた。就学前の幼女の時期には、家庭内において母親や年長の女性が針仕事をする姿を見ることで女性役割を認識していき、その傍らで遊び、遊びの中で糸と布と針の使い方を学んでいった。しかし、家庭内において体系的に「手芸」を学ぶことは困難であった。そのため明治以前から裁縫を教える私塾は存在しており、明治に入ってからも裁縫・手芸は私立の女塾において学ぶ場合が多かった。

こうした学校教育の場において、「手芸」はいくつかの段階を踏んで奨励され続けてきた。まず、学校教育に「手芸」が取り込まれ機能するに至る過程を考えてみたい。

a　儒教的女訓における「手芸」

『女大学』は一九の短文から構成され、七去、三従に代表される、いわゆる「儒教的女訓」の精髄がもりこまれてあり、女訓を代表するかのような印象をうける。加えて、福沢諭吉が「女大学評論」を著して女大学を徹底的に批判して話題をまいたほか、加藤弘之の『明治女大学』[99]、井上哲次郎の『女大学の研究』[100]など、「女大学」を名のった著作は十指に余り、現在では、その結果として、女大学が儒教女訓の代名詞のように理解されている[101]。しかし、いうまでもなく、女大学は女訓の代表作ではなく、同じ貝原益軒に関連した女訓という意味では『和俗童子訓』中の「教女子法」のほうが、内容的に高い水準を示している[102]。「教女子法」にせよ、『女大学』にせよ、これは儒教倫理の要約書にすぎず、その源泉は『女四書』[103]にさかのぼりうるものであると深谷昌志は指摘する[104]。

> 女子は家にありては則ち父天也、嫁しては則ち夫天也、天は陽にして万の物を生じ、地は陰にして天の生ずる万の物を育て養ひて夫に従ふものなれば、天地の道理の如く、女たる人、我親の家に在る時は親を尊み、嫁して後は夫を尊む事、是れ皆女の孝行の道也[105]

すなわち、男性と女性は天地の関係にあり、女性は男性の庇護があって初めて生命を存続しうる。したがって、女性は常に男性――夫――に対する感謝の念を忘れることなく、外面的に服従するのみならず、両性間の天―地関係を積極的に肯定し、自己の矮小化、自我の無、天につくす心がけが説かれている。したがって、儒教的女性像とは、「男子との間に絶対的な相違を仮定し、その差を支配―被支配の関係に置きかえ、女子は男子に従属する。しかも、支配され庇護されていることを積極的にありがたいと考えられるよう修養を重ねていく女性像」[106]であるとされる。

このように、儒教の体系は、すべての存在を天地の関係に位置づけ、各人がその分に応じて行動するのを期待しており、女性の場合、その活動範囲は家庭内に限られ、女性としての行動様式が要請される。

一口に儒学といっても、官学ともいうべき朱子学を中心に、古学派、陽明学派などの台頭、儒学に対する批判勢力としての国学の発生など、江戸末期の思想は多様に発展し、儒学の日本化の傾向も顕著であったが、女訓の場合、唐の時代に作られた『女孝経』・『女論語』が江戸末期まで生きつづけていたとされている。これについて深谷氏は、貝原益軒・中江藤樹・会沢安・吉田松陰らが、朱子学に対する態度で各々立場を異にしてきたにも拘わらず、女訓について同一の内容を吐露したことについて、この時期の理想的女性像が画一化されていたことを指摘している。氏の言葉を借りるならば、「士族社会は父系父権制で、家督相続などすべての権限は長子を中心とした男子に集中し、柔順でありさえすれば、女性は体制存続に無縁の存在であった。このため、女性のイデオロギーの対象外に置かれ、女訓の内容が発展しなかった」[107]のである。

この儒教的女性像とは、自らに対する「庇護」と「支配」への感謝を要求されているが、支配への感謝という特異な境地をめざしているため、その態度を育成するための修養の必要性が生じてくる。その教育的目標には四徳と呼ばれる「婦徳」＝女らしい徳義、立居挙動、「婦言」＝しとやかで無口な女らしいことばづかい、「婦容」＝清潔で質素な身だしなみ、「婦工」＝家政上の技術[108]の形成があげられる。

この最後の「婦工」こそが、まさに「手芸」であり、儒教的女訓において必要とされる技能であるといえる。こうした「婦工」「手芸」は、後述する学制においては、正式には取り上げられなかったが、それは必ずしも「旧弊」を廃する主旨ではなかった[109]。しかし、学制の女子教育に対する批判は儒教的女訓を根拠として出されたものが多く、明治期に入ってもなお、儒教的女訓は必要なものとされ続けた[110]。

儒教的女訓を基盤とする学校として、いつくかの女学塾があげられる。その典型的な事例として、一八七五（明治八）年創立の跡見女塾をあげれば、ここは国語、漢文、和歌、算術、習字、絵画、裁縫、琴曲、点茶、挿花、を教科とし、四、五歳から一八、九歳までの上流の女子を一〇〇名前後収容——半数は寄宿生——していた[111]。また、これと同じ類型のものとしては、やや時期が遅れるが、下田歌子の女塾があり、これは、結婚のため宮廷を下がった歌子の才能をおしんだ伊藤博文、山県有朋などの勧めで開いた女塾であった。塾は、一八八二（明治一五）年、一〇歳以上の女子を収容する桃夭女塾に発展していった。ここでは、週二二時間（総時間の六七％）を修身、和漢、習字にあて、修身科の教材として『女四書』『本朝烈女伝』『劉向烈女伝』を使用し、理数科教育は軽視されていた[112]。全体として、女徳の涵養を前面に押しだした儒教女塾の色彩が強かったとされる。

これらの儒教的女塾は、旧上層士族以上を対象としており、家政の実技・技能は軽視されてはいるものの、実用的な家政ではなく、立居振舞や儒教理念に即した女性の在り様、そして非実用的ではあるが女性のたしなみとされた諸芸が重視された。

b　小学校教育における「手芸」の位置づけ

一八七二（明治五）年、学制が発布され、「邑に不学の戸なく、家に不学の人ながらしめん」ことをめざして、男女の別なく、女子も八年制の尋常小学を「必ス卒業スベキモノ」と定められた[113]。その「着手順序」によれば、「人間ノ道男女ノ差アルコトナシ男子已ニ有学女子学フ事ナカル不可」。特に女子は母親となり、「其子才不才其母ノ賢不賢ニヨル」から、「一般ノ女子男子ト均シク教育ヲ被フシム」[114]る必要があると指摘している。つまり、人間として男女の差はないのであるから、女子にも教育が必要であり、特に、女子は母となり、子どもの将来に影響するところが大きいから、なお教育を受けねばならないとされている。

深谷によれば、学制における男女の平等は、その際参照された海外の教育事情が大きく反映されている。諸外国の教育事情を参照する限り、性によって在学年数を変えたり、教材を異にするなどの発想は生じにくく、学制の理念から、結果的には学制中に男女共通教育が組み入れられたのであり、女子教育に対する深い洞察と高い理想とからなされたものではないとされる[115]。

学制において、男女の差なく共通の科目を設定するという前提がありながらも、女児小学においては、「女児小学ハ尋常小学教科ノ外ニ女子ノ手芸ヲ教フ」（第二十六章）として、女子のみに家庭生活に関する科目を課していることを示している[116]。この場合の「手芸」は、広く女性の手仕事をさし、裁縫・機織・洗濯・料理などを包括する広義の名称であった[117]とされ、近世から続く「婦工」の概念を踏襲したものと考えられる。

しかしながら、女子教育の不振を目の前にして、各県では女子に個別の教科を与えていく必要性が説かれ[118]、「裁縫」「手芸」を独自に取り入れる傾向にあった。

そして、一八七九（明治一二）年の「教育令」では、小学校の教科目は読書・習字・算術・地理・歴史・修身の初歩となり、「土地の状況」によって罫画・唱歌・体操・物理・生物・博物などの大意を加えることとし、特に女子のために「裁縫科」を設けることを規定した。ここにはじめて一つの教科としての裁縫科が誕生したとされる[119]。

以上のように、学制期、男女の区別なく教育を与えていくという理念が提示されたにも拘わらず、その意図するところは本質的な男女平等の精神にもとづくものではなかったため、教育の現場では、文部省側と教育を受ける側との大きな意識の差が生じていた。そのため、女子の就学率はきわめて低く、それを克服するための策として、「手芸」「裁縫」の教科導入が図られた。

このことは、社会において求められた女性像の中に、近世から続く儒教的女性像が根深く存在したことと、実生活における技能レベルの必要性があったことが原因と考えられ、「手芸」「裁縫」教科を設置することにより、女子の就学を広げていくことが可能となったことを示しており、女子就学という問題において、「手芸」と「裁縫」は大きな動機付けとなったのだといえよう。

c　女子中等教育機関

明治初頭では、女子の中等教育について法的な規制がなかったこともあり、上からの指示による女学校づくりをする必要はなかったため、これら明治以前から発達してた裁縫塾を積極的に公教育の中に取り入れる試みがなされた地域もあった[120]。たとえば、京都府では、京都女学校をはじめ、一八七三（明治六）年二月には柳地女紅場が、同年三月には初音女紅場が設置されるなど、相次いで女紅場が設置されていき、一八七五（明治八）年当時、市内で一九の女紅場が設置されていたとされる[121]。こうした女紅場は、小学校の手芸的技能の成果を守るためにも、また、さらなる職業的な能力を身につけるために必要とされ[122]、その多くは関西地方に設置された[123]。

女子中等教育は、地域の要求に応える形で編成され、大きな規制がない中で、近世から続く女子の教育システムを、近代化した形式で維持し続けた。一方で、ミッション系の女学校の設立や、中産階級以上の女子が通う女学校の設置などにより、女子に高い教育を受けさせる機会も増え、そうした風潮に対して、一八七九（明治一二）年の学事諮問会では、「己に得る所如何を顧みすして軽躁浮薄に陥り、傲然自ら許し、尊長を軽にするなと婦徳を損傷すること実に少なからさるなり。……女子は教育の母と謂ふへきものなれは」、男子の活発剛毅にかえて温和貞順の婦徳育成を目ざさねばならないと決定している[124]。さらに、一八八二（明治一五）年には、「女子の為には一家の経理、子女の養育を始とし、凡て女子の業務に適する知能を与へ、優良の婦徳を養成して其室家を協和し、風俗を改良するの基を開かん」ことに努める必要があるとしている。しかし、現在の教育は男子の教則に準拠して、ますます実用に遠ざかり、固有の美徳を破壊するに至っている。女子には女子に適した教育が必要だ[125]とされた[126]。

女性が高い教育を受けることにより、「軽躁浮薄」に陥り、「婦徳を損傷する」ことから、その教育のあり方に疑問が投げかけられたのである。「女子は教育の母と謂ふへきもの」ため、その状況が許されないならば、つまりここに「母」たるもののあり方が示されているといえよう。「母」とは、「婦徳」を得て、決して「軽躁浮薄」に陥ることなく、子を産み、教育をするものと明示されたのである。さらに、子どもの養育に加えて、「一家の経理」をし、「其室家を協和し、風俗を改良する」ことが「妻」の役割として強調される。高度な教育は男子のためのものであり、それを女子が対等に学ぶこと、それは「固有の美徳」を破壊することにもなりかねず、そのためにも女子に対して男子とは異なる教育を与えていく必要性が述べられていくのである。

一八八二（明治一五）年三月には、普通学務局は、各府県あてに女子中等教育についての通牒を発し、「英語、代数、三角法、経済、本邦法令等ヲ省キ、修身、和漢文、習字、図画等ノ教課ヲ増シ又別ニ裁縫、家事経済、女礼、音楽等ヲ加ヘ、専ラ中人以上ノ女子ニ順良適実ノ教育ヲ授クルヲ主眼トシ」[127]と指示している。その前年定められた「小学校教則綱領」では、中等小学以上で、裁縫、家事経済が必修となり、習字、読書などに女子用教材が加えられている。結局、初等教育では共通教育の内に家政的な教材を大巾にもりこむ、中等教育では性差を全面的に認めて婦徳の育成に努め政策が実施されることになった[128]。

さらに、一八八二（明治一五）年七月には、東京女子師範付属高女が、教則を改訂している。これによると五年間の在学年限の内、算術、地理、歴史、博物、物理の一般教科は下の三年までで、上の二学年になると、家政、裁縫、礼節で総時間の五割をこえている。そして、「身を修むるの道を教へ、女子の守るべき分を与へしめ」るを修身科の目標に掲げ、『女学孝経』『女論語』『内訓』『女誡』などの儒教女訓書を教科書としている[129]。また、「家政は家事を理むるの法を知らしむるものにして、女子には殊に緊要なる科」とされ、「裁縫は女子に緊要なる者なれば、各学級通じて之を課す」[130]としるされている。深谷は、このことについて、「女訓と家事のための学校であり、先にふれた儒教的女性像を反映させた教育課程編成」[131]であるとして、儒教道徳を明確に取り込むことにより、女子教育のあり方が変容し、男女共学の思想から「女訓」「家事」がメインになっていく過程を表している。

d　ミッション・スクールにおける「手芸」教育

明治期の「手芸」には、日本古来からの手業に加えて、洋裁や編物、西洋刺繍など西欧の手芸技術が流入したのだが、それに大きく貢献していたのがミッション・スクールにおける「手芸」教育であった。

『青山女学院史』には、当時のミッション・スクールにおいて外国人女性教師が日本の女子学生に対して手芸の必要性を考えた経緯が掲載されており、そのまなざしを、フローラ・ハリスの言葉からやや長いが以下に記す。

日本で、道を歩いていると、何処からでも三味線や琴の妙音が聞こえてくる。芸術に対してもそうであるが、音楽についても愛好心の強い国民性であると感心していたところ、実は、これは一般子女に教えこみ習わせている遊芸であって、日本婦人が自活する道は、この三味線や唄や踊のほかにはないことがわかった。これらのうちのある女達は芸者と呼ばれ、男に媚を売るものであった。その他に買春で暮らす女郎・地獄といわれる人々があって、普通の日本の婦人達が自活できるのは、今のところそうする以外に道は無いようだ。特に函館から長崎まで殆どの開港場にいるそれらの婦人達を見るのは耐え難いことであり、いかにも恥しく情無いことである。私共は何としてでも女達がこのあわれな状態から抜け出せるよう、力を貸さなければならない。そのためには、婦人達に手先の工芸・手芸を教え、その手仕事で自活の道を開かせることである。私共が北印度・ボンベイ・ハワイでしてきたように、婦人達の為にホームを建設し、手芸を教え職業に就かせなければならないと思う。そのためには職業学校を是非開く必要があり、一日も早いその実現を切望する[132]。

ここに見られるまなざしは、非西欧諸国における女性の状況を憐れむものであり、日本だけでなく彼女たち女性教師たちが布教のために立ち寄った国々でも同様の「救済」を行なってきたことが示されている。そして実際に、ミッション・スクールを基盤とする手芸・工芸の学校は設立された。

一八九〇（明治二三）年三月には、築地海岸女学校の教師であるエラ・ブラックストック（Ella Blackstock）により、同校内に手芸教室が開かれた。ここでは、西洋編物、飾り縫い、図画の手ほどきがされた[133]。

また、一八九一（明治二四）年四月には東京英和女学校職業部が設置され、和洋裁縫、西洋飾り縫い、日本刺繍、製図、英語、聖書、その他高等小学校程度の普通科目が教授されている[134]。

一八九五（明治二八）年の「青山評論」では、この東京英和女学校について次のように記している。

其目的とする処は第一は将来或る職業により自活の道を立てざるねからざる女子を教育するにありて、第二は高等教育を感ぜざるも普通の教育を受け傍ら家庭に必要なる手芸の一般を学び一家庭中実用の婦人たらんと欲する女子に有益なる手芸を授くるにあり[135]

東京英和女学校専門部は履修年限を三年とし、刺繍科、裁縫科、象牙彫刻科、活花・女礼式・茶道専門科を設け、普通部も年限を三年とし、女子手芸の一般及び読書、算術、習字等を教えたとしている[136]。

さらに、一八九九（明治三二）年、青山女子手芸学校が設立される。青山女子手芸学校は普通部を三年とし、専門部を五年とする。専門部には裁縫科、刺繍科、彫刻科が設置されていた[137]。

「私立青山女子手芸学校設置願」によればその目的は「本校ハ女子ニ適切ナル技芸ヲ授ケ自営ノ道ヲ得セシメ併テ基督教ノ綱領ニ基キ其品性ヲ陶冶シ道義ヲ啓発シ以テ謙譲・方正ナル婦徳ヲ培養スルヲ以テ目的トス」[138]として

いる。
他の女学校の例と違わず、ミッション系の手芸学校においても、婦徳の育成はその中心課題ではあるが、前述したフローラ・ハリスの言葉からもわかるように、基本的に女性に対しての職業教育として、またそれは自営自活の道を得させるためであることが強調されているのが特徴といえよう[139]。

e　女子職業学校における「手芸」

本書で扱う「手芸」なるものを、教育の中心に据えているのが女子職業学校である。明治一〇年代の半ばには、同じ小学校卒業生を収容する中等教育機関ながら、こうした女子のための職業学校が創建されるようになった。ここでは、「職業学校」と名付けられているものの、女子をいわゆる職業人に向かってではなく、女学校と同じく中流以上の家庭の婦人に養成することを目的としながら、普通学科ではなく一つの学問・技術を中心に教育活動を展開しようとした学校である。この種の教育機関には、「裁縫」や「手芸」を中核においたものが少なくない[140]。たとえば、共立女子職業学校などがこの例となる。

こうした女子中等学校においては、裁縫上等の部で、袋物、服紗、繍箔、押絵、西洋編物、剪綵など、手芸に関する教材が、洋の東西にわたって用意されているのが注目される。社会の一にぎりの上層階級に属する子女に限られていたとはいっても、ともかく、手芸が大幅に取り込まれるようになったことは確かである[141]。しかしながら、女子中等学校が主として社会の上流階級の子女のみを収容したために、ここでの手芸教育は、趣味的・教養的性格が付与されることとなったと桜井映乙子は指摘する[142]。氏は、女学校は教育の方針・内容・方法などにおいてそれぞれに大きな相違が見られるが、社会の中層以上の、いわゆる良家の子女を対象としていた点では共通しており、それ故、手芸教育も和風にせよ洋風にせよ、実社会の労働や生活からは一歩へだたった教養ないしは趣味的な性格をおびたものだった[143]とする。

いわゆる「手芸」の持つ趣味的・教養的性格が、単にこの女子中等学校における階級構成によってのみ特徴付けられたとは言い切れない。しかしながら、こうした学校の生徒の階級構成と「手芸」に与えられた社会的な役割とが一致したからこそ、主要な学科として成立したのだといえよう。

では、「手芸」はいかなる目的で導入されたのであろうか。「手芸」が教科として明確に分けられたのは、一八九五（明治二八）年高等女学校令の制定の際である。これにともない、裁縫が正科目に、手芸が随意科目に編入された。さらに一九〇一（明治三四）年高等女学校令施行規則では、手芸の範囲を編物・組紐・袋物・刺繍・造花などとしており、手芸を以下のように定義する。

手芸ハ女子ニ適切ナル手芸ヲ習ハシメ指手ノ動作ヲ巧緻ナラシメ兼テ勤勉ヲ好ムノ習慣ヲ養フヲ以テ要旨トス[144]

つまり、ここでの「手芸」の目的は二つある。一つは「指手ノ動作ヲ巧緻ナラシメ」ること、もう一つは「勤勉ヲ好ムノ習慣ヲ養フ」ことである。「手芸」は一つの技能であるから、前者は容易に理解できるが、後者は一見、「手芸」と関わりが薄いようにも感じられる。しかしながら、私は後者こそが、近代日本における「手芸」の本質であると考える。

女子中等教育機関における「手芸」には、以上のように大きく二つの流れがある。一つは女紅場を主とする職業教育機関における「手芸」であり、もう一方は中産階級以上の子女が通う「実業学校」「職業学校」と称する教育機関の「手芸」である。この二種の流れは次のように総括できる。第一に、この両者の間には、教育の享受者であるところの女性たちの社会階級の格差があり、カリキュラムや教育内容にはその階級構造が反映されていること。しかしながら、第二点としてきわめて重要なことは、これらの階級構造を超越したところに、女性に適正な手仕事として、また女性に不可欠な労働としての「手芸」が共有されているということである。つまり、「手芸」をめぐる状況によって、女性は階級に従い分断されつつ、しかし分断されながらもなお「手芸」という共通の手仕事をさせられているのだと説明できよう。

2　女性雑誌による「手芸」奨励のディスクール

明治期の女性向けの雑誌の隆盛は、主として明治二〇年代から始まる。最初、女学生向けの雑誌が主流であったが、次第に家庭の主婦や働く女性を対象としたメディアも登場し、多種多様な女性雑誌文化が形成されていった[145]。女性雑誌は一般的に女訓や女子教育論などの論説が主軸であり、そのほかに特集記事や雑記などが添えられる構成になっており、「手芸論」や手芸を奨励する論は、女性雑誌の中にかなり多く見ることが出来る。学校での「手芸」教育に対する批判や、議論、また女性一般に対して手芸の必要性を説く文章、さらに「手芸」のテキストの代わりになるような導入や解説の役割を果たす記事など、その種類は豊富であるといってよいだろう。

このような女性雑誌の手芸記事は、「手芸」の必要性を知ったうえで手芸テキストを購入する読者とは異なり、必ずしも「手芸」に興味を持っていない読者に対して、「手芸」が女性にとって不可欠であり、その意義・目的等を説いていくものが多く、まさに「手芸」奨励の広告塔の役割を果たす。そのため、こうした女性雑誌には、手芸塾や裁縫塾、手芸関連の商品を扱う商店の広告なども見られ、「手芸」という行為をめぐる社会の動きも感じることができるともいえる。

では、雑誌記事はどのように、より多くの女性たちを「手芸」に導いていったのであろうか。

〈「手芸」の重要性〉

まず、「手芸」「裁縫」等の手仕事は、女性にとって重要なものであるとされる。

衣食の為に手工を作すは、言う迄もなし。手工を作して衣食の為に稼ぐの必要なき富裕の家庭に於ても、手工の事は、努め怠る可からず。手工の中にて最も大切なるものは、養蚕、裁縫、機織。割烹の如きは、言うにも及ばず[146]。

この「手工」とは、読者が女性に限定されていることと、列挙された養蚕、裁縫、機織、割烹などが基本的に女性労働とされていることから、いわゆる「手芸」を表わしたものと言ってよい。また、「これ（裁縫のあらまし——引用者）を知り得しらずは、不自由極むのみならず、女子の道にも欠くぞかし、思ひ務よ乙女たち、学び励めよ、乙女たち」[147]と、裁縫に関する知識が女性にとって必要不可欠であるとする。

こうした言説は、読者層が限定されていることから、ある一定の社会的背景が考慮されているという特徴がある。次の言説で見るように、読者層は都市の女性が中心であり、彼女たちの日常に対しての批判的なまなざしが読み込める。

耕さずして食ひ織らずして着るとは都人士の事か、別けて大都会の婦女子に至りては為すべきの余暇ありながら為すべからざる逸楽に悠々光陰を費し終生郎子の厄介となりて終り果つるもの多し之を田家の婦女子が少時より妙齢の頃に至るまで養蚕、紡績、染織、裁縫等の諸芸を熟練し、居りては自家の家政を扶け嫁しては郎家の経済を助くるに比し実に霄壌の差を見る[148]

諸芸に熟練した田家の女性と都市の女性を比較し、そこに大きな差異を見出そうとする。都市の女性に対する批判は、日常の家事労働が分業され、金銭によって代替できることから、自分の手で物を作り出さない女性を傲慢と考え、謙遜の意識を訴えるものである[149]。さらに、そうした謙虚さを持たない都市の上層の女性たちに対して痛烈な批判をする。

裁縫の技機織の術固より女子の本務にして亦以て家政の補助をせざる所以なり然れども今日の女子少しく普通の学を修め口に英語を弄し手に編物或はレースの枝術を知らは得々然揚呼々として自ら其位を高め貴女を気取り身には不似合なる洋服を着し喜んで夜会踏舞の席に至り醜態殆んと笑ふに堪へさるものあり其既に夫に嫁するに及ひては知らす学びたる学術果して何をか利するや家政整理の実務に暗く児童教育の本色を知らす唯日夕婢僕を叱咤して僅に余暇編物を弄するに止るのみ裁縫の技機織の術の如きは此を賤視して下劣の職業となし一も二も他人の手を籍りて自ら進んて取る所なく恰も芸娼妓が其の情人に見受けせられ新たに妾宅にかこわれ安楽を貪るものと何径庭あらんや[150]

そして、これらの手仕事が、あらゆる階層の女性にとって必要であるとされるのである[151]。

〈最も重要な「手芸」――「養蚕」〉

女性向け雑誌で取り上げる「手芸」の種類は少なくない。「工芸」「手芸」「技芸」といったタイトルで記事になっている場合が多いが、その内容は、裁縫、養蚕、紡績、刺繍、染織、造花、図案などが取り入れられている。具体的に手芸のテクニックについて説明する詳細なものもある一方、理念的なものも見られる。

種々の「手芸」が揚げられる中で、特に重要とされているのは「裁縫」と「養蚕」である。「裁縫」は「手芸」と区別して論じられる場合もあり、枠組みとして独立したものと考えることもできるが、「養蚕」は明らかに各種「手芸」の中に位置づけられるものであり、中でも特別に重要なものとされている。特に前述した一八九四（明治二七）年四月より始まった『家庭雑誌』の「手芸案内　養蚕術」という全九回の連載は、第一回で養蚕の必要性を論ずるところから、二回目以降、詳細な養蚕の技術に関する紹介が続いていく、本格的な養蚕テキストとなっている。その第一回の中で次のように書かれている。

「養蚕術は婦人手藝中の第一位に居るものなれば、東京の如き繁花熱閙の市街と雖も、山の手辺の一家数畝の庭園を有する家の主婦又は娘女子は手づから桑を植え自づから蚕を養ひ、手づから糸を製するの業を市井の婦女等が『カルタ』を弄し、閑話を為し、昼寝を貪るに比すれば是非善悪の別、豈に天地雲泥の差のみならん」[152]として、仮に都市に居住する女性であっても、家の庭に桑を植え、蚕を養い、自宅で製糸することが奨められる。

養蚕が「手芸」として重要なのは、「己が心の自由に任せず、自から其規則を践まざる可からず。眠ければとて、中夜燭をとりて蚕児に桑の葉を与ふることを遺る可からず、（中略）忍耐の功をも積まざる可からず、胡麻化しをも為す可からず」[153]という理由によるためであり、生き物を飼育するという特性上、やむなく忍耐を強いられ、気配りが必要とされることから、女性としての徳を育成することが可能であるためである。第2章で述べたように、養蚕は、育児の模倣させるための学習手段として位置づけることができる。つまり、ここで養蚕が重要とされることもまた、養蚕をすることで学ぶべき徳が、母として必要とされる徳だからであることがわかる。

それでは、なぜ「手芸」が重要であるのか。

〈精神性の獲得〉

本書で、繰り返し述べているように、手芸は女性の精神性と深く関わるものとして理解されている。下田歌子が「女子が美育は、先づ心の美より養ふべし。決して、形の美より養ふ可からず」[154]と述べるように、美的な行為として「手芸」は心の美を養うものとされる。「裁縫」や「手芸」をすることで、徳の涵養につながり、家政に必要とされる精神素養が得られるとされている。

子女教養上殊に諸徳を涵養するに恰当なる間接の学科は裁縫術にあり、(中略) 裁縫は固より一科の技術に相違なし、然れども其技術中に存する精神をば適当に発揮し、(中略) 何となれば裁縫術なるものは、頗る忍耐を要し、綿密を要し、節約を要し、清潔を要するの業務にして、衣服を裁縫するの際もし此等の諸徳の一たりとも欠ぐるとある時は、到底完全なる仕立物をなすこと能はざればなり、故に裁縫術には必ず家政上に必要なる此等の諸徳を履行実践せしめざるべからず[155]。

ここで「裁縫」について述べられているのは、その技術が単なる一つの技術であるだけでなく、女性が家政を行なううえでのあらゆる側面に必要不可欠な素養を身に付ける為に、「裁縫」が必要だからである。「忍耐」「綿密」「節約」「清潔」という素養がなければ「裁縫」ができず、逆にそれらの素養を裁縫をすることによって習得し、家政に生かしていくことが可能であるとしている。

「裁縫」についての語りが「忍耐」「綿密」「節約」「清潔」等の素養の習得である一方、美術的要素の強い手芸行為については、次のような言説がある。梶田錠次郎は、美術的素養を高めるために必要とされる「図案」の着目し、女性が「図案」を学ぶことで美的素養と精神性が育成されることを示す[156]。

図案を学びて養成されたる知力及び高尚優美なる理想となり、品性を陶冶し、理想よりして意志を誠実ならしめ、併せて審美的趣味を有たしむ。因つて総ての上に案出の力を得れば、学術技芸と相俟って、其応用は実に広いものである[157]。

工芸家である梶田ですら、その工芸技能の意義以上に、女性の場合はその修養から得られる精神性を重視するのであるから、女子教育家の場合はさらに精神性が強調された「美育」の語りとなっている。

下田は、手芸教育が技巧的かつ技能に偏向することに婦徳を損なう危険性を訴え、そうした「形の美育」ではなく「心の美育」を重視することを求める。

形の美育のみに走り、心の美育を疎かにするが故に、其技芸学問を修め得たる女子の、ややもすれば、浮華軽佻の徒となりて、遂に桃天の美徳を称せらるるものなく却りて、漢広の詩意に背くの悲境に陥ることを、希くば、世の女子が美育に留意せらるる人、余が蕪言を捨てられずば幸ひ、甚しからん[158]。

ここで注意しておきたいのは、「形の美育」と「心の美育」という、技能と精神性がまったく異なるものとして存在しているのではないという点である。たとえば、『女鑑』の「発刊の趣旨」において述べられているように、女子教育の一つの理想でもあった。

女鑑は、貞操節義なる日本女子の特性を啓発し、以て世の良妻賢母たるものを養成するを主旨とす。而して之に副ふるに、学芸、技巧の端緒を以てし、以て幹枝の両全を期せんとす。誠にこれ邦家進運の本源、功遠くして事大なり[159]。

「貞操節義なる日本女子の特性」（精神性）を根幹とし、「学芸、技巧」（技能）を枝葉として添える、つまり技能も精神性も単独で育成するものではなく、技能を学ぶことによりその根幹であるところの精神性を高めていくことを示している。

技能の習得が精神修養につながることを、最も端的に著しているのが次の言説であろう。

手工は、人をして規則立つ者とならしむ。手工は、人をして着実ならしむ。手工は、人をして正しくならしむ。手工は、人をして邪なる念を去らしむ。手工は、人をして其同胞に向て同感の情を深からしむ[160]。

つまり「手工」とは、人を「規則立」たせ、「着実」にし、「正しく」させるものであり、「邪念を去」らせ、同胞に「同感の情」を持たせるという、まさに人の精神のコントロールのために必要とされているのだといえよう。

〈母の役割〉

養蚕に母としての役割が意味づけられているのと同様に、より広範囲な手芸もまた母役割としての重要性が強調される。明治四二年一二月の『婦人之友』には、一般の女性からの投書として次のような記事が掲載されており、「手芸」をすることが母として不可欠なことであると示されている。

今年改めて裁縫の稽古、編物袋物細工ものなどを、暫くの間続けて稽古いたして見ましたが、少しの時間の巧みに利用の出来ること、また一家の経済のためにも、実に利益であるといふことをさとりました。袋もの細工ものなどは、少しの布と、あひ間あい間の時を用ひて、いろいろ拵へて置きますと、一寸した贈物に添えるのに大層重宝いたしますし、女の子などはよく布をほしがるものですが、唯やりましたはとかくに物を無駄にすることを教へるやうな訳になりますけれど、小さき人形などを買っておき、それに合はせて着物をたつてやり、自身に縫はせるとか、毛糸を欲しがる時には、一寸巾着の編み方でも教へてやるといふやうにいたし、且つ仕掛けたことは必ず中途でやめることのないやうに注意してやりますと、まづ少しの布でも利用して、物をむだにしないこと、また自分のこしらへたものは、どうしても大切に保存しますゆゑ、すべての物を丁寧に取扱う習慣と、手を器用にするといふやうな種々の利益があると思ひ、主婦たり母たる方々に手芸は実に必要なものとだとしりました[161]。

この投稿者によれば、「手芸」は家事労働の断片的な時間に出来ること、わずかな材料で制作が可能であること、贈答品に添えることができるなど、主婦にとって利点の多い手仕事であり、子どもを教育するうえでの効用があるとされる。たとえば、物を大切にすることや、物事をやり遂げる精神、手先を器用にすることなどを、母の手芸を見て子どもが学び取っていくことを大きな利点ととらえている。

〈家庭の幸福〉

また、「手芸」をすることによって、家庭が幸福になるというメッセージも繰り返される。

家内のうちに、時ならぬ浪風を起こすは、家内の人、無事に苦めばなり。其子女の動もすれば、不取締に赴くは、仕事なければなり。或は種々の悪風、家庭に流行し、或は不愉快の空気満ち、或は其心の平和を破り、或は其肉躰《ママ》の健康を傷ふもの、其原因多しと雖、遊惰なるより来らざるもの少し。遊惰は時の盗人と云へり、時の盗人のみならず、実に家庭間幸福の盗人也。之を除るには、是非勉強の家風を作らざる可からず。勉強の中にて最も著しきは、手工なり[162]。

この文章にあるように、女性が遊惰に陥ることは、家庭の悪風を作り出すため、「勉強の家風」を作るために最も有効なものが手工（手芸）であると述べている。さらに、「一言にて云えば、手工は、人をして其心にも其身躰《ママ》にも、健全を得、家庭をして平和幸福の天地とならしむ」[163]ものであるとし、家庭の幸福という大きな目標を手芸行為の前に掲げるのである。このように、家庭の主婦の態度が、一家の雰囲気を作り出すのに重要であるという認識に立ち、よりよい家庭環境を作るために、女性は時間を浪費せず、勤勉に手芸をすることが必要とされる。特に、高学歴の家庭の子女、また上流の子女に対して、次のように述べる。

殊に文明流の学問を為したる青年の子女、及び縉紳豪富の婦人等の如きは、手工に心を用ゆるは、良に大切と云ふべし。吾人は此等の家庭には、切めて一個の機織機械を備へ、其広き庭園には、切めて幾株の桑を植へ、成るべく其細君子女をして躬から此等の労に服せしめんことを希望す。是れ独り生活の為のみならず、実に家庭の幸福を増加し、其品位を揚るに於て、浅からぬ利益ありと信ず[164]。

ここでみるように、「手芸」は単に生活のためだけでなく、品位を上げ、家庭を幸福へと導く、そして少なくない「利益」があると論じられる。

〈経済的利益〉

この最後に述べられている「利益」は、控えめながらもしばしば取り上げられる手芸の効用である。「女子の職業としては、第一に裁縫、次に造花、刺繍、意匠図案といふ所で、これに依って一家を立てるといふことは困難であるが、辛うじて一身を立てることは出来る」[165]とあるように、「手芸」は基本的に家庭内で制作・消費されるものではあるが、確実に手先のテクニックを要するものである。それは物を作り出す技能ではあるが、生活の手段として使うことはあらかじめ考慮されてはいない。しかし、「手芸」の担い手が収入を持たない家庭の主婦であり、さらに「母」であること、もしくは「母」となることが前提としてあるため、万一の場合わずかばかりでも収入の用意があるという周到さが、善き主婦の証でもあったのだといえよう。

さらに次のような経済効果をあげている。

女子が技芸を修めるのは何も独立するが為の用意計りではない、常に家庭の上で一家の主婦となってゐれば、家族一切の裁縫は云ふ迄もなく、一寸したものが刺繍を半襟に応用して見たり、造花や摘細工で室内を装飾して夫の目を悦ばせたり、小児服を作ったり、改良服を試みたりして主婦としての腕前を遺憾なく現はすことが出来る、自分に技芸の心得がないばかりに高い値を費すのみならず、近来のやうなすべてに装飾に心を用ゆる世の中では、第一その道を知らねば交際場裏に立っても、肩身が狭い道理です[166]。

手芸は独立のためだけの技能ではなく、家庭内の物を手作りし、家族を癒し、それが節約にもつながることから、主婦の家庭への経済的貢献として奨励された。

〈慰めとしての手芸〉

家庭内にいることが理想とされる主婦にとって、「手芸」はその心を癒すものであるという論も見られる。たとえば、「絵画の如き（略）独り家庭諧和の具たるべきのみならず、自ら其心身を慰むべきものなる」[167]とあるように、女性自らの心身を慰める機能を持つ。

元来本邦の女子が、其の手芸として研究し来りしものは、主として裁縫の一科に属し、其の傍、少しずつ刺繍、或は押絵等を学ぶもありしが、是等は女子全体の上より云へば、極めて少数にて、殊に是等を学ぶの輩は、稍資材ある家の女子に限られたるが如くにして、申さば一の慰み稽古の如くなり[168]。

生活の必需品を制作する「裁縫」とは異なり、「手芸」とくに装飾的な側面を持つ「手芸」は、中上流階級の女性たちに限定された手仕事として認知されており、彼女たちにとって無駄な時間を弄せず、主婦として勤勉な生活を送ることと同時に、装飾的な小物を制作する行為によって、自らの心を慰めているのだと考えられている。

このように「手芸」は女性に必要なものであるというだけでなく、女性に適した手仕事であるととらえられている。

最も女性に適した職業　女子の職業としては、手芸は最も適したものであらうと考へます。女性は天性優しく生まれついて居るから、それに相応した優美な花を拵えたり、鳥を繍したり編んだりする事は、綿密な性質と相待って最も女子に適当な仕事であらうと思ひます。女性は一つ事にいつ迄も飽かぬ性質を持って居て、例へば日に三度の食事の賄の如き男子には兎ても永く続けて出来ないことを平気でやる、然しまだ今日の我国の状態では女子は、不生産的であって、金儲する事は恥辱の様に考へてゐるが、中流以上の婦人方は比較的暇があらうと思ひます[169]。

女性の国家における非生産性、また単純労働に適した性質、綿密な性質、そして就労していないことから暇な時間を有していることを理由としてあげ、女性にとって「手芸」が適した職業であると位置づける。

以上のように、女性向け雑誌における「手芸」奨励の言説では、次の点からその効用が説明されていることがわかる。まず、第一に「手芸」をすることによって、女性としての徳つまり「婦徳」の育成が可能であるということ。第二に、「手芸」が母としての役割として重要であること。第三に、女性が「手芸」をすることは、家庭に幸福をもたらし、健全な家風を作り出すこと。第四に、家庭内で手作りすることにより節約につながり、また万一の場合それが家計を支える技能となるという、経済的利益。第五として、「手芸」をする行為が、女性自身にとってその心身を慰める機能を持つこと。

この五つの「手芸」の効用は、女性雑誌が限定された中上流階層の女性読者に対して、「手芸」をすることを奨める上での根拠として示されるものであり、女性の読者たちが手仕事を始めるための動機付けとなる可能性を持つものだといってよいだろう。

3 展示される「手芸」——博覧会・展示会・品評会

「手芸」を奨励していくシステムとして、博覧会や展示会、品評会など展覧の場もまた重要な役割を果たしていた。「手芸」とは、そもそもきわめて家庭的なものであり、家庭内で制作されるという性質上、展示の場はごく小規模なものであった。またその工芸的価値を重んじた場合には、国家規模の展示の場が与えられることもあったが、「手芸」の展示の場は基本的に作り手と観覧者の両方が女性であることを前提として構成されてきた。多くの場合、その展示品の評価を下す立場の人間も女性であり、「手芸」の技術を通して女性が階層化される「場」であったといえる。記録に残らないものもおそらくは多かったと思うが、手芸の品評会について、記録にあるものだけでもふれておきたい。また、それらの最大の評価軸が何であるのか、それを考察していこう。

〈女学校における内覧会〉

「手芸」品の展示の場で、最も小規模で、かつ専門性の高く、アマチュアに限定されているものが女学校内での内覧会であった。たとえば共立女子職業学校は、主として手芸・裁縫を専門的に学ぶ学校であり、学年に応じた難度の手芸技術を学ぶシステムができていた。生徒の授業作品の中から優秀なものを選び出し、学校内に展示場を設置し内覧するシステムである。観覧者は、基本的に生徒の保護者などであるが、次に見る記事にあるように、しばしば皇族を招待し、展覧させるというイベントが催されたことがわかる[170]。

共立女子職業学校を行啓した皇后は、生徒の作品を手に取り校長らから説明を聞いたとされる。そして、記事には「三年生神たき子、内藤かち子、那須しん子の画きたる東焼の皿八枚、小関くま子、田口よし子、小沢のぶ子、鈴木つる子、篠崎よし子、堀口ふく子、吉野けむ子、石川みゑ子の造花五個（花籠二個、鉢植三個）薔薇の花簪三十本を御買上げになりたり」[171]とある。

こうした女学校内での展示会では、各々の生徒が自分の制作品の中から良い物を選び、さらにすべての生徒作品の中から優秀な作品を選び出し、学校の威信をかけて展示された。皇后は展示作品の中から特に優秀な作品を「買い上げ」ることにより、その作品を高く評価したものとされ、金額的には小額でも「買い上げ」の栄誉はその学生の最高の誇りとして残る仕組みになっている。さらに、この記事のように、「買い上げ」られた制作者は、雑誌の記事に名前を掲載され、その栄誉はより高まった。このように、皇室・皇族（ここでは皇后）による権威付けは、「手芸」奨励策の通例であった。

一九〇五（明治三八）年四月一日から三日まで学校内で開催された東京裁縫女学校（もと渡邊《ママ》裁縫女学校）の成績品展覧会では、同じく学年別に運針など初歩の技術から複雑な衣類・生活用品までを幅広く展示したとされる。

第一陳列場　普通一年生　運針、帯、袴、妻形雛形の衣類、刺繍等

第二陳列場　妻形、羽織、袴、単衣物、袷、綿入、雛形夜具、布団、蚊帳、菊型の肘付、鯛、蛤などの縫い物、改良服、等

第三陳列場　古代服、中世から徳川幕府に至るまでの衣服の雛形、等
朝鮮服、支那服等も展示

記者は、「実に立派で、その進歩の速いのには驚かざるを得ませんでしたが、概して申しますれば、同校の製品は割合に目立ちて佳良に、二年三年の修業を積んだ上級生の成績品は其の進歩のさまも著るしく良好なることは申すまでもありませんでした」[172]との感想を付している。

東京裁縫女学校のように大きな特集記事として扱われる場合、学校の宣伝にもなりえた重要なメディアであったと考えられる。実際の作品を見ることができずとも、その学校で「何が作れるのか」がわかれば、その裁縫の技能のレベルは自ずと知ることができ、同校の生徒たちの水準をはかることができる。

京都でも、同様の展覧会が開催されている。京都淑女学校では、次のような催しがあり、記事になっている。

京都淑女学校内の同会大会は去る三日天長節の式後に挙行せり（中略）三日四日の両日は同校生徒の制作品展覧会を開き出品は習字、図画、作文、詠歌、押絵、編物、造花、挿花等千五百余点を陳列し（中略）来賓中大森京都府知事夫人は生徒の成績優良なるを賞し同校へ金一封、校長へ菓子一折を贈られたりといふ[173]

以上のように、女学校や女子の職業学校では、学園祭のようなイベントの中で、生徒の作品を展示し、展覧に供している。こうした展覧会は、第一に高度な技能を身に付けられる学校であることを宣伝する場であり、第二にそうした生徒達とその作品を紹介する場でもある。第三に、質の高い人材を育成することで学校の社会的な貢献が示されている場でもある。

〈女子工芸奨励会の結成〉

さらに、学校という場を離れても、「手芸」は展示され奨励され続けた。

一八九四（明治二七）年、女性の工芸制作を奨励すべきとして、「女子工芸奨励会」が設立されている。同会は小野信夫を中心に日本の女子の工芸を奨励する事を目的として設立され、その趣意書には次のように書かれている[174]。

「女子に工芸を授けて各々の家計を助け又その独立を保ち延て国家に益するの急務」であるとし、女子の工芸制作の目的を、「家」と「国家」に帰するものと位置づける。しかし、続けて、現在の状況は見るに耐えないもので、工芸教育が「上流」に偏向し「下流」には及んでいないことを指摘し、「女子工芸の奨励の最も必要なるは実に一般多数の女子にあり」としている。ここでいう「工芸」とは、まさに「手芸」であり、女性の手仕事の中でも特に上流に偏向している分野、つまり生活の必需品とはいえないような装飾的な手仕事をさしている。

こうした手芸・工芸品の展示・奨励会では、皇后・皇族女性・華族女性を招き権威と正当性を強調する場合も多々ある。たとえば、大日本婦人会では、コロンブス大博覧会への出品を企画・準備期間中の二月半ばに芝離宮内にて作品を陳列するイベントを開催している。その際、皇后が二〇日芝離宮を訪れ、作品を見たとされる。記事には、「こたびの行幸もまた、婦人の工芸を奨励給はむの大御心に坐しますこと、申すも更なる御事なるべし。世の女等、その大御心を体し奉りて、勤めいそしむことをな、うち忘れそよ」[175]とあり、女性の工芸・手芸領域の振興に対して、皇族のバックアップがあったことがわかる。皇后が女性を中心とするグループの主催する工芸品の展示を見ることによって、皇后自身が「手芸」をせずとも、女性による工芸・「手芸」を奨励していることが明確に示されている。そして、皇后のバックアップがあることで、「手芸」は権威付けられた女性の行ないとなり、理想的な女性の規範となっていくのである。

〈婦人手芸品博覧会〉

こうした皇室を背景に置いた「手芸」奨励のシステムの詳しい組織を示した事例が、「婦人手芸品博覧会の出品奨励」[176]の記事である。

京都の婦人手芸品博覧会事務所では、「婦人の手芸を奨励すべき趣旨を談話」し、多方面に博覧会への出品奨励に賛同を求めていくこととなった。その対象となったのが、「同市内各組合組長」や、「頭取ならび五二会各種部長」であり、博覧会幹事はこのうち数名と談話し、約束を取り付ける。彼等地域の有力者を招待することで、博覧会事業は経済的にも政治的にも承認されたことを意味する。

図32　共立女子職業学校、ローマ博出品作品の制作。『共立女子学園百年史』。

また博覧会の名誉総裁には、皇族の妃を推薦し、会長、副会長、名誉員には各華族婦人に嘱託すること、また会務総長には三井八次郎他評議員などを揃えることまで企画されている。さらに、参考品として出品する押絵・剪綵は三井家、清水平兵衛、西村妙慶等の出品を約束させている。名誉職には皇族、華族の女性をおき、評議員として三井家をはじめ経済界の支援を得て、さらに開催地京都の市内の組合組織を使って出品作品を集めていくという構図である。

この記事の二カ月後には、これらの計画を受けて実際に奨励策が機能し始めた様子が次のように書かれている。

京都博覧協会の催にて、来る四月十一日より、御園内博覧協会内に開設する全国婦人手芸共進会にては、既に其製品募集に着手し、先づ全国各高等女学校、其他女子教育をなしつつある各学校家塾に宛てて、出品を奨励せんこととし、是等各学校生徒の出品を基礎とし、尚ほ其他、一般婦女子の工芸品、若くは自家職業製品等をも陳列せん筈なり。右に就き、京都府高等女学校にては、来る四月八日、同窓会即はち鴨汀会を催し、同校の卒業生及び生徒の手芸品を集めて出品せん見込なるよし[177]。

〈万国博覧会への出品〉

国内における展示だけでなく、女性の「手芸」は、明治末から大正期にかけて、海外の博覧会にも積極的に出品されるようになっていった。たとえば、共立女子職業学校では、幾度か海外の博覧会に出品し、評価を得ている[178]。

共立女子職業学校は、一九〇四（明治三七）年一月 米国セントルイス万国博覧会に各科制作品および教授要旨一覧表を出品し、最優秀大賞牌を受ける。また、一九一〇（明治四三）年五月、日英大博覧会に各科の制作品および一覧表などを出品、名誉大賞を受け、また造花出品に対しては、特に英国園芸協会より銀製大杯を受けている。さらに、一九二四（大正一三）年末から一九二五（大正一四）年にかけて、ローマ法王庁ヴァチカン宮殿において開かれた万国布教博覧会に、裁縫科から大和人形（男女に衣装をつけたもの）、また造花科から大花篭、刺繍科からけし額面を出品し、銀牌有効賞を獲得している（図32）。同年一月には、仏国パリ現代装飾品および工芸品万国博覧会に出品、金杯賞を受ける。一九二九（昭和四）年四月には、ベルギー国独立百年記念万国博覧会に出品し大賞を受けている。

また、私立女子美術学校も一九一四（大正三）年三月に開催された大正博覧会に生徒の作品を出品し（図33）、その際皇后に作品を献上している（図34）。また、同年一一月にはパナマ・パシフィック国際博覧会にの作品を出品してい

図33 「大正博覧会出品作品」女子美術学校卒業アルバム、1915年、女子美術大学同窓会蔵。

図34 「大正博覧会ノ際　皇后陛下に献上したる成品」女子美術大学同窓会蔵。

図36 「パナマ・パシフィック国際博覧会造花科出品作品」女子美術大学同窓会蔵。

図35 「パナマ・パシフィック国際博覧会裁縫科出品作品」女子美術大学同窓会蔵。

図37 「パナマ・パシフィック国際博覧会編物科出品作品」女子美術大学同窓会蔵。

る。図35は裁縫科の出品作品、図36は造花科出品作品、図37は編物科出品作品である。女子美術学校の一九一五年の卒業アルバムには、当時の出品作品を制作している光景も残されている[179]（図38　裁縫科、図39　造花科、それぞれパナマ・パシフィック国際博覧会へ出品する作品の制作風景）。

　以上のように、女子専門教育機関は、専門的な作品を海外の博覧会等に出品し続け、一定の評価を受けていた。

　吉見俊哉氏によれば、近代の博覧会は、大衆の娯楽的な見世物であると同時に、帝国主義のプロパガンダ装置という役割を担い、近代日本は自らそれを演出してきた[180]。近代的産業の確立に伴なう大規模大量生産は、膨大なモノの展示という形によって、国力を他国に示す格好の材料となっていた。

　しかしながら、博覧会という場において、「手芸」作品は近代的産業形態から生み出されたものとして展示されたのではない。それが

図 38 「裁縫科出品製作の作業」女子美術大学同窓会蔵。

図 39 「造花科出品製作の作業」女子美術大学同窓会蔵。

あくまで手仕事であり、伝統を有するものであり、そして高度な技術の結集であることが示されている。そして、シカゴ万博において設置された「女性館」のように、「女性」という枠組みによって各国の手芸作品が結び付けられ、同列に展示され、女性的な表象によって取り囲まれた空間を作り上げるという現象に収斂される[181]。

「女性館」として枠取りされ、各国の女性の作品を並べることによって、自国の「女性」の生産性を示し、同時に他国の「女性」の生産性を消費していく。「女性館」に並べられることにより、手芸品はすでに単なるモノではなくなり、「女性」というファクターを通してのみ価値を持ち得る女性性の表象となっていく。

少なくとも日本の場合、これまで論じてきたように、女性の手仕事につきまとう「婦徳」の観念によって、出品作品が製作者の高い徳を反映していることは明らかであり、海外の博覧会に出品されることが国家により了承された、「婦徳」を備えた作品であったと考えられる。

4　近代日本の手芸奨励システムとジェンダー

以上、見てきたように、近代日本において「手芸」を奨励するシステムは大きく三つに分けられる。第一に学校教育を基盤とするもの。第二に、女性向け雑誌メディアによるもの。第三に手芸の評価システムも含む博覧会や展示会などの発表の場の設置とそれに関する報道によるものである。

第一の奨励策は、学校という場において「手芸」の実地訓練を行ない、技能の向上をめざすものであり、女性集団に対して画一的に手芸を教えていくものである。また、第二の奨励策は、限定された読者集団ではあるが、「手芸」を為すべきとされた一定の階層に対して手芸の意義を説き、その効用を教え諭していく機能を持つ。そして第三の奨励策は、国家と地域有力者をその背景にしながら、規模の大きい展示の場を作り出していくものであった。ここでは、手芸作品は評価のシステムにのせられ価値付けられることにより、観覧者に対してより高度なテクニックを示すとともに出品者の制作を讃える場が設定されている。

しかし、こうした高い評価は必ずしも専門職業としての確立や、職人として女性が自立できる可能性を示すものではない。高い専門性や職業意識は、そもそも女性に求められてはいなかった。それは、これまで見てきた手芸奨励の言説から考えるならば明らかであろう。手芸はあくまで家庭の中で家族のために行なうものである。展示の場に引き出された高度な作品は、商品として出品されているのではない。手芸作品は、制作者の女性がその作品を作るために費やした時間と労力、そして蓄積された技能の高さが評価の対象となるのである。

「手芸」は幼少期から学校教育の中で体系的に学ぶものとされ、家庭内にいても雑誌メディアによって情報がもたらされ、より積極的に関わろうとすれば展示の場が用意されていた。女性の社会集団がいかなる場においても、育成と啓蒙、そして評価という形で関わり、すべての女性が「手芸」へと導かれたのだといえよう。

明治期の「手芸」は、主に女子教育の中で、また家庭の主婦を対象として奨励され、あらゆる女性が手芸をすることが推進されていった。「手芸」は、「工芸」とは別の体系に置かれ、美術のヒエラルキーの外に位置づけられた。それが、ひとえにジェンダーに起因することは、これまで述べてきた通りである。

明治期の「手芸」奨励策の担い手は、女子教育関係者であった。教育機関での奨励はもちろん、雑誌メディアにおいてもその書き手は、主に女子教育者たちであり、そして、展示の場のセッティングや作品の選考も女子教育関係者によって行なわれていた。つまり、「手芸」奨励のイデオローグとなったのは、女子教育に関わる教育者たちであり、「手芸」とは女性の教育において重要なものであったことがわかる。

そのため、明治期の手芸教育を通じて、またメディアのディスクールを通じて、「手芸」は常に作り出されたモノ以上に、その制作過程が重視され、モノとしての価値以上に、作り手の精神陶冶の効果が重視されてきた。しかしながら、「手芸」とは、あくまでモノを作り出す行為である。その点において、工芸領域と切り離すことのできない手仕事であり、創造的行為であることは紛れもない事実である。

実際に、明治末から大正期にかけて、「手芸」と「工芸」の関係性に一定の変化が見られ、「手芸」は「工芸」の下に位置づけられ、簡易な手工芸であるとする認識が生み出される。

〈藤井達吉の「手芸」との関わり〉

日本の工芸が近代社会に受け入れられ、西欧など世界に通用するためには、新しい素材、技術を採り入れるとともに、デザインの改良が緊急で重要なものだということは、すでに明治の初めから各方面から言及されていた。そのために、一八七三（明治六）年のウィーン万博への大規模な参加をはじめ、一九〇〇（明治三三）年のパリ万博は、ジャポニズムとアール・ヌーヴォーの最盛期にあたり、工芸への世界の視線が注目され、日本からも工芸品が出品され、また黒田清輝や浅井忠[182]らがパリへ赴いている[183]。また、ロンドン留学中の夏目漱石も、同時期にパリを訪れ、ラファエル前派やアール・ヌーヴォーの資料を持ち帰ったとされている[184]。

万国博覧会文化によって共有された世界規模の工芸デザインの隆盛は、日本においても近代国家への脱皮を図るための新たなデザインの開発や、産業との未分離性の克服という形で、大正期の工芸デザインへと引き継がれていくものであった。

多くの工芸家が新しいデザインを生み出していったが、ここでは藤井達吉という一人の工芸家に注目したい。藤井達吉は、愛知県に生まれ、名古屋の服部七宝店などで働いた後に、一九〇五（明治三八）年、東京に出て美術家として立っていこうと決意する。その契機となったのが、一九〇四（明治三七）年のアメリカ、セントルイス万博に出かけ、多くの新しい思想、様式を実際に見たことであると思われる。藤井は、美術学校に進むことを希望したが、父親の反対で断念し、上京後、経済的に困難な中、バーナード・リーチを尋ねたり、工芸家以外の人々と交遊を広げ、工芸を学んだとされる。明治末頃には、日本画、彫刻、工芸などを網羅した総合美術団体・日本美術協会や画家、彫刻家、図案家と工芸家が協力して工芸の発展を図ろうとする研究団体・吾楽の会員になっており、すでに作家として認められていたことがうかがわれる。また明治末ころから洋画家、彫刻家らとも積極的に交流を行い、一九一二（大正元）年にフュウザン会の創立会員となった。

また、高村光太郎の始めた画廊の展覧会にはずっと出品を続け、一九二〇（大正九）年以降は何度か個展も開いている。また一九一九（大正八）年に結成された装飾美術家協会にも参加して精力的に活動したとされる[185]。

藤井の活動の中で、特に注目したいのは、家庭の主婦を対象とした手芸などの講習会、出版活動、展示会などへの積極的なかかわりであり、たとえば、雑誌『主婦之友』に手芸製作法を連載したほか、「家庭手芸品展覧会」を開催し、審査に当たるなど普及に努めていた点である。

〈ウィリアム・モリス工房におけるジェンダー〉

藤井の「手芸」への強い関わりに限らず、工芸家による「手芸」領域へのアプローチは少なからずあった。しかしながら、デザインを提供する工芸家と実際に手芸を行なう女性という役割の分業は固定化され、その役割は対等なものではなく創造的な仕事は男性工芸家、創造性を必要としない単純な手仕事は女性労働者が行なうという明確なヒエラルキーにもとづくものであった。

その、典型的なあり方を、一九世紀の工芸デザインをリードしていたイギリスのデザイナーであるウィリアム・モリスの工房に見ることができる。モリスに関しては、膨大な著作があり、ここでは詳述を避けるが、一九世紀の欧米において、テキスタイルは収集家の収集物であると同時に、近代デザインの源流となる素材として、きわめて重要視され、英国のテキスタイル生産において最も重要な人物として位置づけることができる[186]。

ウィリアム・モリスは一八三四年にヴィクトリア朝イギリスの裕福な家庭に生まれ、オックスフォードのエクセター学寮での勉強を終えた後、本来宗教界に入る予定であったが、一八五六年、建築家ジョージ・エドマンド・ストリートのオックスフォードにおける事務所に入り、同年、ストリートの事務所がロンドンに移転したのを機に建築家の夢を棄て、工芸家の道を歩み始める。

モリスは、テキスタイル・デザイナーとして刺繍技術の習得に熱心であり、そのために多くの努力を払ったとされ、最初の刺繍作品は一八五七年制作の小鳥と果樹のデザインの繰り返しのものであり、その上部にはモリスのモットーであった「もしも私に出来るなら」という文字が表された。この作品はモリスが独力で制作したことが知られている唯一の刺繍である[187]。それ以降、モリスの作品は、彼自身がデザインをし、その図案をモリスの周囲にいた女性たちが刺繍をすることで完成され、モリスの作品として販売された。

たとえば、最も手近にいて、この仕事をさせられた「レッド・ライオン・メアリ」という娘は、おとなしい性質の女性で、モリスの命を受けてこの仕事をするようになったとされる。しばしば彼女は、自分の刺繍枠を工房に持参するように言われ、モリスの指示に従って刺繍をした[188]。つまり、モリスのあらゆる指示に従い、工房ではなく彼女の家庭において制作され、工房に持参するという「内職」であり、家庭内労働として刺繍が行なわれていたことがわかる。

また、モリスは、彼の有名な「赤い家」の室内装飾に取り掛かる際に、妻ジェーンとその妹のエリザベス・バーデンに、ウール刺繍の技法を伝授し、この家のための二点の刺繍作品の制作を計画した[189]。モリスの妻ジェーンは、「絶妙なお針子」[190]と呼ばれ、高い技術を有していたことで知られている。モリスの仲間であったエドワード・バーン＝ジョーンズもまた、一八六三年に、刺繍の制作を、妻のジョージアーナと親戚の女性たちやラスキンの友人であったベル嬢が経営するチェシャイアのウイニントン・ホールにある女学校の生徒たちに頼むつもりであったとされる[191]。

当時のイギリスの手工芸運動を先導した男性デザイナーたちは、自らは図案を考案し、実際の制作は身内の女性たちが担当するという明確な役割分担を行なっていた。リンダ・バリーはその著書において、「モリスの友人たちは、モリス夫妻の住んでいた「赤い家」にしばしば宿泊した。そうして女性たちは刺繍をし、男性の場合は絵をかいたりローン・ボーリングに興じたりした」[192]として、同時代の男性知識人たちが作り上げた共同体において、その妻や娘という女性たちが共同体の末端に位置づけられ、男性の創造活動に手仕事を供する形で貢献してきたことを指摘する。

モリス商会のために刺繍をした女性たちの数は、一八六〇年代の「赤い家」の仕事に関わった友人や親戚たちのこじんまりしたグループといったものから、一八七〇年代半ばまでには、かなりの数にふくらんでいた。モリスの妻だけでなく、娘のメイとジェニーもまた、幼い頃から刺繍を始めており、七・八歳になったばかりの頃から、タペストリーの仕事を手伝っていたことで知られている[193]。

こうしたモリスの制作過程における女性労働力の位置づけは、モリスの作品の評価に決定的なダメージを与えるものではない。しかし、留意しておきたいのは、モリスが多くの講演や文章で示した手工芸の機械生産に対する優位性は、一人の職人による統一された生産と労働を意味し、小野二郎氏が指摘するように、産業革命によって分断された人間の労働こそが、モリスの主張するところの本質であると思われる[194]。一人の職人がデザイナーであり工芸家であることが求められていると理解できよう。

そうであるならば、モリスの理論と実践には大きな矛盾があり、その矛盾はデザイナーと職人の分離であり、そこにはデザインという「自由と創造」の場と手仕事という機械生産以上に「単調と反復」の強調された場の乖離であると言えよう[195]。そして、刺繍に関していうならば、「自由と創造」は男性に、そして「単調と反復」は女性に分離され、その女性たちの単純労働は歴史的には無名のものとなり、彼女たちの労働の成果は男性の作品として歴史に名を残すことになっていく。

〈**藤井の手芸奨励とメディア**〉

さて藤井に話しを戻そう。

藤井達吉は、当時の多くの工芸が陥っていた現実生活とは遊離した「何を表現しようといふのではない。タガネを打つことそれ自身が芸術だと思って居る人がありはしないか」[196]という技術抹消主義、つまり単に技術の高さを誇るような、技術のための技術を駆使する工芸を否定したとされる[197]。さらに、「作品は作り手の自由な考えを反映するものでなければならない。いわゆる図案は他の人に任せ、技術的な制作のみ行うような工芸家ではなく、自分の考え、感覚を表現する工芸を主張した」[198]とされ、図案を軽視する工芸技能者と、技能にのみ価値を見出すことに批判をしている。

前述したように、藤井の活動において「手芸」と大きく関わる点は、婦人雑誌上における手芸記事の連載を中心とする手芸奨励であるが、それらの記事の中で藤井は、読者である家庭の女性たちに適するさまざまな手芸を紹介していった。それらの連載を単行本の手芸テキストとして出版した『家庭手芸品の製作法』には、藤井の手芸奨励の意図が次のように説明されている。

私は、私の説く家庭の小芸術などは、実行さへすれば誰にもでき得るものだといふ深い確信を得ました。その当時、それに対してある感想を書いてみたいと思ひましたが、ついそのままになりました。ともあれ、お互いに興味と熱心さへあれば、それは必ずできるものだと思つてをります。それでこの出版も、要するに、皆様のうちなる芸術をひき出す一つの手引草ともなり得れば、この上ない喜びだと思ひます。それからは、各自の与へられた天分によつて、それぞれ発達されてゆくことと信じます[199]。

つまり、藤井は家庭内における手芸を、興味と熱心ささえあれば誰にでも出来るものととらえている。さらに、次のように連載記事の中でも記している。

芸術といへば一種独特のもので、芸術家は非常に高い理想にのみ生き、芸術品は普通の人間には企て及ばぬものかのやうに考へてゐる人があります。固より立派な芸術は天才の創造でありますが、芸術そのものはもともと人間の実生活即ち家庭生活から、縁も由縁もない天と地ほども懸け離れてゐるものではありません。もし人がほんとうに自然を愛し雲の形にも木の葉の恰好にも、或は動物の姿勢に對しても、真に打開いた懐しい心をもつて見るならば、そこに自然と自分との間に云ふべからざる情趣が流れて来る。これが即ち芸術の芽生で、この心をもつて周囲を見てゆけば、だんだんと自分の生活の中に芸術を取り入れることが出来ると思ひます[200]。

家庭の中に芸術的要素を取り込むこと、それを藤井は読者である女性に求めている。しかしながら、藤井が女性に求めた芸術とは、あくまで素人の出来る範囲のものであり、「すべて家庭芸術つまり素人の細工は、技巧を弄せぬところに面白味がある」[201]とし、「技巧といふものは或る程度までは必要ですが技巧そのものが芸術の真随ではないのでありますから、殊に家庭芸術などはその心持をもつて、技巧に囚はれないやうにした方がよいと思ひます」[202]と、高度な技術の否定と、その素人的な技巧の拙さこそが家庭芸術の真髄であると奨励する。

藤井の主張は一貫して技巧的難易度の不問と、簡易さ、簡便さに尽くされている。藤井は、「私の唱道する家庭芸術は即ちそれで、(中略)極めて自由にあらく繍つてよいのですから、無論少しも刺繍の心得がなくても誰にでも容易に出来るのであります」[203]というように、「その無造作なうちに現はれる雅致と趣味は、徒らに技巧をこらした高価な工芸品よりも、すぐれて高い芸術味をもつ」[204]とされ、こうした家庭内の簡易な手芸制作が「私真の人間の幸福な生活は、各自の家庭の美的生活に始まるものであると信じてゐる」[205]と述べる。

藤井達吉は、一人の制作者が一貫して作品制作に携わる必要性を説くことと、また、家庭内において主婦が簡易な手芸を行なうことによって家庭生活を幸福へと導くことを唱導した。しかしながら、藤井もまた自らの理念と実践に大きな矛盾が生じていることに無自覚であったといわざるを得ない。

藤井の『主婦之友』誌への長期にわたる連載は、近代の雑誌メディアの普及によって可能になったきわめて近代的な事象であるととらえられる。これまで取り上げた多くの手芸テキストと同様、読者の性別が特定され、さらに一定の階層の読者が想定される雑誌メディアは、一人の著者の意図が膨大な読者に共有される一人対多数、かつ一方通行であることが前提の媒体である。藤井が描いた図案や、藤井の制作した作品が雑誌に掲載されることによって、藤井の図案や技法、さらにはイメージが普及し、家庭において女性たちはそれらを手本として手芸制作を行なうことになる。

工芸家が集まるグループではなく、不特定の女性たちに指導的な立場から発信されるメッセージは、藤井が批判し続けた図案(モリスの「自由と創造」)と手仕事(「単調と反復」)がメディアを通じて分断するものである。特に、藤井が述べるように、家庭の女性たちが「簡易に」「簡単に」家庭において手芸制作をするならば、藤井の創造性によって示された図案を、家庭内を装飾するために、また家事の合間の暇な時間を消費するために、手仕事という単調な反復労働に従事するに過ぎないはずである。

以上のような、図案と手仕事の階層性と分離は、大局的にはデザイナーと職人という図式で表出するが、そこにはきわめてジェンダー的な因子が含まれている。特に、工芸家によって「工芸」の末端に位置づけられた「手芸」は、女性労働という歴史を持ち女性が高い技能を有することから、女性を技能者の立場に専従させるとともに、男性工芸家がデザインを提供し、「自由と創造」を占有することが構造化されていくのである。

この問題は、より広範な分析が必要であり、本書では簡単にふれることしかできないが、たとえば、東京美術学校が図案科を有するのに対して、私立女子美術学校では刺繡科をはじめとする「手芸」学科が設置され、両者の存在が美術を志す学生をジェンダーによって分断するだけでなく、学ぶべき学科の編制もまたジェンダーによって作り出されていることも、きわめて重要な問題であると考える。今後の課題として問題を提起するのみにとどめるが、これらの事象は、女性の手芸を、あくまで創造的活動とみなさず、女性を手仕事の領域にとどめておくことが、家父長制社会において重要であり続けたことの傍証ともなり得るものと考えてよいだろう。

5 明治期における手芸とジェンダー

「手芸」とは、すべての女性が普遍的に担うべきものとみなされた手仕事、制作、作品を指す。手芸行為は、基本的に家庭内で行なわれ、家庭内で使用され、消耗されていくモノを創る行為である。

すべての女性が担うことを前提としているため、「手芸」は基本的にアマチュアの手仕事であり、家庭や家族のために制作をするものである。しかし、日本近代の手芸品は、海外への輸出品として需要があり、また内職などによって手芸的な労働も行なわれていたため、商品価値がないわけではなかった。にもかかわらずアマチュアの手仕事であるとするのは、「手芸」をするということの最も理想的な状態こそが、アマチュアで、家庭内にすべて還元されることに大きな意味があったためである。

「手芸」の主たる担い手である女性の階層は、女性向け雑誌の分析、また女学校教育の分析などからも明らかなように中・上流階級の女性たちであり、基本的に就労の必要のない環境に置かれた女性たちである。女性が労働をすることを卑しいものと考える一方で、遊惰な生活をすることに対しても批判的で、この階層の女性たちは、とにかく「何か」をしていなければならなかったわけである。「手芸」とはまさにそれに適した「仕事」であった。

ポロックとパーカーは、こうした手芸と女性の関係を見事にいいあて、次のように述べている。

女性の生まれながらの謙譲と、男性が女性に示すやさしさのおかげで、女性は公的な仕事を免除され、果物や花を写生することでひまつぶしをしているが、そんなか弱い女性にとって、刺繍はなんと喜ばしい趣味であろう。……立派な女性を刺繍という道楽に没頭させておくのがよろしいもうひとつの理由は、噂話にふけったり、ティー・パーティーの常連だったり、といったあらゆる無駄で無意味な生活から女性を遠ざけておけるからだ[206]。

ポロックとパーカーが述べているのは、西欧における手工芸についてであるが、この構造は基本的に日本と変らないことがよくわかる。ポロックとパーカーは、さらに、こうした刺繍とは「女が家庭と家族への愛のために刺繍をして過ごすことは、たゆまぬ努力と無私の献身、そしてみごとなまでの質実さといった家庭道徳の象徴であ」[207]り、その制作品が、決して商品として流通するのではなく、家族の為にのみ用いられると述べる。そして、経済的に何の見返りもない手仕事に妻を従事させ続けることこそが、社会的に地位を得て、高い経済力を有した階層の男性にとって、自らの力を誇示する格好のアクションであった。

本章を通じて、明治期の「手芸」について次の点を確認することができる。

第一に、「手芸」は広く女性による手仕事・手業を総称する語であり、女子教育制度の整備とともに現れる近代的な「手芸」も、女性がなすことを前提として確立された。それは、「女紅」「女功」と同義に用いられ、またより広い範囲をさす「技芸」とほぼ同義でありながらも、その中で手指を使う技術を特にさす傾向にある。そして、「工芸」と「手芸」とは、上位・下位を示す概念ではなく、基本的に担い手のジェンダーによって峻別され、ジェンダーの構造によってヒエラルキーが作り出されたと考えられる。

第二に、膨大な手芸テキストの出版は、「手芸」を広く普及させ、「手芸」を通して女性役割を学ばせることに寄与した。こうしたテキストは、「手芸」を単なるテクニックとしてではなく、それぞれの手芸（編物、刺繍など）の歴史、目的、意味そして効果を設定し、それを伝えるという役割を果たしてきた。

幼少時からできる簡易な手芸から、高度な技術を必要とする手芸まで、女性がその年齢や階層に適した「手芸」を常に行ない続けることが奨励された。「手芸」は、簡易で、装飾性に満ちた技能であり、万一の場合には生活の糧を稼ぎ出す技能とされた。このように、「手芸」と「婦徳」の結びつきは、美的・装飾的かつ無償の家庭的行為として、そして危機的状況における内助として、個々の女性の生活と人生を貫き、すべての女性が逃れられない行為であるとされる。

第三に、手芸テキストのみならず、女性は実社会においても「手芸」を奨励された。学校教育、女性向け雑誌メディア、博覧会や展示会などの場は、女性の年齢、階層、地域を網羅して、あらゆる状況の女性が「手芸」に向かうことを奨励していく。学校教育は、幼少時からの体系的な手芸教育を可能にした。また雑誌メディアは、最新の言説と流行を広範な地域に届けるとともに、自ら「手芸」に向かう意志がなくとも、他の記事との抱き合わせにより必然的に手芸の情報が女性に限定して届けられることを可能にした。さらに、博覧会や展示会は、「優れた」作品を展示し、評価し、権威付けていくものであった。女性同士が連れ立って手芸の品評会に足を運ぶことによって、作品の価値付けは見るものに内面化されていく。

つまり、近代における「手芸」とは、女性が「手芸」する行為自体に意義を見出すものであり、女性のあるべき姿を創り出すための「女徳」の獲得を最終的な目的とし、女性の精神の陶冶、教育、矯正という機能を持つものである。作品の価値は作り手の「女性らしさ」に還元され、すべての女性が「手芸」をすることを奨励されていく。そのことは、すべての女性が「女性らしさ」を奨励されたことと同義であることはいってよいだろう。

結論

本書は、近代日本における「手芸」概念の形成とその奨励策を明らかにすることを目的としている。加えて、手芸という行為が婦徳の涵養に深く関わることを示すおびただしい言説や視覚表象が流布する過程を検証し、「手芸」が婦徳を象徴する行為として位置づけられたことを明らかにするものである。ここで改めて本書で3章に渡って論じてきた問題を総括するとともに、近代日本における手芸奨励の意味について論じておこう。

布や糸に関わる諸労働は、養蚕から製糸・紡績・機織・刺繡などの手仕事まで女性によって担われるものと考えられてきた。そして、また、それらを十分に担うことによって、女性らしさが証明された。これらの諸労働は、女性的な労働であるとされたために、大別すると二つの方法で存在してきた。

一つは、家計補助、内職などのように、一家を支えるほどの経済的な恩恵は受けないが、少額でも収入を得る方法。たとえば、英国の刺繡は労働者階級の女性にとってはそうした技能と考えられた。同様に日本でも、刺繡、押絵、造花などの「手芸」はいくらかの収入につながる技能であると考えられてきた。養蚕もまた、農家の季節労働として家計のたしになる労働であり、多忙な季節労働であるがゆえに一家総出で行なわれたが、その主たる労働は女子によって担われてきたとされる。さらに、製糸・紡績などは、家庭内で女性によって行なわれるものであった。明治期の製糸・紡績業の大規模機械化は、女性が代々受け継いできた技能を機械によって代替することによって、女性は単純かつ低廉な労働力を提供する「女工」として存在せざるを得なかった。

いま一つは、家庭の妻として、また母として、家庭内において無償の労働として行なわれる方法である。明治期の日本においては、あらゆる「手芸」は、「無償の愛」によって家庭を維持し、家族を癒し、そして自らをも癒す行為として奨励されてきた。家庭内において制作されたモノは、家庭内において消費され、市場価値を持たないものとされた。市場価値のないものをひたすらに生産しつづける行為は、基本的に無償である育児や家事に専念することをもって婦徳とする家父長制社会の女性規範の一つである。また市場価値のないモノを生産することを許すということが、女性が主たる家計維持者ではなく、その女性を扶養している男性の経済力の高さや彼の属する階級——ブルジョワ的な近代家族——の証明でもあった。

この「手芸」の二つの存在方法は、家父長制社会において、また資本主義経済において不可欠な女性役割から派生している。つまり、家庭においては、主たる家計維持者である男性以上に稼ぐことなく、もっぱら無償労働を天職とするとともに、家計維持者の得た報酬を手作りのモノによって出来る限り「節約」し家計を守っていくこと、さらには、産業構造の中で働く家族を無償の労働によって癒すという女性役割が要求されている。一方、産業構造においては、資本と高度な技術を占有する男性の地位をおびやかすことなく、単純な労働と低賃金という条件によって劣等の労働力として期待されているのである。

「手芸」の二つの局面——内職をはじめとする家内労働と無償の家庭内の手仕事——は、「手芸」が近代日本において中産階級の女性たちに対して最も奨励されたことと無関係ではない。近代日本の階層構造の特徴は、中産階級の未成熟さにある。欧米の中産階級と比較して、日本の中産階級は基本的に財産的基盤が脆弱であった。明治期において、この脆弱な財産基盤を補完するものが、中産階級に求められた「教養」と「勤勉さ」であった[1]。

中産階級の財産基盤の弱さは、この階級に留まり続けることの不安定さを生み出している。土地を所有しない中産階級の場合、世帯主の教養によって裏付けられた社会的地位によって、家族はこの階級に留まる。物質的な基盤の欠如は、家族構成員の変動や彼らの行動如何で、階級への定着が困難になる要因となり得る。土地を持たない中産階級と、下層階層との境界線は必ずしも物質的根拠に立脚しておらず、きわめて曖昧である。ひとたび世帯主や主たる家計維持者を失った場合、また社会から批判を受けるような行動を起こした場合には、中層から下層への下降は、いとも簡単に起こりうるものであったと考えられる。

この下降への危機感は、下降を防ぐための「保険」の必要性を説く言説に現れている。この「保険」とは、主たる家計維持者である父親や夫を失った場合に、妻がこの階級に留まることを可能にする経済的基盤や生活技能を持つことである。土地財産を有する場合、寡婦はその所有と活用を許された。それによって既存の階級に留まるための財産的基礎を得ることが可能であった。

では、土地などを持たない都市中産階級は、いかにしてその階級に留まることが可能になるのか。明治期においては、工場への就業や他家において下婢などの労働を行なう賃労働者は基本的に「下層」と見なされてきた。自宅以外の場において低廉な単純労働に就くことは、すなわち下層への転落と見なされる可能性を持つ。下田歌子が女性の就労を否定的にとらえ、彼女の視野の中にある上流の女性たちに労働以外の手仕事を奨励してきたのはそのためである。女性がこの転落を防ぐための最も容易な方法は、家庭内に居続けること、また中産階級にふさわしい妻と母の役割を全うすることである。家庭内において家族の生計を賄うだけの収入を得るための生産活動を行なう、それはつまり内職である。「仕立て屋」の下請けであるお針子、刺繍や造花などの制作は、家庭内で行なうことが可能であり、かつ確実に収入を得るための労働であったといえる。

本書を通じて見てきたように、「手芸」とは家庭内において、家族のために行なう手仕事であると、明治期のイデオローグによって繰り返し説かれた。また同時に「手芸」の技能を有していれば「万一」の場合、いくらかの生活の糧を稼ぐことができるとも繰り返された。この二つの言説は、中産階級の女性が置かれた社会状況の表裏の位置にあるもので、彼女たちが常に自らの脆弱な財産基盤を意識しながら、また、転落への危機を喚起されながら生きていかざるを得なかったことを示している。

このように「手芸」とは、一方においては家庭内の再生産労働の延長上に置かれた行為であるようにも捉えられ、実際に「家事」であると位置づけられる場合もあった。また、他方においては、危機に際して自らを助ける生産技能であると捉えられてもきた。この現象は次のように説明できる。

第一に、「手芸」とは、モノを作り出す行為である。その目的がたとえ家庭内に還元されるモノの制作であったとしても、少なくとも生活の必需品を作ることをさしているのではない。下田歌子をはじめとする明治期のイデオローグが繰り返し述べるように、主婦は産業化によって大量かつ低価格で購入可能となった商品を購買するのではなく、あえて家庭において作ることを要求された。その行為そのものが、奨励されるべき「手芸」であった。下田においては、養蚕・製糸・紡績・機織など、同時代においてすでに家庭の主婦の労働ではない諸々の手仕事を「手芸」と位置づけた。また、それ以降に「手芸」の定番となっていく刺繍・造花なども、生活維持に必要なものではないことは明らかであった。

第二に、「工芸」という領域との比較で考えるならば、「手芸」と「工芸」の区別は基本的に担い手のジェンダーに起因するものであり、素材・技法・技術レベル等において明確に区別することは不可能である。「工芸」とは、男性によって担われ、貨幣価値を生み、商品として流通し、そして高い「価値」を持つものである生産の産物である。制作物に対する社会的位置づけは大きく異なるが、この不可分な関係に置かれた「工芸」が生産行為とみなされるならば、「手芸」もまた同様の行為としてみなすことが可能である。

「手芸」とは、社会的文脈を剥ぎ取ってみれば明らかに生産労働であるということができる。しかしながら、「手芸」は「家庭内において制作される」という社会的文脈にのせられているがために、あたかも再生産労働であるかのように位置づけられてきた。つまり、「手芸」とは再生産を偽装した生産労働ととらえることができるのではないだろうか。

近代における家父長制的資本制においては、生産は男性領域、再生産は女性領域と区別され、両者は互いの領域を侵犯することなくジェンダー規範を形成し、これを遵守することを社会秩序としてきた。女性は再生産に専従することが模範的であるとされ、生産手段を持たないものととらえられてきた。しかし、現実には産業革命に伴う社会構造は、大量の女性労働力を必要としていた。また、明治二〇年代以降に起こった二度の大規模な戦争（日清戦争・日露戦争）によって男性労働力の不足が生じ、女性労働力の必要性も高まった。同時に、戦争によって多数の寡婦が生み出されたことも女性が生産労働に従事する契機となっていった。

つまり、近代におけるジェンダー規範は、基本的には女性を家庭内に置くべき存在としながらも、一方で女性が生産手段を持つことを必要とし、常に女性が万一の危機に際して生産労働に従事することが可能な存在であることがめざされていた。

「手芸」は、こうした近代社会の女性労働力の確保という問題において、重要な意味を持っていたと思われる。「手芸」が本来の生産労働としての性質を隠蔽し、再生産労働の一環であると偽装するのは、国家に不可欠なジェンダー規範を守りながら、女性たちに常に高度な生産技能を修得させ、またその技能を維持させ続けるためである。この技能は、国家や家庭の危機に際して、きわめて実用性の高い技能であった。また女性は、家内労働だけでなく工場労働などにおいても緻密な単純作業を行なっていくための精神と身体を備えた存在であるとみなされ、実用性のみならず汎用度も高かったと言える。つまり、「手芸」とは、再生産労働という文脈を偽装した無償の生産労働であるといえよう。

以下、本書の構成に従って要約をし、結論づけたい。

本書では、まず第1章において、下田歌子という明治期のイデオローグに焦点を当て、下田の経歴と著作の考察を通じて、近代国家における女性統御システムの一つのパターンを提示した。彼女の「功績」とは、まさに、近代国家が女性をいかなる形で統御し得るかという命題に対して、きわめて具体的かつ実践的な構想を提示し、実際に活動をし、そして広範な人脈と知識とによって近代国家が必要とする女性のあり方を示した点にある。

下田の活動の中でも特に重視すべき点は、イギリスから帰国した後に女性を広く組織した、帝国婦人協会の活動である。この組織化は下田が作り上げた上流階級の人脈に支えられており、それを基盤として教育機関の設置など、大規模な社会構想ができていった。帝国婦人協会の組織が下田の社会構想をよく示していることは、これまで述べてきた通りである。下田は女性の階層構造の頂点に皇后を位置づけ、皇后をすべての女性の模範とした。さらに皇后の下に社会の中核を担う中産階級の女性たちを置き、皇后の感化によって彼女たちを国家における女性役割を遂行する者へと導くことを意図した。

また、下田の社会構想で注目されるのは下層の女性に対する意識である。下田が下婢養成所において、下婢となる女性たちに対して行なおうとした教育は、中産階級もしくはそれ以上の階層の家庭に寄与する労働者の育成を目的としている。下婢は家事労働を提供するとともに中産階級家庭の生活を見聞きする立場にあり、下婢雇用のシステムは下層の女性に低廉な労働力を提供させると同時に文化的な啓蒙の役割も果たしていた。また、慈善女学校においては、慈善の対象となる下層の女性たちの文化的な底上げを図るとともに、中層以上の女性たちが「慈善」という行為を通じて感化のシステムの実行者となっていくことが目論まれている。つまり、両者は基本的に下層の女性たちに対する教育という立場に立ちながらも、一方で中層以上の女性たちが社会にいかに貢献していくのか、また下層の女性労働力をいかに使っていくのかという点が、重視されているのである。

つまり、下田は女性の「感化」のシステム（言い換えれば女性の国民化のシステムである）において、中産階級の女性を中心に位置付けているのである。中産階級の女性たちは、皇后を模範とし「感化」される存在であると同時に、下層の女性たちに対しては自らが施し啓蒙していくことで皇后の模範的行為の再現者となっている。この女性の「感化」のシステムは、上から下へと影響力を伝播させるものであり、下の階層の女性たちの文化的な底上げを図るものである。しかし底上げを図ることは決して階層構造の解消を意味しない。なぜなら、「感化」のシステムを実行する行為そのものが、自らを「上」の階層におくことによってのみ可能な行為であり、自らの属する社会階層の表明でもあったためである。

この婦人会組織を通じて下田は常に「実利実益主義」を唱え、その中核に手芸論を置いた。下田の手芸論は、基本的に五つのディスクールによって構成されている。「伝統」「婦工」「徳」「態度」「実益」という五つのキーワードは、女性と手芸を強く結びつけるとともに、女性がいかなる場合でも手芸という行為から逃れられないものとして位置づけられている。「手芸」を行なうことによって、女性は自らの身体を「手芸」をし続ける身体へと矯正する。また同時に、「手芸」を行なうことによって、女性領域を遵守するとともに自らの女性性を示すことが可能となる。こうした身体的矯正と精神の陶冶は、明治期を通じて女性たちを「手芸」行為へと回収する効率的なシステムとなっていた。

下田が「手芸」を奨励する対象としたのは、主に中産階級の女性たちであった。彼女が女子工芸学校において女性に高度な手仕事の技術を学ばせようとしたことや、本論が扱った二冊の手芸テキストの言説にみたように、中層以上の女性たちは、常に貨幣化されない生産活動をすることが求められてきた。

マルクス主義フェミニズムが提起したように、生産と再生産の関係において女性はもっぱら再生産領域を担わされてきた。再生産は主に出産を意味するが、家庭内において行なわれる諸労働——つまり、育児や家事労働さらには家族を癒す役割——を含めてとらえることができる。男性が担う生産活動は貨幣価値を生み、女性が担う再生産活動は基本的に不払いの労働とされる。しかしながら、この構造の枠組みでは「手芸」をとらえることはできない。なぜなら、「手芸」とはモノを作り出す行為でありながら、アマチュアの手仕事なのである。つまり、明らかに「生産」行為でありながらも「不払い」なのである。

近代日本において、女性は専ら再生産に従事してきたと考えられてきた。しかし前述したように生産行為をまったく行なってこなかったわけではない。女性の生産活動は、社会とは切り離された家庭という場で行なわれ、あたかも家事労働の一環であるかのごとく位置づけられてきた。上野千鶴子が家事労働の中にある「水増し労働」[2]と呼んだのは、そうした女性による無償の生産活動であった。生活の必需品である衣類の制作や家族員の世話を目的とする再生産ではなく、「手芸」とは日常必ずしも必要とはされないモノを制作する行為であった。女性たちは生産を行なっているにも拘わらず、その生産は再生産を偽装しているがために、上野はこの生産を家事の水増し行為であると述べた。しかし重要なことは、再生産を偽装してまで女性が生産行為の主体であることを隠し続けることの必要性であり、また再生産を偽装してまで女性たちに生産活動を奨励し続ける諸々の言説である。

再生産の合間に女性たちが行なった貨幣化されない無償の「生産」は、不払いであるがゆえに、実行に当たって多くの理由付けを必要とした。それこそが、下田の五つの言説であった。前述した五つのキーワードは、女性を「手芸」へと誘引し、「手芸」と強く結びつける機能を有している。これらの言説は、女性の「生産」行為をあたかも「再生産」として提示し、奨励するためのレトリックとなり、日本近代を通じて女性が手芸を行なうことを美化し続けてきたのだと言えよう。

第2章においては、「手芸」をメタファーのレベルで奨励した「皇后の養蚕」について論じた。日本の近代化において、蚕糸業の発達は大きな経済的基盤であり、蚕糸業のさまざまな側面で女性が関わっていった。糸に関わる労働が女性と強く結び付けられてきたことは、ジェーン・シュナイダーとアネット・B・ワイナーによる『布と人間』[3]において詳細に論証されている通りである。本書が指摘するように、布そのものや布の製造過程とジェンダーは歴史的・政治的に深く関わっており、女性の織布労働は社会的諸機能を有するとともに、儀礼を通じて権力と不可分な関係にあった。

「皇后の養蚕」は、一八七一（明治四）年に創出され、明治初頭においては、国家の重要産業としての蚕糸業の奨励を意図していた。しかし、それはわずか二年間にすぎず、その後は「皇后が養蚕をしている」という言説がメディアで繰り返されることによって、あたかも歴史上連綿と続いていたかのように語られた。

明治一〇年代の皇太后の親蚕は、華族養蚕所の運営と連動し、勤倹の聖旨を反映であるとともに、華族・士族授産という目的を持って行なわれた。さらに、明治二〇年代以降、「皇后の養蚕」は新たな意味を与えられ、メディアの中で読みかえられ、育児・教育・手芸として位置づけられていく。皇后の行為は女性国民の模範とみなされた。つまり「皇后の養蚕」とは、常に同時代の女性の理想的あり方を示し、必要に応じて読み替えられてきたのだといえる。

前述したように、女性は布の労働と多くの場面で結び付けられ、養蚕・製糸・紡績・機織・裁縫などの糸に関わる労働は、女性領域であるとされ、そこに女性を駆り立てるための理由付けが常になされてきた。明治という時代において、そこで一定の影響力を持ちえたのが「皇后」という象徴的な存在であったといえる。

明治二〇年代以降、養蚕は「手芸」であるとされ、「手芸」の中で最も重要な領域であると繰り返し説かれた。明治初頭に女性を製糸・紡績業に誘導し、国家の重要産業に従事させるための言説とは明らかに異なり、養蚕は家庭内における手仕事の一つとみなされるようになっていく。実際に農村においてそのように解釈されたのではなく、都市の中産階級の女性たちに向けて「手芸」として提示され、奨励されてきた。つまり、明らかに養蚕は生産から切り離され再生産を装った労働と位置づけられたのである。

そのことを最も明快に表しているのが、養蚕を育児のメタファーとする諸言説であった。家庭内において蚕を育て絹糸を取るという生産活動では、その生産の成果は重視されず、生産過程及び生産行為そのものが女性にとって重要であるととらえられた。蚕は子どもと同一視され、蚕を育てる行為は育児の擬似行為とみなされた。さらに「皇后の養蚕」は、育児のみならず教育や看護などのメタファーとも解釈されてきた。こうした現象は、養蚕という生産活動を再生産として位置づけると同時に、再生産に専従しているかのように偽装しながら女性たちに生産活動を行なわせていくものであった。

「皇后の養蚕」とは、女性と糸の関係性に依拠したジェンダー象徴体系にもとづき、女性の労働をジェンダー規範の枠内に留めるための象徴的行為である。近代製糸・紡績業に必要とされた大量の低廉な女工労働は、このジェンダー規範を遵守することを前提に、前近代の女性の手仕事の延長上に位置づけられた。前近代から蓄積された女性の熟練した技能は、初期繊維産業に不可欠な条件となっていた。

明治末から大正期に起こった、女工の過剰労働に対する社会批判（たとえば細井の『女工哀史』などがそうである）は、女工に対する非人間的扱いと搾取ゆえに社会問題となっていった。女工労働に対する批判は、女性を生産労働に従事させ、女性領域からの越境を強制する近代産業の経営者に対するものであり、その批判の根拠となったのは、女性を再生産から切り離した点にあった。女性の労働は、あくまで家庭にのみ還元される無償の「愛の労働」であることが理想とされており、これらの批判によって女性たちが社会的に保障された生産活動を行なうことが求められたわけではなかった。

以上のように、「皇后の養蚕」とは、明治初期においては近代産業を担う女工に対するモデルとして、また明治二〇年代以降には都市中産階級の主婦を「手芸」へと誘導するモデルとして機能した。また養蚕を「手芸」とみなす言説は、女性の生産活動を再生産の文脈へと読み替えるものであった。つまり「皇后の養蚕」は階層に応じて生産と再生産の象徴的モデルを提示し、女性を統御するものとなった。

なぜ、近代産業の勃興期に女性労働力を集める目的で、生産の象徴的行為とみなされたはずの「皇后の養蚕」が、明治中期に至ってから再生産と読み替えられたのであろうか。前近代から養蚕・製糸・紡績等の労働の多くは女性によって担われてきた。明治以降においても女性は、その生産活動の主たる担い手とみなされてきた。殊に明治初頭の蚕糸業奨励の際、皇后・皇太后の富岡製糸場行啓や「皇后の養蚕」が開始されたことは、蚕糸業に従事する女性たちに対してモデルを示す意図を持っていた。しかし、蚕糸業の発展に伴いより大量かつ低廉な労働力が必要になるに従い、女工の社会的地位は低下し、女工の劣悪な労働環境は決して女性の理想的状態を表すものではなくなっていった。また、産業化の進展は「生産」と「再生産」それぞれの場を分離させ、男女のジェンダーによって担うべく領域を隔てられた。女性の居るべき領域は家庭であり、そこで再生産に専従することこそが女性役割とみなされた。つまり、再生産への読み替えは社会的要請でもあり、また近代国家が国民を統御するうえで必然であったのだといえる。

「皇后の養蚕」は、産業社会の女性労働力を社会の必要に応じて統御していくためのモデルとして、きわめて具体的な方法論、つまり、無償もしくは低廉な労働力を家族または国家のために提供すること、蚕を育てることを通じて育児・教育・看護という女性役割を学習させること、そして質素、倹約、従順、忍耐を学ばせる人格陶冶という機能を有する象徴的な行為であった。すなわち近代日本の国民として期待される女性を、階層に応じて統御していくシステムであったといえよう。

第3章では、近代日本における「手芸」奨励の具体的な様相について論じ、すべての女性が手芸を行なうことによってめざされるべき、女性性の獲得（婦徳の獲得）がいかなる回路で行なわれたのかを論証した。

「手芸」とは、すべての女性が担うことを前提としているため、基本的にアマチュアの手仕事であり、家庭や家族のために制作されるものである。しかし、日本近代の手芸品は、海外への輸出品として需要があり、また内職などによって手芸的な労働も行なわれていたため、商品価値がないわけではなかった。このことは、繰り返し述べているように「手芸」が生産労働であることを示すものである。にもかかわらずアマチュアの手仕事であるとするのは、「手芸」をするということの最も理想的な状態こそが、アマチュアで、家庭内にすべて還元されることに大きな意味があったためである。つまり、「手芸」は明らかに生産労働であるにも拘わらず、無償の労働であり、再生産労働の一環として位置づけられてきたことを表している。

「手芸」の主たる担い手である女性の階層は、中・上流階級の女性たちであり、基本的に就労の必要のない環境に置かれた人々であった。この階層においては、女性が労働をすることを卑しいものと考える一方で、遊惰な生活をすることに対しても批判的であり、女性たちは、常に「何か」をしていなければならなかった。その「何か」とは、再生産労働に従事することであった。近代家族における妻・母は、再生産労働に専従するものとされ、家事と出産・育児は彼女たちの役割であった。明治二〇年代以降に進行する家事労働の社会化・外注化は、家庭内の女性の再生産労働を簡素化したが、それに伴い女性たちはいくらかの閑暇を手に入れることになる。その閑暇を得た女性たちに対して奨励されたのが「手芸」であった。

近代日本における女性に対する手芸奨励は、「手芸」という概念の形成に伴って行なわれた。明治初頭において「手芸」という言葉そのものがジェンダーによって規定されたことによって「手芸」は女性が行なうことを前提とする行為となった。そして、学校教育、女性向けメディア、そして展覧会・博覧会・品評会、さらには膨大な手芸テキストの出版によって、「手芸」は国家規模で奨励される女性役割となった。

また、「手芸」の奨励は、手芸を行なうことによって婦徳が獲得できるという言説によって行なわれた。「手芸」とは、近代産業化の中で消えつつあった女性労働を家庭内において趣味的に行なう無償の労働とされ、家内労働の中でも特に生活に必須ではない領域をさした。生活の必需品を制作する行為ではないため、婦徳の獲得という道徳的価値づけの文脈によって女性たちを「手芸」へと誘導することが必要であった。本書が提示した明治期の手芸奨励言説は中産階級を中心とした女性たちのみならず、この階級が上からの感化によって婦徳の獲得を一律にめざし、さらに自ら手芸をする主体となることによって婦徳を伝播させていくための規範となるものであった。

以上のように、近代日本においては、女性が「手芸」する行為自体に意義が見出された。「手芸」の最終的な目的は、女性のあるべき姿を創り出すための「婦徳」の獲得であった。「手芸」という行為は、女性の精神の陶冶、教育、矯正という機能を持つものとされ、作品の価値は作り手の女性性に還元されるものとされた。つまり、「手芸」をすることによって婦徳を獲得し、作り手の婦徳は作品に反映される。また同時に、作品の価値は作り手の婦徳を反映したものとみなされたのである。こうした国家規模による女性に対する手芸奨励は、明治期を通じて女性役割の規範となった。この規範化は、明治以降において手芸行為そのものが女性性の純粋象徴的行為となっていくことを示唆するものであったといえよう。

これらの考察を通じて、本書は、日本近代において国家規模で展開された手芸奨励が、個々人のレベルにおいては婦徳の獲得をめざすものであるとともに、すべての女性に婦徳を伝播させるものであったこと、またその奨励システムが女性の階層構造を利用し、機能したことを明らかにした。しかしながら、なお問題となるのは、国家規模で行なわれた手芸奨励がいかなる政治的目的を持っていたのかという点である。

家父長制的資本制社会において、生産と再生産がジェンダーによって分断されるとともに、社会の産業化の進展は職住分離を引き起こし男性と女性の領域は公的な社会と私的な家庭という空間に区分された。明治期は、まさにこのジェンダー的な空間が整えられた時期であった。女性たちは家庭内にあるべきものとされ、出産・育児・家事という再生産労働に専従することが規範化された。これをイデオロギーとして提示したのが「良妻賢母」主義であったといえる。社会秩序として構築されつつあったジェンダー規範を遵守すること、また自らこの規範を内面化していくことは、女性の国民化の一つの回路である[4]。家庭という私的領域を自らの場とし、良妻賢母というジェンダー・ロールを自ら担っていくことによって、女性は国家に有用な存在として位置づけられていく。領域の侵犯と役割の放棄は、社会秩序を乱す行為とされた。

本来家父長制的資本制社会において、決して女性に与えられることのない生産活動は、「手芸」という名のもとで合法的に推進された。実用目的から離れた生産活動を女性が家庭内において一手に引き受け、生活を「豊か」にする目的から手芸は奨励されていったのである。家庭を豊かにし、家族に安らぎと平安を与え癒していくことは、近代的な主婦の役割として重視され、手芸とはまさにそうした行為であった。そして、この役割を完璧に遂行する者こそが、良妻賢母であり、婦徳を体現するものであった。

明治期の女性は一斉に手芸に励み、これに打ち込んだ。手芸をすること、また手芸をし続けることが国家規模で奨励され、女性たちはその精神と身体の両面から手芸を行なう主体となった。それは、女性を国民として位置づけていくための回路の一つとみなすことができる。「婦徳」という美意識の象徴的行為とし、女性たちを「手芸」へと駆り立てることによって、実際に何が起こり得るのであろうか。手芸を学び、技能を修得し、さらに継続的に家庭内において手芸の技能を維持し続けることは、家父長制社会において生産手段を領有された女性に不可欠とされ義務づけられた。明治期の手芸論者たちが繰り返すように、手芸の技能は「万一」の場合、つまり夫や父親を失った場合の生計の手段の一つとみなされてきた。手芸を美徳と絡めて論じ誘導する一方で、常に「万一」の危機意識が叫ばれ、女性たちを手芸へと結び付けてきた。「万一」とは、家庭内における危機ばかりではなく、社会における危機も同様であり、戦時や労働力の不足、さらには低廉な労働力の必要な際に、女性に適するとされる労働の場へと引き出されるという現象を生み出している。蚕糸業の急速な工業化は、低廉かつ高い技能を持つ女性の労働力を不可欠とし、大量の女工を生み出した。また、戦時下において男性労働力が極端な不足に陥った際には、女性たちは代替の労働力として召集されていった。こうした女性労働の流動性・可変性は、常に一定の手先の技能を家庭内において維持し続け、何時にも社会に引き出せる潜在的な労働力として、資本制と家父長制の構造の中に位置づけられているのだといえよう。

明治期において「手芸」は、一つのシステムとして機能した。このシステムは、近代の日本の階級イデオロギーとジェンダー・イデオロギー、さらには儒教的思想背景によって、巧妙に構築されたものである。「手芸」は、すべての階層の女性が、あたかも「自らの意志で行なう」かのように、教育や宣伝によって刷り込まれ、女性性と女性美徳の不可欠の条件として強制された。旧来の研究では明らかにされてこなかったこのような「手芸」の国家的奨励は、女性の文化創造のエネルギーを家庭内での女性役割に吸収し、その精神と身体を統御するための巧妙なシステムであったといえよう。

注

■序論

1 上野千鶴子『家父長制と資本制』岩波書店、一九九〇年。

2 裁縫は、製糸紡績業に比べて産業化の遅れた領域であった。既製服を日常的に購入することが大衆化するのは、一九七〇年代以降ともいわれるが、裁縫は富裕な階層においては仕立て屋に注文し、また女性の内職として裁縫は最も一般的なものとされることから、大規模産業化以前に、家内的な女性労働によって家事が社会化されていたともいえる。

3 『グランド現代百科事典』学習研究社、一九七二年、五一八頁、「手芸」の項目より。

4 桜井映乙子「近代学校成立期における手芸教育」「和洋女子大学紀要」第一三輯、一九六七年一二月、五一頁。

5 飯塚信雄『手芸の文化史』文化出版局、一九八七年、七頁。

6 桜井、前掲論文、五三頁。

7 『グランド現代百科事典』前掲書、五一八頁。

8 北澤憲昭『眼の神殿』美術出版社、一九八九年。

9 高木博志『近代天皇制の文化史的研究――天皇就任儀礼・年中行事・文化財』校倉書房、一九九七年。

10 佐藤道信『〈日本美術〉誕生　近代日本の「ことば」と戦略』講談社、一九九六年。

11 佐藤道信『明治国家と近代美術――美の政治学――』吉川弘文館、一九九九年、四六頁。

12 同前、五四―五七頁。

13 「ジェンダー」とは、もともと文法上の用語であったが、一九六〇年代以降のフェミニズム運動と理論の中で「社会的性差」という意味を与えられてきた。牟田和恵の近著できわめて簡潔に述べられるように、「男女の性差を生物学的に決定された不動のものとみる通念に対抗して、性差や性役割は社会的・文化的に形成されたものであり、それゆえに可変性をもつ」とフェミニストによって主張された。「すなわち、生物学的性差をあらわす『セックス』に対し、社会的・文化的性差が『ジェンダー』である」とされている。牟田和恵「家族国家観とジェンダー秩序」網野善彦、樺山紘一、宮田登、安丸良夫、山本幸司編『天皇と王権を考える 七 ジェンダーと差別』岩波書店、二〇〇二年、二三〇―二三二頁。

14 こうした議論の端緒となったのは、シモーヌ・ド・ボーヴォワールによる『第二の性』である。ボーヴォワールが示すように、女性の社会的地位がいかに高くとも、女性固有の属性を持つ限り、常に女性はその身体性や情緒性の領域に割り当てられ、男性の持つとされる精神性や知性と対比的に位置づけられ、男性の補完的な役割を与えられていく。

15 ジュディス・バトラーは、「セックスは、つねにすでにジェンダーである」として、ジェンダー概念の根拠となってきたセックスそのものが、科学的言説によってつくられてきたと述べる。科学の名のもとに作られた「男／女」の記号は、自然な「事実」なのではなく、その記号そのものがジェンダーによって生成されたものとしている。ジュディス・バトラー『ジェンダー・トラブル――フェミニズムとアイデンティティの攪乱』竹村和子訳、青土社、一九九九年、二九頁。

16 ジョーン・スコット『ジェンダーと歴史学』荻野美穂訳、平凡社、一九九二年。

17 家父長制という概念を男性支配という意味で再定義したのは、一九七〇年代のラディカル・フェミニズムである。ラディカル・フェミニズムは、女性に対する支配について、参政権や財産権の欠如や階級問題を解決すれば自動的に解決する副次的な問題として片付けはしなかった。そうではなく、男性による女性の支配という自律的なシステムが存在することを指摘した。

18 ケイト・ミレット『性の政治学』藤枝澪子訳、ドメス出版、一九八五年。

19 シュラミス・ファイアストーン『性の弁証法』林弘子訳、評論社、一九七二年。

20 ジュリエット・ミッチェル『精神分析と女の解放』上田昊訳、合同出版、一九七七年。

21 これらの議論については、以下の論文で詳細に検討されている。上野千鶴子「差異の政治学」井上俊、上野千鶴子、大沢真幸、見田宗介、吉見俊哉編『現代社会学 第一一巻 ジェンダーの社会学』岩波書店、一九九五年、一六―二二頁。
22 マリア・ミース、C・v・ヴェールホフ、V・B＝トムゼン『世界システムと女性』古田睦美・善本裕子訳、藤原書店、一九九五年、一三一―二二頁。
23 西川祐子『近代国家と家族モデル』吉川弘文館、二〇〇〇年。
24 同前、一二一―一三頁。
25 フィリップ・アリエス『〈子供〉の誕生――アンシャン・レジーム期の子供と家族生活』杉山光信・杉山恵美子訳、みすず書房、一九八〇年。
26 たとえば、J・L・フランドラン『性の歴史』宮原信訳、藤原書店、一九九二年、L・ストーン『家族・性・結婚の社会史』北本正章訳、勁草書房、一九九一年、エドワード・ショーター『近代家族の形成』田中俊宏他訳、昭和堂、一九八七年などの研究が代表的である。
27 たとえば福沢諭吉らによって発行された『家庭叢談』や、明治女学校の機関誌的役割を果たした『女学新誌』『女学雑誌』、さらには、一九〇〇年代に創刊される『家庭之友』『家庭雑誌』などにおいて、理想的家族の形態として「ホーム」「家庭」という語が用いられ普及していった。
28 「家庭」の語は、もともと「家の庭」を意味する中国語から日本に輸入された用語であると、指摘されている。井上輝子、上野千鶴子、江原由美子、大沢真里、加納実紀代編『岩波 女性学事典』岩波書店、二〇〇二年、七三―七四頁、千田有紀「家庭」の項参照。
29 牟田和恵「戦略としての女――明治・大正の「女の言説」を巡って」『思想』一九九二年、一〇。
30 小山静子『良妻賢母という規範』勁草書房、一九九一年。
31 『岩波 女性学事典』前掲書、四三六―四三七頁、大日向雅美「母性」の項。
32 たとえば、井野瀬久美恵「表象の女性君主――ヴィクトリア女王を中心に」『天皇と王権を考える 七 ジェンダーと差別』前掲書、二五五―二八二頁。
33 若桑みどり『皇后の肖像』筑摩書房、二〇〇一年、片野真佐子「近代皇后像の形成」富坂キリスト教センター編『近代天皇制の形成とキリスト教』新教出版社、一九九六年、片野真佐子「初期愛国婦人会考——近代皇后像の形成によせて」大口勇次郎編『女の社会史』山川出版社、二〇〇一年、片野真佐子「近代皇后論」『天皇と王権を考える　七　ジェンダーと差別』前掲書。

34　若桑、前掲書。

35　儒教的女性観において、女性の教育的目標は四徳と呼ばれる。四徳は、「婦徳」＝女らしい徳義、立居挙動、「婦言」＝しとやかで無口な女らしいことばづかい、「婦容」＝清潔で質素な身だしなみ、「婦工」＝家政上の技術とされている。嘉悦孝子『女四書詳解』尚文館、一九一一年、七七—七八頁。

36　エンゲルス『家族・私有財産・国家の起源』戸原四郎訳、岩波書店、一九六五年。

37　アン・オークレー『家事の社会学』佐藤和枝・渡辺潤訳、松籟社、一九八〇年。

38　たとえば、メディアにおける普及の状況は、『主婦之友』（一九一七年創刊）、『婦人倶楽部』（一九二〇年）などの雑誌の誕生から知ることができる。これらを通して家庭を運営する主婦役割が意識されるようになっていった。

39　深谷昌志『良妻賢母主義の教育』黎明書房、一九九八年。

40　女性が普遍的に有すると考えられる特性をさし、具体的には他者への配慮を基盤とし、従順、貞節、思いやりなど、さらに美的、繊細、優雅などの語によって形容される。

41　飯田晴康「室内装飾としての刺繍——一七世紀イギリスの場合——」「愛知大研究論集」二、一九八〇年一月、三九—四四頁。

42　小林昭子「手編み手芸について」「大谷女紀要」一三、一九七〇年三月、一一三—一八頁。

43　飯塚、前掲書。

44　桜井、前掲論文。

45　Rozsika Parker, *THE SUBVERSIVE STITCH, Embroidery and the Making of the Feminine*, 1984, London.

46　Barbara Burman, *The Culture of Sewing : Gender, Consumption and Home Dressmaking*, 1999, New York.

47　ノーマ・ブルード「ミリアム・シャピロとフィメージ」『美術とフェミニズム』パルコ出版局、一九八七年。

48 アネット・B・ワイナー/ジェーン・シュナイダー編集『布と人間』佐野敏行訳、ドメス出版、一九九五年。

49 中谷文美『「女の仕事」のエスノグラフィ　バリ島の布・儀礼・ジェンダー』世界思想社、二〇〇三年。

■第1章

1 東条琴台、一七九五（寛政七）年―一八七八（明治一一）年。幕末・明治初期の儒学者で、亀田鵬斎・大田錦城らに学ぶ。『伊豆七島図考』を著し、幕府に咎められたとされる。著書に『先哲叢談後編』などがある。

2 片野真佐子「近代皇后論」『天皇と王権を考える　第七巻　ジェンダーと差別』岩波書店、二〇〇二年、八二頁。

3 何瑋「下田歌子の女子教育論とその活動――下層女子教育の視点をめぐって――」お茶の水女子大学修士論文、一九九七年、三三頁。

4 小河織衣『女子教育事始』丸善、一九九五年、一八三―一八四頁。

小河によれば、「外務省のお雇いフランス人にフランソワ・サラザンがいるが、サラザンは明治十一年四月から十八年、十九年から二十六年まで仏語教師、ならびに翻訳校正として外務省に所属するが、宮内省お雇いとなるのは明治三十二年からである。/明治二十年に八名の外国人が宮内省雇いとなり、二名はフランス人である。伝記の年譜は、明治十二年の記録なので、そのころサラザンに習ったとすれば、宮内省お雇いでなく、外務省お雇いのころのサラザンと考えられる。何人かの女官たちを宮中に招いて習ったのか、あるいは歌子が個人教授を受けたのか、確かではない。サラザンが外務省お雇いになったのは明治十一年からであるから、正式でなくても宮内省に出講していたのかもしれない。サラザンは皇太子と皇太子妃にフランス語を教え、後に叙勲を受け、明治二十六年、勲五等雙光旭日賞、同三十九年、病気のため宮内省を辞任したときは勲四等瑞宝章を受けている。/十二月一日に千代田区紀尾井町の自宅で亡くなるが、青山霊園の外人墓地に埋葬されている。」

5 「桃夭」=中国「詩経」にある桃夭の詩から来ている。また西洋に対して東洋の学問という意味も込められている。

「桃之夭々　灼々其華　之子于帰　宜其室家」（桃のように若い娘は燃え立つように華やかだよ。この娘が嫁に行けば、行き先は栄える。）

6 大関啓子「『まよひなき道』――下田歌子　英国女子教育視察の軌跡――」『実践女子大学文学部紀要』第三六集、一九九四年三月、三頁。

7 同前。

8 同前、二頁。

9 同前。

10 同前。明治二六年九月一六日の日記に佐々木は以下のように記している。「純然たる上流社会の教育の為め態々差立被り候人は之無、右様の婦人の洋行は孰れも国体上抔は夢にも見ざる事なれば、此度下田御差立相成候はゞ、余程御為に相成、生欧州風の弊も看破し来り申可と存候得共、私に参り候時は、彼の国の上流社会朝廷上の模様も相判り申間敷」

11 同前、一〇頁。大関は、下田の留学期間延長について「下田が日本を発つ前に許された期間は一年であり、その後六ヶ月ずつ二回の期間延長願いを許可されている」とする。

12 同前、一七頁。

13 何瑋、前掲論文、四頁。

14 大関、前掲論文、一頁。大関は、これまで下田に関する研究において、ヴィクトリア女王との謁見のみが取り上げられ、本来の目的である教育視察について言及されてこなかったことについて、下田のこれらの論稿が、この二年間の滞欧中に視察に訪れた学校名や日程についての詳しい記録が遺されず、下田自信が固有名詞をほとんど省いて書き記したものが、唯一の手がかりであったためであるとしている。

15 片野、前掲論文、八六頁。

16 大関、前掲論文。

17 上沼八郎「下田歌子と中国女子留学生――実践女学校「中国留学生部」を中心として――」『実践女子大学文学部紀要』第二五集、一九八三年三月、六一―八九頁。

18 ジューン・パーヴィス『ヴィクトリア時代の女性と教育――社会階級とジェンダー――』香川せつ子訳、ミネルヴァ書房、一九九九年、一頁。

19 同前、二頁。

20 同前。

21 同前。

22 同前、三頁。

23 同前。

24 同前、五—六頁。

25 パーヴィス、前掲書、七頁。

26 同前、八頁。

27 同前、六頁。

28 同前、九—一〇頁。

29 同前、一〇頁。

30 同前、二五頁。「たとえば、国民協会の一八四一年報告書は、女子の児童は『節制すること、夫と子どもを愛すること、慎み深く貞節な家庭の守りびととなること、神の御言葉に背くことのないよう夫の言いつけには絶対服従すること』を教えられなければならないと明記している。同様に、内外学校協会婦人部は、一八二一年と一八三三年の協会報告書で、労働者階級の少女は、『よく働く召使い』となり、また将来は『勤勉かつ知性ある職工たちの妻や母』となるように、そのための『実用的知識』を身につけることが最も大切だと述べている。」

31 同前、一八—一九頁。

32 同前、三三—三四頁。アンナ・デイヴィン、アンマリー・ターンブル、ミリアム・デイヴィド、キャロル・ダイハウス等の研究者は、基礎学校の女子児童に対する家事科目の増加を、イギリス民族の将来と大英帝国の衰退に対する不安に関連づけている。ボーア戦争(一八九九—一九〇二年)のための徴兵によって、入隊候補である男性のかなりの者が、身体的に兵役に適さないことが判明した。それに加えて、出生率の低下と乳幼児死亡率の高さが、母親による育児の質と帝国の防衛にあたる兵士候補者の量に対する関心を喚起した。「身体能力低下に関する部局間協力委員会報告書」(一九一四年)

において、都会の人口稠密地域に住む貧民の生活水準の低さが、中産階級の人々により報告され、多大な論議を呼び起こした。とくに委員会の証人たちは、労働階級の妻の「不適格性」を強調した。

33 同前、八一頁。

34 同前、八三頁。「家庭教育は均一的な性質のものでなく、とくにヴィクトリア朝の初期および中期には、大多数の中産階級の少女が、母親や父親や姉妹、あるいは家族の友人など、教育の専門家以外の者によって教育されたので、家庭により千差万別であった。デイヴィドフとホールが解釈するとおり、少女たちの教育は、報酬のいらない親類や知人が教えることで『間に合わせる』よう期待されていたのである。なぜなら、少女たちの教育には、男の兄弟の場合とは違い、何の経済的見返りも見込めなかったからである。」

35 同前、八二頁。

36 同前、八二頁。

37 同前、八四頁。

38 大関、前掲論文、七頁。

39 下田歌子『泰西婦女風俗』一八九九年。

40 下田、前掲書。

41 大関、前掲論文、八—九頁。

42 下田歌子『泰西所見　家庭教育』一九〇一年。

43 津田茂麿『明治聖上と臣高行』一九二八年、第一一章より、下田より佐々木高行宛書簡。

44 大関、前掲論文、一〇頁。

45 下田、前掲書、一八九九年。

46 下田、前掲書、一九〇一年。近代看護法の創始者として当時すでに有名であった Florence Nightingale の例や、Victoria 女王がその王女達に、貧民への食物を自ら手渡すよう指示し、慈善心を養おうとした例もあげている。

47 下田、前掲書、一八九九年。

48 下田、前掲書、一九〇一年。
49 下田、前掲書、一八九九年。
50 大関、前掲、一八頁。
51 下田歌子「帝国婦人協会設立趣旨」一八九八年、故下田校長先生伝記編纂所編『下田歌子先生伝』一九四三年所収、三三八頁。
52 上沼、前掲論文、六五―六六頁。
53 『日本婦人』第二号、一八九九年、一―四頁。
54 下田が出版所を設立した点については不明である。しかし、一九〇二（明治三五）年、下田は中国で初の日本留学生という人物と「作新社」という印刷所を、南京において創始している。その当時はまだ新しかった「洋装書」を印刷・出版する会社であったとされている。
55 下田歌子「帝国婦人協会設立趣旨」一八九八年。
56 下田歌子『日記』には「明治二十三年十一月十六日（日）快晴。午後一時学校にてある婦人教育会にゆきたるに、安藤氏がハワイの日本婦人の情形を説かれたる、実に悲惨に堪へず。自分胆に銘じて勉めて下民の女子教育の手段にかからんとす」とある。『下田歌子資料』。
57 下田歌子「帝国婦人協会設立趣旨」一八九八年。
58 実践女子学園八十年史編纂委員会編『実践女子学園八十年史』六〇六頁、「帝国婦人協会主旨摘要」。
59 上沼、前掲論文、六六―六七頁。
60 『実践女子学園八十年史』五七頁。
61 下田歌子「帝国婦人協会設立趣旨」の第四条、一八九八年。
62 何瑋、前掲論文、八頁。
63 下田歌子「私立実践女学校、女子工芸学校設立願」一八九九年。
64 下田歌子『日本の女性』実業之日本社、一九一三年、五六六頁。

65 同前、五六八頁。
66 同前。
67 下田歌子『婦人常識の養成』東京　実業之日本社　一九一〇年、五七〇頁。
68 何瑋、前掲論文、一一頁。
69 上沼、前掲論文、六七頁。
70 何瑋、前掲論文、一一頁。
71 明治三〇年代のはじめに、階層別における女子教育を提言したのは下田だけではない。一八九八（明治三一）年に刊行された吉村寅太郎著『日本現時教育』では、良妻賢母を女子教育の目的としながら、上・中・下の三層によって、その教育内容がそれぞれ違うという特徴を持っている。また一八九九（明治三二）年、「教育公報」には、西村茂樹も同じく階層に応じる教育の必要性を主張している。しかし、歌子の場合はやはり吉村と西村らの説と違う所があった。つまり、上・中・下の三階層をはっきり区別するのではなく、生活難に迫られているかどうかを基準に、「中流以上」と「中流以下」のような大雑把な区分法は彼女がとっている。吉村寅太郎『日本現時教育』一八九八年、深谷昌志『増補　良妻賢母主義の教育』黎明書房、一九八一年、一六四頁。片山清一「明治三〇年代の女子教育論」一九七四年所収、四頁。
72 下田歌子『女子の技芸』冨山房、一九〇五年、六頁。
73 同前、六―七頁。
74 同前、一頁。
75 同前、一―三頁。
76 同前、三―四頁。
77 同前、七頁。
78 同前、二―三頁。
79 同前、三頁。
80 同前、六―七頁。

81 同前、八―九頁。

82 同前、一四―一五頁。

83 同前、一五―一六頁。

84 同前、二五―二七頁。

85 同前、二五―二七頁。

86 同前、二五―二七頁。

87 同前、五五頁。

88 同前、五五頁。

89 同前、五六―五七頁。

90 同前、五七頁。

91 同前、五九頁。

92 同前、七四頁。

93 同前、七五―七六頁。

94 同前、九八―九九頁。

95 同前、九九―一〇〇頁。

96 同前、一〇七頁。

97 同前、一一〇―一一二頁。

98 同前、一一二―一一三頁。

99 同前、一二三―一二四頁。

100 同前、一三七頁。

101 同前、一四三―一四四頁。

102 同前、一七四―一七五頁。

103 同前、二〇四頁。
104 同前、二二二―二二三頁。
105 同前、二三二―二三三頁。
106 同前、二三〇―二三一頁。
107 同前、二三九―二四〇頁。
108 同前、二八〇―二八一頁。
109 下田歌子『女子手芸要訣』博文館、一八九九年、緒言より。
110 同前、一頁。
110 同前、二―三頁。
112 同前、二―三頁。
113 関口すみ子「演説する女たち　その二――明治日本と「フォーセット夫人」『未来』三九九、一九九九年一二月。明治期の日本ではミルやスペンサーやギゾーに並ぶものとして彼女の執筆した経済書が採用されていた。彼女の伝記としては徳富蘆花『世界古今名婦人』(明治三一年)やテオドル・スタントン著、住田頼之助訳『西国婦人立志編』(明治二〇年)などの記述がある。フォーセットの本は経済論(『宝氏経済学』明治一〇年など)と婦人参政権(『政治談』明治一六年、ヘンリーとの共著、など)のものが主に翻訳され、後者のものは大正期になって吉野作造や奥むめおなどによって紹介され続けた。
114 下田、前掲書、一八九九年、三頁。
115 同前、四―五頁。
116 同前、四―五頁。
117 同前、五―六頁。
118 同前、二七―三一頁。
119 同前、四八頁。

120 同前、四八頁。
121 同前、四八―四九頁。
122 同前、六一頁。
123 同前、六一頁。
124 同前、六一―六二頁。
125 同前、一〇七―一〇八頁。
126 同前、一二七―一二八頁。
127 同前、一四〇頁。
128 同前、一八〇―一八二頁。
129 同前、一九二―一九三頁。
130 下田、前掲書、一九〇五年、五六―五七頁。
131 同前、九八―九九頁。
132 下田、前掲書、一八九九年、一二七―一二八頁。
133 下田、前掲書、一九〇五年、三頁。
134 同前、五五頁。
135 同前、一〇七頁。
136 同前、二〇四頁。
137 同前、二二二―二二三頁。
138 同前、三頁。
139 同前、一―三頁。
140 同前、一五―一六頁。
141 同前、一一〇―一一二頁。

142 同前、八―九頁。
143 同前、一〇七頁。
144 同前、一四三―一四四頁。
145 同前、一七四―一七五頁。
146 同前、六―七頁。
147 下田、前掲書、一八九九年、五―六頁。
148 下田、前掲書、一九〇五年、二三九―二四〇頁。
149 同前、五五頁。

■第2章

1 皇后、皇太后親蚕の期間は以下の通りである。
一八七一（明治四）年―一八七二（明治六）年皇居吹上御苑にて昭憲皇太后親蚕
一八七九（明治一二）年―一八九六（明治二九）年青山御所養蚕所にて英照皇太后親蚕
一九〇八（明治四一）年―一九一一（明治四五）年青山御所にて皇太子妃（貞明皇后）年親蚕
一九一三（大正二）年青山御所にて貞明皇后親蚕
一九一四（大正三）年―一九二七（昭和二）年紅葉山養蚕所新設、貞明皇后親蚕
一九二八（昭和三）年―一九八八（昭和六三）年紅葉山養蚕所にて香淳皇后親蚕
一九八九（平成元）年より　紅葉山養蚕所にて現皇后親蚕
2 宮内庁『明治天皇紀』第二、吉川弘文館、一九六九年、四二〇頁。
3 「蚕を養う」『新聞雑誌』一八七一（明治四）年五月。
4 それ以前に、皇后が新聞等に登場したのは、一八六九（明治二）年九月の東京行啓（太政官日誌）のみであり、皇后の単独の行動を記した最初の記録である。

5　活字メディアだけでなく、錦絵を中心とする多くの図像資料が残されていることも留意しておく。

6　群馬県立日本絹の里「皇居のご養蚕展」図録、二〇〇二年、五九―六〇頁によれば、明治六（一八七三）年の英照皇太后と昭憲皇太后による富岡製糸場への行啓に始まり、明治年間だけでも、明治天皇（三回）、英照皇太后（一回）、昭憲皇太后（二回）、大正天皇（当時皇太子）（一〇回）、貞明皇后（当時皇太子妃）（一回）、昭和天皇（親王）（一回）、秩父宮（親王）（一回）となっている。

7　一九〇五（明治三八）年―一九一三（大正二）年初代総裁に伏見宮貞愛
一九一三（大正二）年―一九四五（昭和二〇）年二代総裁に閑院宮載仁
一九四五（昭和二〇）年―一九四六（昭和二一）年三代総裁に梨本宮守正
一九四七（昭和二二）年―一九五一（昭和二六）年四代総裁に貞明皇后
一九五二（昭和二七）年―一九八〇（昭和五五）年五代総裁に高松宮宣仁
一九八一（昭和五六）年―六代総裁に常陸宮正仁が就任している。

8　養蚕・製糸業関連の行啓などとは異なり、それ以前に宮中で行なわれた可能性のある養蚕とは区別して、皇后・皇太后が自ら養蚕をすることを親蚕という。

9　宮中の養蚕については、二〇〇二年に群馬県立日本絹の里において開催された「皇居のご養蚕展」の図録に詳しい。群馬県立日本絹の里『皇居のご養蚕展』図録、二〇〇二年。また、大日本蚕糸会編纂『日本蚕糸業史』第一巻所収の「宮中御養蚕史」一九三五年にも依拠している。

10　「蚕を養う」前掲。

11　宮内省から岩鼻縣への用状には次のように記されている。「皇后宮兼而養蚕御試被遊度候処当年より吹上御庭おいて御飼立に相成候依而養蚕功者の婦人四人程至急人選の上可被差出候成」「宮中御養蚕史」『日本蚕糸業史』第一巻、大日本蚕糸会編、明文堂、一九三五年、五頁。

12　宮内省より岩鼻縣に差し出された用状には、この人選に関わる条件が書かれていたとされる。年齢は一八、九歳から三五、六歳位までで身元の明らかなことと、宮中の庭であることから子どもを連れてくることは不可とされている。「宮中御養蚕史」『日本蚕糸業史』第一巻、同前、五頁。また、選定された四人の女性は、田島多加（四八歳）、田島まつ（一七歳）、栗原ふさ（二〇歳）が百姓の妻または娘であり（多加のみ既婚者）、飯島その（二八歳）は、問屋の妻であるとされている。多加の年齢から宮内省の提示した年齢の枠を超えて選ばれていることがわかる。

13 同前。

14 「宮中御養蚕史」によれば、「明治四年、皇后陛下（昭憲皇太后）には、畏くも宮中にて御養蚕を遊ばされたき御思召しを以て、養蚕に関する事を、斯の道の知識経験ある者について、聴取する様にと、皇后宮太夫に対して、ありがたき御沙汰があつた」とあるように、この皇后宮太夫が渋沢に聴取して皇后に回答したとされている。「宮中御養蚕史」『日本蚕糸業史』第一巻、同前、四頁。

15 渋沢栄一の生家は、もともと農耕や養蚕と藍玉の製造・販売を兼ねていた。渋沢は、七歳になると、隣村の尾高惇忠のもとで、小学・蒙求・四書・五経・史記・十八史略などを勉強し、儒学知識を身につけ、一八六三年二四歳の折、尊王攘夷運動に参加し、一八六四年、一橋慶喜に出仕する。一八六七年、慶喜の弟である昭武にしたがいフランスに渡航し、パリ万国博覧会を見学後、ヨーロッパ各国を歴遊し、西洋諸国における近代資本主義の発達の実情に接し、その富強の原因が合理的な経済機構と商工業の尊重にあることを知ったといわれる。王家驊『日本の近代化と儒学』農山漁村文化協会、一九九八、二五六頁。こうした、近代的な産業形態を見聞したことは、渋沢のその後の経歴と深く関わるものと考えられる。帰国後の一八六九年、明治政府の大蔵省に出仕し、租税正に任ぜられ、一八七一年には大蔵権大丞となり、財政改革に取り組むが提言を採用されず、七三年には大蔵大輔井上馨とともに辞職している。この出仕期間中に、皇后親蚕のコーディネートに関わり、そして、後述する富岡製糸場設立の事務を行い、富岡への皇后・皇太后行啓の年に大蔵省を辞めていることになる。

16 渋沢栄一『出がら繭の記』「皇居のご養蚕展」、前掲、六四―六六頁に全文掲載。田島武平家の私家本として出版されている。

17 同前、六四頁。

18 同前。

19　三好信浩『日本の女性と産業教育――近代産業社会における女性の役割』東信堂、二〇〇〇年、一九頁。
20　『皇居のご養蚕展』前掲書、一四頁。
21　「宮中御養蚕史」『日本蚕糸業史』第一巻、同前、一三―一五頁。
22　「宮中御養蚕史」によれば、「奉仕の男子一名、婦人十二名、都合十三名を選定」したとされている。上州佐位郡島村から、栗原茂平・田島ひさ・栗田よし・栗原いち・関口えい・田島たみ・田島りよう、同じく伊興久村から、宮崎たい・宮崎ゆう、さらに境町から、永井あいが選出されている。この中で、栗原茂平が奉仕婦人の監督を委任されていたとされる。
23　『皇居のご養蚕展』前掲書、一四頁。
24　この年の奉仕者は、田島弥平・田島マセ・田島弥九郎・田島のぶ・田島かよ・松波さわ・栗田とうの七名である。「宮中御養蚕史」一二頁。
25　同前、一五頁。
26　『明治天皇紀』第四、吉川弘文館、一九七〇年、六三九頁。明治一二年四月二日、皇太后は一層の節減と国産の奨励のために、年来試みてきた養蚕の業を拡張し、華族の子女をも誘導するために三月一二日、皇太后大夫萬里小路博房から宮内卿に告げさせ、宮内卿から天皇の同意を得、青山御苑内に養蚕所を建設することになった。養蚕御用掛は内務少書記官佐々木長淳とし、群馬県佐位郡島村田島弥平夫妻等十数人を従事させたとされる。中には華族の子女で養蚕の伝習を望むものが十六人いた。
27　『明治天皇紀』第五、吉川弘文館、一九七一年、六〇頁。「皇太后、青山御所苑内養蠶所に行啓し其の業を覧たまふ、爾後數々行啓あり、十月二十日、天皇・皇后に各々同所製作の羽二重二反・紬一反　進したまひ、叉大臣・参議・宮内卿輔等に羽二重・紬・袱紗等を賜ふ、」
28　「東京日日新聞」一八八五（明治一八）年六月七日。
29　「皇居のご養蚕展」前掲、一三頁。この展覧会カタログにおいては、明確に「ご養蚕の復興」と記されている。
30　明治文化研究会編『明治文化全集』第二四巻、文明開化篇、日本評論社、一九六七年、一二三三頁。
31　『日本書紀（三）』坂本太郎・家永三郎・井上光貞・大野晋校注、岩波文庫、一九九四年、四二頁。

32　同前、一七〇―一七二頁。これについて本書では論を尽くすことができないが、著者は、継体天皇は雄略天皇の皇女を后にしていること、また継体天皇の出自に対する疑問も議論されていることなども、皇后親蚕によって公に肯定させる意図があったものと考える。
33　「皇居のご養蚕展」、前掲、一三頁。
34　ホブズボウム／レンジャー編『創られた伝統』前川啓治・梶原景昭訳、紀伊国屋書店、一九九二年。
35　高橋紘「創られた宮中祭祀」『昭和初期の天皇と宮中』第六巻、一九九四年、岩波書店、二五八頁。
36　布目順郎『倭人の絹――弥生時代の織物文化――』小学館、一九九五年、二一九頁。
37　同前、二三六頁。
38　同前、二三七頁。
39　同前、二三八―二三九頁。中国の場合、『爾雅』『礼記』の記述が最古とされている。新穀を嘗めると述べている点で日本の新嘗祭と同様とされるが、絹の使用については、不明である。また、後世の日本の場合、祭祀の複雑化のみならず、即位の年の新嘗祭を大嘗祭と称するなど形式の変化がみられるとされる。
40　アネット・B・ワイナー、ジェーン・シュナイダー編、『布と人間』佐野敏行訳、一九九五年、ドメス出版、二〇頁。
41　松崎敏弥・小野満『日本の皇室事典』主婦の友社、一九八八年、三五八頁。
42　三輪田眞佐子「うれしさのあまり」『女鑑』第三一号、一八九三年二月、七〇頁。
43　松尾多勢子については、『人物日本の女性史　江戸期女性の生きかた・第一〇巻』（円地文子監修、集英社）、『伝記叢書五九　松尾多勢子』（市村咸人著、大空社）に詳しい。
44　恩賜の品々は、種々あって、扇やふくさ、杯、煙草入れなどが一般的であり、白絹を下賜されるというのは、非常に大きな功労があった場合と考えられる。
45　「皇后宮陛下の御仁慈」『女鑑』第三一号、一八九三年一月、七三頁。
46　同前。
47　同前。

48　ワイナー、シュナイダー、前掲書、二〇頁。
49　『皇居のご養蚕展』前掲書、一七頁。
50　同前、一九頁。
51　高橋、前掲論文、二五七頁。
52　高橋は、同時に宮中祭祀に関わるものとして、「皇后の養蚕」と「天皇の稲作」をあげており、両者は新嘗祭と関わるものと定義している。
53　高橋、前掲論文、二五六―二五七頁。『皇室の百科事典』新人物往来社、一九八八年、一九九頁。天皇が稲作を始めたのは一九二七年（昭和二）であるが、皇太后が水田を作ったという記録は明治初頭に見られる。『明治天皇紀』によれば、一八七一年五月「皇太后の娯楽・運動のため、後院庭内に四百八十坪の稲田を開かしめたまふ、去月九日開墾に著手し、是の日、挿秧を為す」（四六〇頁）とあり、皇后が養蚕を始めたのとほぼ同時期に、皇太后が稲作を始めたことがわかる。稲作＝耕と養蚕＝織を対比してとらえることも可能だが、一八七一年当時、これが対になる行為として行なわれていたか否かは疑問である。また、通常、男女の役割として耕織文化を語るが、ここではその意味付けがされていないことは確かである。
54　若桑みどり『皇后の肖像』筑摩書房、二〇〇一年、一八四―一八五頁。
55　同前、一八二―一八三頁。
56　黄帝の皇后による養蚕は、近年絵本として出版されているなど、興味深い言説となっている。本書ではその絵本を分析するには至らなかったが、中国の皇后の養蚕が、現在、どのような文脈で解釈されようとしているのか、注目できると思われる。Lily Toy Hong, *THE EMPRESS AND THE SILKWORM*, 1995, U.S.A.
57　『養蚕秘録・蚕飼絹篩大成・蚕当計秘訣』日本農書全集三五、農山漁村文化協会、一九八一年、三二―四二頁。
58　「蚕業の歴史」『女鑑』一三年、二四号、一九〇四年一二月一五日。
59　新城理恵「絹と皇后――中国の国家儀礼と養蚕」『岩波講座　天皇と王権を考える　第三巻　生産と流通』二〇〇二年。
60　同前、一四一―一四二頁。
61　新城によれば、皇后の親桑については元帝の時に次のような史料があるとされる。「建昭四（前三五）年三月、雪が降り、燕が多く死んだ。谷永は（皇帝の下問に）答えて言った。「皇后は桑摘みと養蚕を行って祭服を作り、（皇帝と）共に、天地と宗廟につかえます。まさに、その日に西北より疾風が吹き、寒さと雪でその成果が破壊されました。これはよくないしるしです。みたまやで斎戒し、深く自責されるべきです」『漢書』巻二七、九八、元后伝、中華書局標点本、四〇三〇頁。

62 同前、一四四頁。

63 同前。

64 同前、一四七頁。

65 同前、一四八頁。

66 同前、一五五頁。

67 同前、一五六頁。しかしながら、この時の親蚕の儀式は、これ以降継続的に行なわれた形跡はなく、当時権力を握っていた藤原仲麻呂の唐風好みによって一時的に導入されたものと考えられている。

68 同前、一五六頁。

69 同前、一五六頁。

70 『明治天皇紀』二一九五頁。

71 『明治天皇紀』二一二五頁。

72 『明治天皇紀』四五〇頁。

73 片野真佐子「近代皇后像の形成」富坂キリスト教センター編『近代天皇制の形成とキリスト教』新教出版社、一九九六年、八六頁。

74 飛鳥井雅道『明治大帝』筑摩書房、一九八九年、一三九―一四一頁。

75 片野、前掲論文、八八頁。

76 同前。

77 同前、九六頁。

78 若桑、前掲書、六六頁。

79 奥原国雄『本邦蚕書に関する研究』一九七三年。
80 上垣守國(?—一八〇六(文化三))年養蚕家。但馬国養父郡蔵垣村で、蚕種製造業者で学者でもあった。一八〇三(享和三)年に著した『養蚕秘録』全三巻は、養蚕の原理、技術を総合的に体系立てて記述したもので、後代の蚕糸技術に大きな影響を与えたとされる。オランダの東洋学者ホフマンによって仏訳され、フランスのボナフーが注釈をつけたうえで、一八四八年に発行、それは日本の技術輸出の第一号ともいわれている。『養蚕秘録』は守國の晩年の著作である。
81 『養蚕秘録』、前掲書、五四—五五頁、「天竺霖異大王の事」より。筑波町にある蚕影神社の縁起書により、これらのことは伝えられている。
82 この点については、決定的な史料がなく、推論の域を出ない。しかしながら、「皇后親蚕」が産業奨励という文脈で語られるのは、明治初期ではなく中期以降の言説であること、また、経済史において富岡製糸場行啓を産業奨励としているのに対して、「皇后親蚕」は奨励策として扱われてはこなかったことなどから、産業奨励という文脈だけでは理解し得ない創出の経緯があったと考えられる。
83 荒木幹雄『日本蚕糸業発達とその基盤——養蚕農家経営——』ミネルヴァ書房、一九九六年、一七—一八頁。
84 同前、一八頁。
85 同前、二一—二二頁。
86 同前、二三—二四頁。
87 同前、二四頁。
88 同前、二五頁。
89 同前、三〇頁。
90 同前、三五頁。
91 同前、三八頁。
92 同前、四〇頁。
93 富岡製糸場は、最初民部省、大蔵省、のちに農商務省によって所管されている。

94　大日本蚕糸会編『日本蚕糸業史』第二巻、一九三五年。
95　三好、前掲書、五三頁。
96　たかせとよじ『官営富岡製糸所工女史料』たいまつ社、一九七九年、一四〇頁。
97　笠原一男編『日本女性史七　近代の女性群像』評論社、一九七三年。
98　絲《ママ》屋寿雄『講座近代日本女性のあゆみ第一巻　明治維新と女性の夜明け』汐文社、一九七六。
99　隅谷三喜男編著『日本職業訓練発達史』上、日本労働協会、一九七〇年。
100　村上信彦『明治女性史』中巻後篇、理論社、一九七二年、三七三頁。村上信彦もまた、富岡製糸場の工場としての特殊性を考慮し、職業として工女をとらえてはおらず、技術教育を目的とすることを示している。さらに、たかせとよじも、次のように指摘する。「多くの人たちは富岡製糸場へ伝習に行くということを、現在でいえば工業学校、あるいは工業大学校へでも行くように考えていた。山口県が工女募集の布令を出した中で、津田梅子らアメリカに留学した女子学生の例をひいていることからも推測されるところであり、公家華族のお姫さまも旧藩の重臣だった人の娘も、そういう考えのもとに富岡製糸場に入場した」としている。たかせとよじ『官営富岡製糸所工女史料』たいまつ社、一九七九年、一六三―一六四頁。
101　横田英『富岡日記』中公文庫所収。
102　出雲井晶『エピソードでつづる昭憲皇太后』錦正社、二〇〇一年、一一五―一一六頁。明治神宮編『昭憲皇太后さま』二〇〇〇年、四〇―四四頁。
103　たかせ、前掲書、二四頁。
104　『上毛新聞』一九二二年一二月一九日。
105　若桑、前掲書、二六八頁。
106　同前、二六〇頁。
107　片野、前掲論文。
108　同前、九〇頁。

109 東京慈恵病院については、皇室から多大な援助を受け、深くつながっていることがわかっている。設立の中心的な役割を果たした高木兼寛について慈恵病院との関わりで次の点を述べておく。
宮崎県穆佐村出身。鹿児島の蘭学医石神良策について医学の勉強を始めた。

一八七〇年にイギリス公使館付きだったウィリアム・ウィリスを教授として迎え、彼の外科手術に影響を受け、恩師石神良策の助力を得て、海軍省に入り、一八七二年四月、イギリス留学のため徴兵に応じて上京し、海軍中軍医に任命され海軍病院に勤務し、さらに三年後の一八七五年六月イギリス留学が決まり、ロンドンへ向かう。

一八八〇年一一月、イギリス留学を終え帰国、海軍中軍医監と同時に東京海軍病院長に命ぜられる。

イギリス留学中イギリスの優れた施療病院を見て、彼の考えに賛同する同志三五人が集まり、一八八二年「有志共立東京病院」（のちの東京慈恵会病院）を設立。

イギリスのセント・トーマス病院の内のフローレンス・ナイチンゲールの創立した看護婦養成所を見習い、アメリカ人リードの力をかり、一八八五年四月有志共立東京病院内に看護婦養成所を設立。最初の看護婦養成所。

創業当時の有志共立東京病院の経営は苦しく、これを助けたのは婦人慈善会協力のバザーだった。後に皇后を慈善会の総裁に迎え、これを機会に「東京慈恵医院」と改名。

皇后を総裁に迎え、一八八七年に正式に「東京慈恵医院」として発足し、五月九日には皇后を迎え開院式。また皇后の下賜金などによって医院の拡張、充実を図り、一九〇七年には「社団法人東京慈恵会医院」として正式登記。
110 『明治天皇紀』によれば、一八七九年四月二日、勤倹の聖諭によって、皇太后は一層節減と国産の奨励のために、養蚕事業をもって華族を誘導しようとしたとされる。これに天皇も同意し、内務少書記官佐々木長淳を青山御所養蚕御用掛として、青山御所内に新たに養蚕所を設置、華族の中で伝習の望む男女が一六人あったとしている。宮内省『明治天皇紀』第四、一九七〇年、吉川弘文館、六三九頁。
111 「皇居のご養蚕展」前掲書、一五頁。
112 『東京日日新聞』一八七九（明治一二）年三月二四日「青山御所で養蚕」。
113 『朝野新聞』一八七九（明治一二）年四月二〇日。

114　安田浩『天皇の政治史　睦仁・嘉仁・裕仁の時代』青木書店、一九九八、七八頁。

115　「去る十八日、華族組合の一部中より一名を華族会館へ呼び出し、今般格別の叡旨を以て、非常の節倹を仰せ出され、御手元の供御を減じられたるに付きては、皇后宮に於いてもまた叡旨を奉体せられ、日本の殖産中にて最も緊要なるは養蚕なればとて、親しく青山御所に於いて蚕を御養い遊ばさるべき旨を仰せ出されたれば、華族の婦女子輩にも、右の盛意を奉戴し、皇后宮の御側に出でて養蚕の業に就き、かくありがたき思召しを空しくせざるよう努めて誘導致すべく、なおまた追々相違すべき次第もあれど、取り敢えず右の旨論達に及ぶとの旨を、一同に達せられたりとぞ。」

116　宮内省『明治天皇紀』第五、一九七一年、吉川弘文館、六〇頁。

117　「岩倉公、産業興隆に華族の発奮を説く」一八八〇（明治一三）年八月五日『朝野新聞』。

118　『いろは新聞』一八八一（明治一四）年一〇月二六日。

119　『東京日日新聞』一八八五（明治一八）年五月七日「華族養蚕所　植物御苑内なる同所は、昨日を以て開業となり、磐城国三春町より教師として松本辰二郎旨を聘し、既に二十五枚の蚕紙を掃き立て、なお続々発生する趣にて、目下工婦に欠員ありとて、しきりに雇い入れ中なりとぞ。また同所の桑葉は、時候の不順なりしにも拘わらず、よほど繁茂したりと云う。」

120　『東京日日新聞』一八八三（明治一六）年一月一六日、「富岡竹次郎が養蚕所教師に」「内藤新宿の植物御苑内に設けられたる華族養蚕所の教師は、上州伊香保の富岡竹次郎といえる六十三歳の老翁なるが、翁の家は伊香保に屈指豪家にて、代々養蚕を業とせしが、翁殊にその業に精しく、かつ製糸の法を改良したり。近ごろは家をその子に譲りて自分は村内に隠れ、なお絶えず養蚕をなし、その業に老練の聞こえあれば、昨年の春、中村議官が伊香保に入浴の折、たびたびその家を訪い、養蚕製糸の事どもを尋ねられしに、いかにも篤行老練のその人なれば、この翁こそ華族養蚕所の教師には、最も適当の人なりと思われけれれば、その旨を咄されけるに、翁は大いに喜びて、命あらば謹んで御受けすべしと云うにぞ、中村議官は東京に伴い帰りて、養蚕所の教師に推挙せられ、昨年の秋繭より取り掛かり、貴族方の婦女子に養いかたを懇切に教えられければ、その収穫以外に多く、なお昨今はその製糸中のよりなり。また翁は同所の中へ織殿を設け、広く華士族の婦女子へも織方を教えられたき旨を、その筋へ申し立てられしと云う。」

さらに、別の教師であった富沢市太郎についても次のような記事が掲載されている。「兼ねても記せし植物御苑の華族養蚕所の教師富沢市太郎氏は、兼ねて養蚕の改良に心を尽くされしが、今また養蚕所にて、各地の繭を集めて試むるに不良なるもの多く、要するに不熟練に基するものの多きを見極めたれば、今度は各地の養蚕家を団結して一社を設け、各々自養の蚕種をその会社に出して良否を査別し、互いにその飼い方のいかん、または実験の良法を相通じ、蚕種を交換して、漸次に改良せんとの企てありしに、貴顕の方々にもともに助力せらるれば、近ごろまずその郷里なる群馬県下の養蚕家と謀り、同志を募り居らるると云う。」『東京日日新聞』一八九二（明治一六）年二月二日、「富沢市太郎、養蚕改良を図る」

121 『東京農工大学工学部百年史』一九八六年、四九頁。

122 福沢諭吉「士族の授産は養蚕製絲を第一とす」『福沢諭吉全集』第九巻、『時事新報論集二』一八八三年九月、一三一一七、一七四頁。

123 同前。

124 岸田俊子「祝詞」『女学雑誌』第一六三号、一八八九年五月二五日。

125 「家庭に於ける手工」『家庭雑誌』第二号、一八九二年一〇月、三九頁。

126 同前。

127 同前。

128 同前。

129 同前、三九―四〇頁。

130 同前、四〇頁。

131 同前。

132 同前、四〇―四一。

133 「養蚕の心得」『日本之女学』第七号、一八八八年三月、二七―二八頁。

134 「家庭科学　蚕の飼育法」『女鑑』一四年三号、一九〇四年二月、八四―九二頁。

135 「蚕業の歴史」『女鑑』一三年二四号、一九〇三年一二月、二八―三二頁。

136 「養蚕術」『家庭雑誌』第二七号、一八九四年四月、三四―三六頁、これ以降、九回にわたって連載が続けられている。

137 同前、三四頁。
138 同前。
139 共立女子職業学校設立の趣意書、一八八六年。
140 下田歌子「歴代皇后宮の御坤徳」『太陽』第二八巻八号、「皇室の光輝」一九二二年、八三―八四頁。
141 同前、八五頁。
142 同前。
143 同前。
144 熱田梅子「紅葉山御養蚕所を拝して――光栄に感激しつつ――」『家庭』第四巻七号、一九三四年七月一日。
145 上垣守國『養蚕秘録』日本農書全集三五、農山漁村文化協会、一九八一年、二四―二八頁。
146 『日本書紀（三）』坂本太郎・家永三郎・井上光貞・大野晋校注、岩波文庫、一九九四年、四二頁。
147 上垣守國『養蚕秘録』前掲、二四―二八頁。
148 下川耿史『近代子ども史年表　一八六八―一九二六　明治・大正編』河出書房新社、二〇〇二年、二四九頁。
149 「少子部連蜾蠃」『日本の家庭』三巻四号、一九〇六年五月一〇日、七五―七六頁。
150 『養蚕秘録』前掲書、一一八頁。
151 同前、三一頁。
152 出雲井晶『エピソードでつづる昭憲皇太后』錦正社、二〇〇一年、一一四頁。
153 「人生にも似た蚕の糸づくり」『朝日新聞』投書より、一九九八年六月二日、朝刊。
154 田島達也「開化絵――史料と美術のはざまで――」『国文学研究資料館館報』七七号、二〇〇二・九、七頁。
155 『蚕織錦絵展』カタログ、東京農工大学工学部附属繊維博物館、二〇〇三年、七頁。
156 この分類は前掲書『蚕織錦絵展』カタログにおける分類を用いている。「養蚕作労絵」は、風俗美人画の一種とされ、実際の養蚕作業を見て書いたものではないとされる。イメージの源泉には、「蚕家織婦之図」または「養蚕秘録」があったと考えられている。養蚕の作業をそれぞれ描いている。また、「見立絵」とはその名の通り他の事物・人物に見立てて養蚕の作業を描いたもので、若い一人の男性が女性に囲まれている「源氏見立絵」や、七福神や蚕神を描いた「福神見立絵」などがある。

157 掃き立てとは、孵化した毛蚕に小さな桑葉を与えて、蚕座に移す作業。そのため、桑葉をこまかく刻む作業が同時に描かれる。

158 養蚕神については、以下の文献を参照。『養蚕秘録』前掲書、一九八一年。

159 養蚕関係では午の日を吉日としている。午の刻が一日のうちで最も陽気が充満する時刻だからとされている。

160 伊藤智夫『絹』ものと人間の文化史六八—Ⅰ、法政大学出版局、一九九二年、一二頁。

大昔のこと、一人の男がいた。あるとき彼は旅に出かけ、家には娘と馬が残ることになった。娘は心さびしくて父を思慕するあまり、馬に向かい戯れに言った。「もし私のために、父上を迎えに行って帰ってきたら、お前の嫁になってあげよう」と。これを聞くや、馬は娘の父親の旅先まで走っていった。馬がおのれの走ってきた方向を見やりながら、悲しそうに嘶くのを見た父親は、我が家を案じ、馬に乗って帰宅した。ところが、帰宅してみると、馬の様子がどうもおかしい。いぶかった父親は、娘から留守の間の出来事を聞きだす。家門の恥であると考えた父親は、馬を殺し、その皮をはいで庭に干しておいた。あるとき娘が足で皮に戯れながら、「動物のくせに、人間を妻にしたいなどと考えるから、苦しむのだ」と言った途端、馬の皮が娘を巻き込み、そのまま遠くへ飛び去っていった。数日後、大樹の枝の間で、娘と馬は蚕と化していた。蚕はやがて大樹の上で糸を吐き、巨大な繭を作った。以上の変身譚である。

161 『養蚕秘録』前掲書、五四—五五頁「天竺霖異大王の事」によれば、昔、インドに霖異大王という人がおり、金色姫という娘がいた。后が亡くなり、新しい后を迎えた際に、この后の嫉妬心により、金色姫は憎まれ、獅子吼山という恐ろしい山に捨てられた。しかし、姫は無事で獅子に乗って国へ帰ってきた。次に、鷹群山という山へ捨てられた。しかし姫は鷹に養われ育てられた後、帰国した。さらに、海眼山という島へ島流しにされた。ところが、漁師が助け都へ送り届けた。最後に宮殿の庭に深い穴を掘り、姫を生き埋めにして殺そうとしたが、その埋めたあたりの土が光っていたため大王が気づき、掘ったところ姫がまだ無事であった。これらのことを案じた大王は、自分の娘を桑の木をくりぬいた船に姫を乗せて、海に流したところ、日本の常陸国豊良へたどり着き、浜辺で助けられたが、あえなく死んでしまった。そして、その姫の霊魂が変化して蚕となったということである。
筑波町にある蚕影神社の縁起書により、これらのことは伝えられている。
162 伊藤前掲書、二頁。
163 『養蚕秘録』、前掲書、九六頁。
164 同前、九七頁。
165 同前、九八頁。
166 布目順郎『倭人の絹——弥生時代の織物文化——』小学館、一九九五年、二四一頁。
167 荒木、前掲書、一三頁。荒木氏によれば、輸出品目総額のうちで生糸が占める比重は、一八六八（明治元）年四四%、一八七七（明治十）年四一%、一八九七（明治三〇）年三四%、一九〇七（明治四〇）年二七%となっており、開港以前から生糸が重要な輸出品であったこと、また、明治初期ほど高い比重を示している。
168 蚕は一回脱皮すると二齢、二回脱皮すると三齢、三回で四齢、そして四回目（大起）で五齢の蚕と呼ぶ。
169 号は豊原国周。
170 宮中の養蚕所も、実際にこのように洋装の女性たちを使って行っていたという記録はない。
171 図32については、宮中養蚕図であるとは特定できない。しかしながら、本書では、この図の持つ諸要素と時代性から宮中養蚕図として、またはそれに類するものとして扱うこととする。
172 若桑、前掲書、二三〇頁。
173 近世の農書絵については、異なる文脈でとらえる必要があるだろう。農書そのものが、そもそも教科書的な知識の伝達を目的として成立しており、そのことから挿図としての女性イメージが描かれた。しかしながら、『養蚕秘録』がフランスに渡り、日本の風物を描いた図像史料として流通したことを考えるならば、農書もまた、その目的如何に関わらず、流通の過程において都市的なまなざしの中に置かれていたことも指摘しておく。
174 若桑、前掲書、二三七頁。
175 同前、二三〇頁。

176 明治文化研究会編『明治文化全集』第二四巻文明開化篇、日本評論社、一九六七年、一二三三頁。
177 荒木、前掲書、一四頁。
178 細井和喜蔵『女工哀史』岩波書店一九五四年七月、二一〇頁。
179 同前。
180 同前、三九八―三九九頁。
181 同前、三九九頁。
182 天照大御神から養蚕を始めたとする言説も見られる。また天照大御神は養蚕の神として、祀られている。

■第3章

1 『大日本百科事典』小学館、一九六九年、二四五頁「手芸」の項目より。
2 『グランド現代百科事典』学習研究社、一九七二年、五一八頁、「手芸」の項目より。
3 桜井映乙子「近代学校成立期における手芸教育」「和洋女子大学紀要」第一三輯、一九六七年一一月五一頁。
4 飯塚信雄『手芸の文化史』文化出版局、一九八七年、七頁。
5 同前。
6 同前。
7 『グランド現代百科事典』前掲書。
8 同前。
9 『大日本百科事典』前掲書、二四五頁。
10 同前。
11 同前。
12 同前。
13 同前。

14 サミュエル・スマイルス『西国立志編』中村正直訳、須原屋茂兵衛、明治三年、第六編⑦。
15 「尋常小学ヲ分テ上下二等トス此二等ハ男女共必ス卒業スヘキモノトス」学制第二七章。
16 桜井、前掲論文、五三頁。
17 『グランド現代百科事典』前掲書、五一八頁。
18 女児小学に関しては、高野俊氏による詳細な研究がある。高野氏は、女児小学における手芸を「女紅」と同義として捉えている。高野俊『明治初期女児小学の研究——近代日本における女子教育の源流——』大月書店、二〇〇二年。
19 桜井、前掲論文、五三頁。
20 三好信浩『日本の女性と産業教育——近代産業社会における女性の役割』東信堂、二〇〇〇年、一一二頁。
21 青山学院編『青山学院九十年史』一九六五年。
22 同前。
23 同前。
24 検討した辞典・辞書類は、次のものである。
『いろは辞典』(一八八八年)高橋五郎著、漢英対照になっている
『日本辞書言海』(一八八九—九一年)大槻文彦著
『日本大辞書』(一八九二—九三年)山田美妙著
『日本大辞林』(一八八四年)物集高見纂
『帝国大辞典』(一八九六年)藤井乙男、草野清民編
『日本新辞林』(一八九八年)林甕臣、棚橋一郎編
いずれも、『明治期国語辞書大系』飛田良文他編、大空社、一九九七年—一九九九年において復刻されたものを用いている。
25 佐藤、前掲書、三九頁。
26 同前、五五頁。

27 同前、五五―五六頁。
28 同前、五六―五七頁。
29 飯塚、前掲書、九頁。
30 佐藤、前掲書、五五頁。
31 佐藤道信『明治国家と近代美術――美の政治学――』吉川弘文館、一九九九年、三七頁。
32 明治年間に出版された手芸テキストについては、国会図書館所蔵のものに限定して取り上げた。まだ他にも存在する可能性がある。
33 檉渓道人編『裁縫と手芸』家庭全書第五篇、一八九九年。
34 パット・フェレロ、エレイン・ヘッジス、ジュリー・シルバー『ハーツ　アンド　ハンズ――アメリカ社会における女性とキルトの影響』小林恵、悦子・シガペナー訳、日本ヴォーグ社、一九九〇年、一九頁。
35 須永金三郎『婦女手芸法』博文館、一八九三年。
36 鏑木かね子編『新撰女子の手芸』一九〇二年、魚住書店。
37 同前、一頁。
38 同前。
39 同前、一―二頁。
40 須永、前掲書、三四頁。
41 檉渓道人、前掲書、一六六頁。
42 同前、一六六頁。
43 鏑木前掲書。
44 下田歌子『女子手芸要訣』博文館、一八九九年、一四〇頁。
45 下田歌子『女子の技芸』冨山房、一九〇五年、一二三―一二四頁。
46 下田、前掲書、一八九九年、一二七―一二八頁。

47 下田、前掲書、一九〇五年、一三七頁。
48 鏑木、前掲書、三四頁。
49 山崎明子「明治国家における女性役割と「手芸」」『女性の技芸と労働をめぐる性差構造――特に「紡ぐ女・織る女」のイメージとその意味について――』千葉大学社会文化科学研究科研究プロジェクト報告第一集、一―一五頁。
50 須永、前掲書、一四〇―一四一頁。
51 櫄渓道人、前掲書、一―二頁。
52 下田、前掲書、一八九九年、一二七―一二八頁。
53 パトリシア・フィスター『近世の女性画家たち――美術とジェンダー――』思文閣出版、一九九四年、一一八頁。
54 櫄渓道人、前掲書、二六頁。
55 須永、前掲書、一三七頁。
56 櫄渓道人、前掲書、二六頁。
57 須永、前掲書、一三七頁。
58 鏑木、前掲書、一九頁。
59 下田、前掲書、一八九九年、一八〇―一八二頁。
60 同前。
61 ロジカ・パーカー、グリゼルダ・ポロック『女・アート・イデオロギー――フェミニストが読みなおす芸術表現の歴史』萩原弘子訳、新水社、一九九二年、九〇頁。
62 同前、九四頁。
63 鏑木、前掲書、七五頁。
64 下田、前掲書、一八九九年、一〇七―一〇八頁。
65 同前。
66 同前。

67 須永、前掲書、一四五—一四六頁。
68 同前。
69 下田。前掲書、一九〇五年、一〇七頁。
70 Rozsika Parker, *THE SUBVERSIVE STITCH, Embroidery and the Making of the Feminine*, 1984, London.
71 同前。
72 同前。
73 下田、前掲書、一九〇五年、五五頁。
74 須永、前掲書、一一六頁。
75 同前。
76 下田、前掲書、一八九九年、四—五頁。
77 同前、五—六頁。
78 同前、四—五頁。
79 下田、前掲書、一九〇五年、五五頁。
80 下田、前掲書、一八九九年、二七—三一頁。
81 下田、前掲書、一九〇五年、一四—一五頁。
82 下田、前掲書、一八九九年、二七—三一頁。
83 下田、前掲書、一九〇五年、一四—一五頁。
84 同前。
85 同前、七四頁。
86 同前、七四頁。
87 同前、七五—七六頁。
88 同前、七五—七六頁。

89 櫰渓道人、前掲書、一頁。
90 須永、前掲書、一―二頁。
91 下田、前掲書、一九〇五年、二五―二七頁。
92 下田、前掲書、一八九九年、六一―六二頁。
93 同前。
94 須永、前掲書、一―二頁。
95 下田、前掲書、一八九九年、一九二―一九三頁。
96 鏑木、前掲書、一四頁。
97 同前、五頁。
98 同前、一四頁。
99 加藤弘之、中島徳蔵『明治女大学』一～四、大日本図書、一九〇五年。
100 井上哲次郎『女大学の研究』東亜協会、一九一〇年。
101 同様の見解は、青山なを「福沢諭吉と女大学」『東京女子大論集』一九五六年。
102 石川謙校訂『養生訓和俗童子訓』岩波文庫。
103 『女四書』とは、『四書』になぞらえて、『女訓四書』すなわち、『女論語』『女誡』『内訓』『女孝経』（または『女範』）を総称するもので、わが国にも、江戸初期以来、多くの和訳本が流布している。
104 深谷昌志『良妻賢母主義の教育』黎明書房、一九九八年、二〇頁。
105 『女四書』の和訳本のうち、ここでは、嘉悦孝子『女四書詳解』尚文館、一九一一年によった。二五―二六頁。
106 深谷、前掲書、二〇―二一頁。
107 同前、二三―二四頁。
108 嘉悦孝子『女四書詳解』尚文館、一九一一年、七七―七八頁。

109 長崎県では、「女児ノ儀ハ普通小学科ノ傍裁縫ヲ教ヘ或ハ別ニ女学校ヲ設ケ適宜ノ科業ヲ定メ」てきたけれども、「女児ノ小学課程ヲ卒ルヤ既已ニ嫁期ニ近ク故ニ以テ中途退学シテ自家ノ政務ニ従事スル者往々不少」、「旧事ノ慣習」と無視しえないものがあるから、上等小学で、「女子適応ノ教科施行致候ハハ自然日用ノ効験ヲ顕ハシ随テ中途退学ノ弊モ相脱シ可申」『文部省日誌』(一八七八年、三号、長崎県伺、一一頁)ということで、明治十一年より男女共通教則を廃止し、「女児小学教則」を公布した。この場合特に重視されたのが婦徳の涵養で、「口授ノ科ハ女子ヲシテ婦道ヲ弁知セシムルノ良法ナリ」、「立居振舞言語応対ハ女子ノ尤モ嗜ムヘキモノタリ」『文部省日誌』(一八七八年、三号、長崎県伺、一四―一五頁)となり、一〇時から一二時までの毎日二時間――授業時間の三分の二を裁縫にふりあてた。また、新潟でも、「貞実温順ノ坤徳ヲ養成スル」ために、週五時間を手芸にあて、口授の樹幹を利用して「育児法種痘ノコト家事経済及ビ節婦貞女ノ行状」を教授するよう指示している。『文部省年報』(一八七八年、一五号、三三一)。

110 「今日女子ヲシテ教育ヲ受ケシムル者ヲ見ルニ読書ハ平仮名文ヲ読ミ又綴ルニ止リ算術ハ八等ニ止リ其修ム所普通科中ノ最浅薄ナル者ニシテ其他ハ肯ヲ望サルナリ、故ニ七八歳ニテ初テ入学シ十歳ニ至レハ出テ紡績裁縫ニ従フ」(岩手)『文部省年報』一八八〇年、二六二頁。
「裁縫、紡績ノ如キハ女子タルモノ欠ク可カラス忽ニスヘカラサル緊務」(福島)『文部省年報』一八七七年、三五五頁。

「女紅ノ事ハ女子ノ教育ニ於テ一日モ欠クヘカラサル者」(高知)『文部省年報』一八七七年、一四九頁。

と、女子教育にとって、裁縫、手芸のもつ意味を高く評価している。

111 神崎清『現代婦人伝』一九四〇年、中央公論、八三頁。

112 裁縫は週四時間、算術三、歴史四、理科、地理などない。「私立女学校開業上申」下田学校の項『東京の女子教育』一九六一年、八〇―八七頁。

113 「尋常小学ヲ分テ上下二等トス此二等ハ男女共必ス卒業スヘキモノトス」学制第二七章。

114 『明治以降教育制度発達史』一九三七年、第一巻、三四二―三四四頁。

115 深谷、前掲書、四六頁。

116 桜井、前掲論文、五三頁。

117 『グランド現代百科事典』前掲書五一八頁。

118 『文部省年報』には、各県から報告された「将来教育進歩ニ付須要ノ件」が記載されてあり、各県の重点政策の方向をうかがうことができる。女子教育に関する事項を列挙すれば、

埼玉、「女児小学ヲ設立シ、教科書ノ外ニ裁縫ノ一課ヲ置キ女紅ヲ尊重セシムル事」『文部省年報』一八七五年、一五〇頁。

京都、「学校中ニ女紅課ヲ設ケ女子ヲシテ長ク学ニ就カシムルノ計ヲ為ササルヘカラス」『文部省年報』一八七五年、二八九頁。

奈良、「上等小学ハ勿論、下等小学ト雖モ男子ノ体操時間ヲ以テ女紅ヲ教フル事」『文部省年報』一八七五年、三〇〇頁。

福島、「女子ハ必裁縫ナキ事アタハス」「文部省年報」一八七五年、四七六頁。

119 桜井、前掲論文、五九頁。

120 深谷、前掲書、七四頁。

121 『文部省年報』一八七五年、五〇頁。

122 一八七三（明治六）年三月設立の初音女紅場規則では、「方今文化の盛なる人々食力益世の務めを知り百工競ひ進み物産争ひ興る婦女子と雖も空手坐食す可き時に非ず」「上京第二九区女紅場規則」『女子のとも』一八九九年三月二日号、八六—八七頁。同年二月設立の柳地女紅場では、縫物屋（裁縫塾）は「間々深窓の少女を観劇に誘ひ或は俳優の容貌の研美を論じ以て長日の徒々を慰むる者あり」、これでは「小学校に入り玉と磨きし少女も所謂縫物屋に堕落し瓦となり砕けん」「女紅場規則上京三〇区」『女子のとも』一八九九年三月二日号、八六頁。

123 深谷、前掲書、七五頁。京都以外では、堺では、一八七四年娼妓に読み書きと芸ごとを授けるのを目的として女紅場が作られ（『文部省年報』一八七五年、六三頁）、その後、不就学児童、さらに、小学課程を修了した年長者へと対象が拡大され、一八七六年には管内に九二校の女紅場が設立された（『文部省年報』一八七六年、五三頁）。また、女紅場の名称は使用しなかったが、大阪には手芸学校が作られ、小学修了者に裁縫の技術（『文部省日誌』一八七九年三号、六—九頁）を伝達した。そして、明治九年には、公私合わせて一一五校、一八七七年には一三六校の手芸学校ができ、生徒数もそれ

ぞれ二〇六三人、二七四四人――大阪の女子就学者数の一五％にあたる――を数えている。
124 「学事諮問会書類」常見育男『家庭科教育史』光生館、一九五九年、一一一頁所収。
125 同前、一一二頁所収。
126 深谷、前掲書、八〇頁。
127 「普通学務局ヨリ各府県ニ通牒」「文部省日誌」一八八二年、一二号、一頁。
128 深谷、前掲書、八一頁。
129 『創立五〇年』東京女高師付属高女、一九三二年、二七頁。
130 同前、三三頁。
131 深谷、前掲書、八一頁。
132 青山さゆり会編『青山女学院史』一九七三年、一一七頁、Flora B. Harris による記述。
133 同前、一二八頁。
134 同前、一二九頁。
135 同前、一三二頁。
136 同前、一三二頁。
137 同前、一三七頁。
138 同前、一三五頁。
139 こうしたミッション系の女学校とは別に、跡見女学校等では欧化主義の時代に西欧の手芸を教授したことが知られている。しかしながら、基本的には、「欧化」＝「英語＋洋裁＋一般教養」の同義語であるかのようなカリキュラム構成であった。「今般左の処へ裁縫塾を仮設し、従来の弊習を一洗するを目的とし敬愛を主とし、専ら和洋の裁縫編物押絵英語の初歩を教授す。其課業に依り外国婦人をも聘し及び学士に依頼して加勢要旨を講義す。有志貴婦人令嬢陸続来習あらんことを企望す」『五十年史』跡見女学校、一九二五年、五四―五五頁。
さらに、英語教育と英国風家政を特色にした女範学校辻新次が英国より女教師を招いて作った学校（『女学雑誌』一八八七年八月二七日、六〇の二）、西洋裁縫から西洋割烹までの礼美女学欧州より女教師ふたりを招く（府中の裁縫教場所『女学雑誌』一八八六年九月二五日、広告欄）のように、生徒を集める手段として、「欧化」をうたう私塾も少なくない。

140 桜井、前掲論文、六一頁。

141 同前、六〇頁。

142 同前、六三頁。

143 同前、五六頁。

144 『グランド現代百科事典』前掲書、五一八頁。

145 今回、調査の対象としているのは、『日本之女学』『女鑑』『家庭雑誌』『ムラサキ』『婦人界』『女学雑誌』『女学新誌』である。

146 「家庭に於ける手工」『家庭雑誌』第二号、一八九二年一〇月一五日、三九―四〇頁。

147 大橋柳湖生「裁縫の唱歌」『家庭雑誌』第七五号、一八九六年四月一〇日、三三二頁、投稿。

148 「手芸案内　養蚕術」『家庭雑誌』第二七号、一八九四年四月一二日、三一四頁。

149 「家庭に於ける手工」、前掲論文、三九―四〇頁。「文明の世になれば、分業盛に行はれ、織物には、呉服屋あり、裁縫には、仕立屋あり、割烹には、料理屋あり、富さへあれば、何事も手を動かさずして出で来る便利の世の中なれば、或は、如何にして己が身に纏ふ綾羅の出で来るかを知らず、中には、桑の葉も見ず、蚕も知らず、縦し之を知るも、纔かに絵本にて知り得たるが如き者もあるべし。然れども若し、自ら是等の事を作し、如何に一の繭を造り、繭より糸を造り、糸より織物となり、織物より衣服となる迄に、人の手数を掛けたるかを思へば、何となく佗に向て同感の情を深くし、己が傲り高ぶる心も、自から和らぎ、謙遜にして愛憐ふかく、而かも勉強にして怠らざる人となるを得べし。」

150 服部徹「女子社会の殖産事業」。

151 恕哉「家政と裁縫」『家庭雑誌』第七五号、一八九六年四月一〇日、三四頁。「一家の主婦たるものが、家政を整理する上に於て欠く可からざるの業務は直接裁縫にあり、其貴賎貧富の如何に拘らず、婦人処世の一要務として、よし自ら手を下して為さざるも、必ず普通裁縫の心得はなかるべからず。」

152 「手芸案内　養蚕術」前掲論文、三一四頁。
153 「家庭に於ける手工」前掲論文、三九—四〇頁。
154 下田歌子「女子の美育」『女鑑』一五年一二号、一九〇五年一二月一日、一三頁。
155 恕哉、前掲論文、三四—三五頁。
156 梶田錠次郎「婦人と図案」『婦人界』第一巻第一号、一九〇五年七月一日、二〇六—二一〇九頁。「近来美育と云ひ、美術教育と云ひ、女子の間にも既に行われて居る事であらうが、（中略）絵画及び工芸音楽等を学ばれつつあるも、それらは一種の技芸として必要なので、美の思想を養成するの手段には遠いやうに思はれる。直接に美の趣味を解得し好尚的知識の発達を計るには、即ち図案なるものを学ぶべきであらうと思ふ。」
157 梶田、前掲論文、二〇六—二一〇九頁。
158 下田、前掲論文、一四—一五頁。
159 「発刊の趣旨」『女鑑』第一号、一八九一年八月八日、一—八頁。
160 「家庭に於ける手工」前掲論文、三九—四〇頁。
161 たみ「主婦と手芸」『婦人之友』二巻一二号、一九〇九年一二月一〇日、五三六頁、一般女性からの投稿記事より。
162 「家庭に於ける手工」前掲論文、三九—四〇頁。
163 同前。
164 同前。
165 同前。
166 同前。
167 同前。
168 青木文造「女子の手芸に就き」『女鑑』一三年一八号、一九〇三年九月一五日、四二頁。
169 磯野吉雄「女子と手芸」『ムラサキ』第二巻二号。
170 共立女子職業学校へは、一八八八年三月に、明治天皇が生徒制作品天覧しており、その翌年の一八八九年の皇后の行啓の状況が記された記事だと思われる。
171 『日本之女学』第二〇号、一八八九年四月二〇日、七二―七四頁。
172 「東京裁縫女学校成績品展覧会」『女鑑』一五年五号、一九〇五年五月一日、九九―一〇〇頁。
173 「淑女協会」『女鑑』一三年一二号、一九〇三年一一月一五日、一〇三―一〇四頁。
174 「女子工芸奨励会」『女鑑』第五七号、一八九四年二月二〇日、八六頁。
175 「皇后陛下の御徳」『女鑑』第三四号、一八九三年三月五日、六七頁。
176 「婦人手芸品博覧会の出品奨励」『女鑑』第一四八号、一八九八年一月五日、八〇―八一頁。
177 「婦人手芸共進会」『女鑑』第一五二号、一八九八年三月五日、六七頁。
178 『共立女子大学一〇〇年史』。
179 私立女子美術学校の卒業アルバムについては、女子美術大学同窓会が所蔵する大変貴重な図版類を見せていただいた。ここに深くお礼申し上げる。
180 吉見俊哉『博覧会の政治学――まなざしの近代』中央公論社、一九九二年。
181 シカゴ万博の女性館については、二〇〇二年美術史学会例会において女性館全体に関する分析がなされ、また二〇〇三年イメージ&ジェンダー研究会においては、日本からの出品作品に関して味岡京子氏による詳細な研究発表があった。氏によれば、出品者である女性たちの作品の多くが手芸的要素を持つ作品であったとされる。
182 浅井忠は、一九〇二(明治三五)年に帰国し、京都高等工芸学校で図案を教え始める。この時期から、京都のデザイン界において、アール・ヌーヴォーが確実に伝えられ、一九〇三(明治三六)年の大阪第五回内国勧業博覧会を機に、モダン・スタイルへの転回に重要な役割を果したとされる。海野弘「明治のモダン・デザイン」山辺知行監修『明治の文様染織』光琳社出版、一九七九年、二一八頁。
183 海野前掲論文、二一六頁。黒田は、パリ万博の土産として、カタログや絵葉書、本などを持ち帰り、当時黒田家に寄宿していた杉浦非水や中沢弘光らは、それらの刺激を受けたとされる。
184 海野、前掲論文、二一六頁。漱石との出会いによって橋口五葉もまた、アール・ヌーヴォーのデザインをしたとされている。
185 同会は藤井のほか、岡田三郎助ら工芸に深い理解を持った画家、高村豊周、西村敏彦ら新進の工芸作家、広川松五郎、今和次郎、斉藤佳三ら図案家、工芸評論で活躍していた渡辺素舟など多彩な顔触れの同人である。その目的とするところは「従来の工芸美術家は、特に技巧的には秀でていたが、思想的には甚だ貧弱で、到底も現代の工芸美術を創るに足るとは考えられなかった」(岡田三郎助「作品で饒舌せたい」『装飾美術家協会第一回展目録』所載、一九一九年一〇月)状態であったのを、しっかりと現代を把握して、実用性と芸術性を合わせ持つ、真の工芸作家を目指そうというものだった。同会はわずか二年間で終わってしまうが、藤井ら同人たちの非常な熱意によって、自由で新鮮な作品が提示され、大きな反響をよぶとともに、この後に多大な影響を与えた。
186 リンダ・バリー『ウィリアム・モリスのテキスタイル』多田稔、藤田治彦訳、岩崎美術社、一九八八年、三四頁。
187 同前、三九―四〇頁。
188 同前、四〇頁。
189 同前、四一頁。
190 同前、四二頁。
191 同前。現存する彼の下絵を見れば、どの人物をどの女性が受持つことになっていたのかということがはっきりわかる。この計画は、刺繍が全く始められないうちに放棄された。しかし、その図柄は棄てられないで、ずっと後になってステンド・グラスのために用いられた。
192 同前。
193 同前、五一―五二頁。
194 小野二郎『ウィリアム・モリス研究』小野二郎著作集一、晶文社、一九八六年、一一九頁。
195 同前、一二一頁。
196 藤井達吉『美術工芸の手ほどき』博文館、一九三〇年。
197 白石和己「新しい工芸を求めて――大正時代の藤井達吉」『藤井達吉展―近代工芸の先駆者』カタログ、東京国立近代美術館、一九九六年、一一頁。
198 同前。
199 藤井達吉『家庭手芸品の製作法』主婦之友社、一九二三年、序文より。
200 藤井達吉「趣味と実用を兼ねた素人彫刻」『主婦之友』一九二一年一月、一七八頁。
201 藤井達吉「素人に出来る風雅な蒔絵式彫刻」『主婦之友』一九二一年二月、一二三頁。
202 同前。
203 藤井達吉「自分の趣味に生きる高雅な帯の刺繍」『主婦之友』一九二一年五月、一二四頁。
204 藤井達吉「芋版更紗を応用した夏の窓掛」『主婦之友』一九二一年七月、一五八頁。
205 藤井達吉「素人にも出来る家庭図案」『主婦之友』一九二二年六月、一八五頁。
206 ポロック／パーカー、前掲書、一〇〇頁。
207 同前。

■結 論

1 菊池城司『近代日本の教育機会と社会階層』東京大学出版、二〇〇三年。
2 上野千鶴子『家父長制と資本制』岩波書店、一九九〇年。
3 アネット・B・ワイナー／ジェーン・シュナイダー編集『布と人間』佐野敏行訳、ドメス出版、一九九五年。
4 牟田和恵「戦略としての女──明治・大正の「女の言説」を巡って」『思想』一九九二年二月。
小山静子『良妻賢母という規範』勁草書房、一九九一年。

図版一覧

1 尾竹国観「宮中養蚕図」下田歌子著『女子の技芸』冨山房、一九〇五年
2 「明治四年宮中御養蚕御蚕室平面図」『日本蚕糸業史』大日本蚕糸会、一九三五年、千葉県立図書館蔵
3 「中華蚕始りの事」『養蚕秘録』日本農書全集三五、農山漁村文化協会、一九八一年
4 『養蚕秘録』表紙絵、同前
5 「日本養蚕始之事」『養蚕秘録』同前
6 荒井寛方「富岡製糸場行啓」一九二七年、明治神宮聖徳記念絵画館蔵
7 翌軒竹葉「宮中養蚕之図」一八八六年、東京農工大学工学部附属繊維博物館蔵
8 「明治四年奉仕者」『日本蚕糸業史』前掲
9 歌川国輝「大日本蚕神像兼略伝」一八六五年、東京農工大学工学部附属繊維博物館蔵
10 「衣笠明神」一八七四年、同前
11 「馬鳴菩薩」『養蚕秘録』前掲
12 「金色姫誕生」『養蚕秘録』同前
13 「稚産霊日神」『蚕桑弁』野村義雄著、喜多村豊景、一八七五年、王潤堂、山碕與三兵衛
14 「蚕神を祭る図」『蚕桑弁』同前
15 「蚕神祭の事」『養蚕秘録』前掲

16 蜂須賀国明「千代の栄　蚕の養」一八七七年、東京農工大学工学部附属繊維博物館蔵
17 梅堂国政「養蚕皇国栄」一八七七年、同前
18 雄斎国利「大日本国産図養蚕天覧之図」一八七七年、同前
19 楊洲周延「開化養蚕之図」一八七九年、同前
20 荒州八十八（豊原国周）「皇国蚕之養育」一八八〇年、同前
21 梅寿国利「養蚕天覧之図」一八八〇年、同前
22 楊洲周延「蚕製糸献上図」一八七九年、同前
23 楊洲周延「養蚕之図」一八八六年、同前
24 楊洲周延「富貴之春蚕之繁栄」一八八九年、同前
25 梅堂国政「美人養蚕之図」一八八七年、同前
26 楊洲周延「女官洋服裁縫之図」一八八七年、東京家政学院大学附属図書館蔵
27 楊洲周延「梅園唱歌図」一八八七年、早稲田大学附属図書館蔵
28・29 槱渓道人編『裁縫と手芸』挿図、一八九九年
30・31 槱渓道人編『裁縫と手芸』図案「日ノ出ニ鶴」、「手毬ニ猫」一八九九年
32 共立女子職業学校、ローマ博出品作品の制作、『共立女子学園百年史』所収
33 「大正博覧会出品作品」女子美術学校卒業アルバム、一九一五年、女子美術大学同窓会蔵
34 「大正博覧会の際　皇后陛下に献上したる成品」同前
35 「パナマ・パシフィック国際博覧会裁縫科出品作品」同前
36 「パナマ・パシフィック国際博覧会造花科出品作品」同前
37 「パナマ・パシフィック国際博覧会編物科出品作品」同前
38 「裁縫科出品製作の作業」同前
39 「造花科出品製作の作業」同前

資料

■資料1　下田歌子年譜

一八五四（安政元）年八月八日、岐阜県恵那郡岩村町に旧岩村藩主平尾鍒蔵の長女として生まれた。幼名を鉐（せき）という。父、平尾鍒蔵は儒学者であった。

一八七〇（明治三）年、下田が一七歳の時、父鍒蔵が東京に出て、神祇官宣教掛となる。

一八七一（明治四）年に、下田も父のあとを追って上京し、祖父東条琴台に教えを受ける。また、和歌を加藤千浪・八田知紀に学んだ。

一八七二（明治五）年、一九歳の折、宮中に出仕し、宮内省十五等に補せられる。そこで和歌の才能を評価され、皇后から歌子の名を賜わったとされ、以降「歌子」と呼ばれた。

一八七九（明治一二）年には七年にわたる宮中奉仕を辞す。

一八八〇（明治一三）年、旧丸亀藩士下田猛雄と結婚した。

一八八二（明治一五）年、宮中を辞し結婚した後、宮中での経験を生かし、下田二九歳の時に女官時代に知遇を受けた伊藤博文、山県有朋、井上毅など政府高官たちの要望と援助で、自宅にて私立桃夭（とうよう）学校（桃夭女塾、下田学校）を創設して、華族・上流子女の教育を始めた。これが下田が女子教育に携わる第一歩であったといえる。

一八八四（明治一七）年五月、夫が死去し、短い結婚生活を終える。その直後の七月には宮内省御用掛を命じられ、華族女学校（女子学習院の前身）創設の仕事を任命される。

一八八五（明治一八）年には華族女学校が開設され、下田は幹事兼教授に任ぜられ、校長事務を代行した。

一八八六（明治一九）年、華族女学校学監に任ぜられ、叙正六位を与えられる。

一八九三（明治二六）年下田四〇歳の折の、欧米各国の女子教育の状況、つまりイギリス王室の皇女教育やフランス、ドイツなど各国の女子教育を視察するためを視察するために、渡欧であった。下田の渡欧経験については、第1章で詳述した通り、この滞欧生活がその後の下田の女子教育構想に大きな影響を与えている。

一八九五（明治二八）年五月、ヴィクトリア女王に謁見し、同年八月、視察を終えて帰国している。

一八九六（明治二九）年に帰国。この下田の視察はもともと皇女教育の目的があり、帰国後予定通り明治天皇の第六皇女・第七皇女である常宮・周宮両内親王御用掛を命ぜられ、皇女教育の任を引き受けると同時に、正五位を与えられる。

一八九八（明治三一）年、下田は帝国婦人協会を組織し、自らその会長となった。

一八九九（明治三二）年には、帝国婦人協会付属実践女学校と、女子工芸学校を、東京市麹町区元園町に開設し、その校長となる。また、この年、帝国婦人協会の機関紙『日本婦人』を発刊した。

一九〇一（明治三四）年、愛国婦人会を設立し、この年従四位を与えられる。この年には、実践女学校に初めて清国留学生一名入学しており、後の下田の構想の一端を見ることが出来る。

一九〇二（明治三五）年には愛国婦人会機関紙『愛国婦人』を発刊する。

一九〇三（明治三六）年、東京府下渋谷町常盤松旧御料地二千坪を恩借し、実践女学校新校舎を建設、移転させた。

一九〇五（明治三八）年には、実践女学校に清国留学生部を設け、赤坂区桧町に分教場を置く。

一九〇六（明治三九）年、華族女学校廃止され、学習院女子部となったため、学習院教授兼女学部長に任ぜられる。正四位を与えられる。

一九〇七（明治四〇）年、学習院女学部長を辞任する。勲四等宝冠章を受ける。しかし、実践女学校の経営は順調で、清国奉天省より官費留学生二三名の教育を委嘱される。他に私費留学生二一名入学。以後一九一四（大正三）年まで清国各省より留学生を受入れ、九〇余名の卒業生を出すこととなった。

一九〇八（明治四一）年、実践女学校の全財産および私財を寄付して、財団法人帝国婦人協会実践女学校を設立し、理事に就任する。実践女学校付属幼稚園を設立し、園長に就任するのもこの年である。また同年、従三位を与えられる。

一九一八（大正七）年、大日本婦人慈善会経営順心女学校の校長に就任する。

一九一九（大正八）年、滋賀県神崎郡五箇荘町淡海女子実務学校（現在淡海女子専門学校）設立に際し、その顧問となる。

一九二〇（大正九）年、愛国婦人会会長に就任する。

一九二一（大正一〇）年には、逓信省貯金局女子従業員の教育を目的として明徳女学校を設立し、校長に就任する。また愛国婦人会会長として、樺太および朝鮮・満州に出張する。

一九二三（大正一二）年の関東大震災の惨害に対し、愛国婦人会および実践女学校を中心として、罹災者救援活動を展開し、年末におよんだ。

一九二四（大正一三）年、愛国婦人会本部内に愛国夜間女学校を設立し、その校長に就任する。

一九二五（大正一四）年には、淡海女子実務学校を継承して校長となり、実践女学校より教師五名を派遣する。

一九二六（大正一五）年、淡海女子実務学校を昇格、淡海高等女学校と改称する。

一九二七（昭和二）年、愛国婦人会会長を辞し、同会本部顧問となる。勲三等瑞宝章。

一九二九（昭和四）年には実践女学校に付属夜間女学校を設ける。

一九三〇（昭和五）年、淡海高等女学校の校長を辞す。

一九三一（昭和六）年、帝大病院塩田外科に入院。手術をうける。この時、下田は七八歳になっており、次第に自分のかかわった女子教育施設から、身を引き始めていた。

一九三五（昭和一〇）年、故郷の岐阜県恵那郡岩村町の生誕地跡に下田歌子顕彰碑成り、除幕式を挙行する。

一九三六（昭和一一）年一〇月八日、肺水症のため逝去する。遺骨は東京都小石川護国寺墓地に埋葬されている。

一九三七（昭和一二）年、実践女学校の校庭に香雪神社建立され、鎮座祭が行なわれた。

■資料2　皇室の養蚕関連年表（群馬県立日本絹の里「皇居のご養蚕展」図録、二〇〇二、参照）

〈西暦年〉	〈和暦年〉	〈月〉	〈事蹟〉
一八七一	明治四	二	東京城吹上御苑内に蚕室を作り、養蚕を開始する。上州岩鼻県に蚕桑に詳しい女四人を差し出すよう命が下る。
一八七一	明治四	三	皇后自ら桑を摘み、蚕を育てる。四人の女性、出京。御苑内で蚕桑の指導。
一八七三	明治六	五	皇居吹上御苑の養蚕所が火災で全焼。
一八七三	明治六	六	皇太后・皇后、富岡製糸場に行啓。
一八七六	明治九	六	天皇、二本松製糸会社に行幸。
一八七八	明治一一	九	天皇、屑糸紡績所、座繰製糸場、精糸原社、模範製糸工場に行啓。
一八七九	明治一二	四	英照皇太后、青山御所に養蚕所を設け、親蚕を開始する。以降、一八九六年まで継続。
一八八一	明治一四	九	明治天皇、秋田県蚕種製造業川尻組に行幸。
一九〇二	明治三五	六	皇太子（大正天皇）、群馬県富岡製糸場に行啓。
一九〇五	明治三八	五	皇太子妃（貞明皇后）、東京蚕業講習所（東京農工大学）に行啓。
一九〇五	明治三八	一〇	大日本蚕糸会初代総裁に伏見宮貞愛親王就任。一九一三年まで。
一九〇六	明治三九	五	皇太子妃（貞明皇后）、小石丸を育てる。一九〇七年も継続。
一九〇八	明治四一	五	皇太子妃（貞明皇后）青山御所の養蚕所における養蚕を復活させる。一九一二年まで継続。
一九〇八	明治四一	六	昭憲皇太后、東京蚕業講習所に行啓。
一九〇八	明治四一	九	皇太子（大正天皇）、福島県二本松製糸会社、福島県立蚕業学校、福島市教導生糸荷造所に行啓。

一九〇九　明治四二　九　皇太子（大正天皇）、岐阜県立岐阜農林学校に行啓。
一九一〇　明治四三　五　迪宮裕仁（昭和天皇）、淳宮（秩父宮）が、東京蚕業講習所を視察。
一九一〇　明治四三　六　皇太子（大正天皇）、東京蚕業講習所行啓。
一九一〇　明治四三　九　皇太子（大正天皇）、京都府庁（構内の蚕病予防事務所）、京都蚕業講習所に行啓。
一九一〇　明治四三　一〇　皇太子（大正天皇）、滋賀県立長浜農学校、近江製糸株式会社に行啓。
一九一〇　明治四三　一一　皇太子（大正天皇）、三重県伊藤小左衛門製糸場、愛知県岡崎市三龍社製糸場に行啓。
一九一二　明治四五　三　皇太子（大正天皇）、山梨県甲府市草薙社に行啓。
一九一二　明治四五　四　皇太子（大正天皇）、山梨県甲府市矢嶋製糸場に行啓。
一九一二　明治四五　五　皇太子（大正天皇）、千葉県農事講習所（千葉県蚕業試験場）に行啓。
一九一三　大正二　四　貞明皇后、青山御所にて親蚕開始。
一九一三　大正二　八　大日本蚕糸会第二代総裁に閑院宮載仁親王就任（一九四五年まで）。
一九一四　大正三　四　貞明皇后、皇居内紅葉山に養蚕所を新設し、親蚕を開始する。一九二七年まで継続。
一九一四　大正三　一〇　梨本宮守正王、群馬県原富岡製糸場視察。
一九一五　大正四　春　貞明皇后、皇居内本丸に六反歩の桑園を新設。
一九一五　大正四　四　貞明皇后、大日本蚕糸会に一首下賜。
一九一五　大正四　五　紅葉山養蚕所東京蚕業講習所の教員、生徒が拝観。
一九一五　大正四　六　養蚕所で東京蚕業講習所の生徒による繰糸と真綿の製造が行なわれる（一九四四年まで）。
一九一五　大正四　一〇　貞明皇后、大日本蚕糸会に金一封を下賜（蚕糸功労者恩賜賞基金の原資となる）。
一九一六　大正五　六　紅葉山養蚕所を大日本蚕糸会の役員が初めて拝観。
一九一六　大正五　春　貞明皇后、大日本蚕糸会に養蚕所生産の繭と生糸各一箱を下賜。
一九一六　大正五　一〇　貞明皇后、東京蚕業講習所に行啓。
一九一六　大正五　一一　貞明皇后、大日本蚕糸会に養蚕所生産の生糸による袱紗を下賜。

一九一七　大正六　五　貞明皇后、紅葉山養蚕所にて初めて「掃立式」を行なう（一九二八年以降「御養蚕始の儀」と改める）。
一九一七　大正六　六　貞明皇后、紅葉山養蚕所の蚕室にて製糸を開始する（一九二六年まで継続）。
一九一七　大正六　九　貞明皇后、紅葉山養蚕所にて初めて「奉告祭」を行なう（一九二八以降「御養蚕納の儀」と改める）。
一九一七　大正六　九　養蚕所に隣接して休所が新築される。
一九一七　大正六　一一　貞明皇后、国立蚕業試験場綾部支場（京都府）、郡是製糸株式会社に行啓。
一九一八　大正七　五　貞明皇后、農林省蚕業試験場（東京）に行啓。
一九一九　大正八　五　貞明皇后、京都高等蚕糸学校に行啓。
一九一九　大正八　七　皇太子（昭和天皇）、長野県小県蚕業学校、上田蚕糸専門学校行啓。
一九二〇　大正九　五　アメリカ絹業協会派遣団一行が紅葉山養蚕所拝観。
一九二〇　大正九　八　貞明皇后、福島県若松市蚕養国神社に参拝。
一九二〇　大正九　一〇　貞明皇后、埼玉県片倉製糸紡績株式会社大宮工場に行啓。
一九二〇　大正九　一一　皇太子（昭和天皇）、大分県片倉製糸紡績株式会社大分製糸所に行啓。
一九二二　大正一一　一〇　皇太子（昭和天皇）、山梨県富士風穴を視察。
一九二二　大正一一　一〇　皇太子（昭和天皇）、大日本蚕糸会山梨支会第四回蚕糸品評会に臨む。
一九二三　大正一二　五　久邇宮良子（香淳皇后）、熊本蚕業試験場視察。
一九二四　大正一三　八　皇太子・皇太子妃、福島県若松市蚕養国神社に参拝。
一九二六　大正一五　一　貞明皇后、大日本蚕糸会に歌五首を下賜。

■資料3　明治年間の天皇の行動に関する報道（慶応は慶、明治は明と略記する。以下、資料4・5も同様）

〈行なわれた年月日〉				〈トピック〉	〈媒体〉	〈掲載日〉
慶四	一八六八	三	二六	海軍叡覧	行在所日誌	慶四・三・二七
慶四	一八六八	八	二七	即位式	太政官日誌	慶四・八
明二	一八六九	六	五	菊池容斎の絵を天覧	中外新聞	明二・六・五
明四	一八七一	九	三	兵部省へ臨幸	新聞雑誌	明四・九
明四	一八七一	一一	二	海軍上覧	万国新聞	明五・一
明四	一八七一	一一	二一	横須賀行幸、造船所巡覧	太政官日誌	明四・一一・二三
明五	一八七二	五	二三	浜離宮、軍艦	新聞雑誌	明五・六
明五	一八七二	五	二四	金田港出発、遠州灘に入る	新聞雑誌	明五・六
明五	一八七二	五	二五	鳥羽港着	新聞雑誌	明五・六
明五	一八七二	五	二六	伊勢内外宮参拝	新聞雑誌	明五・六
明五	一八七二	六	一〇	下関巡幸	東京日日	明五・六・二四
明五	一八七二	九	九	東京横浜間鉄道開通式臨幸	新聞雑誌	明五・九
明六	一八七三	三	六	蒲田梅林行幸	東京日日	明六・四・一八
明六	一八七三	三	二〇	断髪	新聞雑誌	明六・三
明六	一八七三	四	二九	小金原行幸、近衛兵引率	新聞雑誌	明六・四
明六	一八七三	四	二九	大和田行幸、近衛の指揮引率	新聞雑誌	明六・五
明六	一八七三	五	五	火事、赤坂離宮に立ち退き	東京日日	明六・五・五
明六	一八七三	八	一〇	箱根温泉行幸	東京日日	明六・八・一〇
明六	一八七三	九	八	伊王族と飾隊行軍を天覧	新聞雑誌	明六・九

明六	一八七三	一〇	九	開成学校天覧	新聞雑誌	明六・一〇
明六	一八七三	一〇	二〇	三条家臨幸、病気見舞い	新聞雑誌	明六・一〇
明六	一八七三	一一	二八	ご真影を各府県に下賜	日新真事誌	明六・一二・五
明七	一八七四	三	一八	横浜の灯台とガス灯を天覧	新聞雑誌	明七・三・一八
明七	一八七四	九	一九	蓮沼で練兵を天覧	東京日日	明七・九・二二
明七	一八七四	一二	九	金星観測	郵便報知	明七・一二・一二
明七	一八七四	一二	一九	三条実美邸へ臨幸	郵便報知	明七・一・九
明八	一八七五	一	九	海軍始の式臨幸	朝野	明八・一・一〇
明八	一八七五	一	三一	黒田邸へ行幸	読売	明八・二・一七
明八	一八七五	二	二二	招魂社へ行幸	読売	明八・二・二三
明八	一八七五	四	四	隅田川へ行幸	東京日日	明八・四・五
明八	一八七五	五	三〇	習志野原で練兵を天覧	東京日日	明八・六・二
明八	一八七五	七	一七	地方官会議開院式行幸	郵便報知	明八・七・一七
明八	一八七五	八	三	ご真影を京都へ	郵便報知	明八・八・一二
明八	一八七五	一〇	七	華族会館へ行幸	郵便報知	明八・一〇・八
明九	一八七六	一	二八	旧有栖川邸へ行幸	東京曙	明九・一・二九
明九	一八七六	四	四	岩倉邸の観能会へ臨幸	東京曙	明九・四・五
明九	一八七六	四	一四	王子抄紙会社へ行幸	東京曙	明九・四・一五
明九	一八七六	四	一九	大久保利通邸へ行幸	東京曙	明九・四・一八
明九	一八七六	五	五	静寛院邸で能を天覧	郵便報知	明九・五・六
明九	一八七六	五	九	上野公園開院式に臨御	東京曙	明九・五・一〇
明九	一八七六	六	二	奥羽へ出発	東京日日	明九・六・三

明九	一八七六	六	五	宇都宮着、鎮台分営演兵叡覧	東京日日	明九・六、六
明九	一八七六	六	一〇	梅の宮死去。宇都宮泊まり	東京日日	明九・六・一〇
明九	一八七六	六	一三	白川着、旧城内天覧	東京日日	明九・六・一四
明九	一八七六	六	一九	福島着、県庁天覧	東京日日	明九・六・二〇
明九	一八七六	六	二二	福島出発白石泊まり	東京日日	明九・六・二六
明九	一八七六	六	二三	岩沼泊まり	東京日日	明九・六・二六
明九	一八七六	六	二四	仙台到着、松島、塩釜臨幸	東京日日	明九・六・二六
明九	一八七六	六	二七	仙台発、松島臨幸、魚漁天覧	東京日日	明九・七・四
明九	一八七六	六	二八	朝富山臨幸、塩釜臨幸	東京日日	明九・七・四
明九	一八七六	六	二九	多賀城跡、仙台着	東京日日	明九・七・四
明九	一八七六	六	三〇	仙台発、吉岡泊まり	東京日日	明九・七・四
明九	一八七六	七	一	古河泊まり	東京日日	明九・七・四
明九	一八七六	七	二	築館泊まり	東京日日	明九・七・四
明九	一八七六	七	三	一関着	東京日日	明九・七・四
明九	一八七六	七	四	一関出発、中尊寺立ち寄る	東京日日	明九・七・七
明九	一八七六	七	五	花巻泊まり	東京日日	明九・七・七
明九	一八七六	七	六	盛岡	東京日日	明九・七・七
明九	一八七六	七	九	一戸泊まり	東京日日	明九・七・一五
明九	一八七六	七	一〇	三戸泊まり	東京日日	明九・七・一五
明九	一八七六	七	一一	五戸泊まり	東京日日	明九・七・一五
明九	一八七六	七	一二	七戸泊まり	東京日日	明九・七・一五
明九	一八七六	七	一三	野辺地泊まり	東京日日	明九・七・一五

明九	一八七六	七	一四	青森着	東京日日	明九・七・一五
明九	一八七六	七	一五	練兵天覧・小学校臨幸	東京日日	明九・七・二四
明九	一八七六	七	二〇	横浜帰還	東京日日	明九・七・二二
明九	一八七六	七	二〇	東京着御	東京日日	明九・七・二二
明一〇	一八七七	一	二四	横浜出帆	東京日日	明一〇・一・二五
明一〇	一八七七	一	二五	鳥羽に碇泊	東京日日	明一〇・一・二七
明一〇	一八七七	一	二八	京都着	東京日日	明一〇・一・三一
明一〇	一八七七	一	二八	神戸着	東京日日	明一〇・一・二九
明一〇	一八七七	一	三〇	泉山孝明天皇陵にて大祭	東京日日	明一〇・二・一
明一〇	一八七七	一	三一	府庁、博物館行幸	東京日日	明一〇・二・五
明一〇	一八七七	二	一	中学校、女紅場行幸	東京日日	明一〇・二・七
明一〇	一八七七	二	二	東洞院集書院、勧業場、栽培試験所、織り場、舎密（化学）局	東京日日	明一〇・二・八
明一〇	一八七七	二	三	上下賀茂神社行幸	東京日日	明一〇・二・五
明一〇	一八七七	二	三	桂宮臨幸・能天覧	東京日日	明一〇・二・五
明一〇	一八七七	二	五	神戸の鉄道開業式行幸	東京日日	明一〇・二・一四
明一〇	一八七七	二	七	大和へ行幸出発	東京日日	明一〇・二・八
明一〇	一八七七	三	三一	大阪鎮台へ行幸	東京日日	明一〇・四・二
明一〇	一八七七	五	一七	京都出発	東京曙	明一〇・五・五
明一〇	一八七七	五	一九	木戸孝允見舞い	東京日日	明一〇・五・二一
明一〇	一八七七	六	一二	京都府博覧会へ行幸	東京日日	明一〇・六・一四
明一〇	一八七七	七	二八	神戸着・広島丸へ乗船	東京日日	明一〇・七・三〇

明一〇	一八七七	七	三〇	西京大和行幸から東京還幸	東京日日	明一〇・七・三一
明一〇	一八七七	八	二一	内国勧業博覧会開場臨幸	東京曙	明一〇・八・二二
明一〇	一八七七	一一	二	勲章の授与親臨	東京日日	明一〇・一一・五
明一一	一八七八	一	二四	駒場農学校へ臨幸	東京日日	明一一・一・二五
明一一	一八七八	三	四	全国の新聞雑誌を通覧	東京曙	明一一・三・四
明一一	一八七八	四	九	上野精養軒に臨幸	東京日日	明一一・四・九
明一一	一八七八	七	一〇	新軍艦扶養、金剛に臨幸	東京日日	明一一・七・一一
明一一	一八七八	七	一五	工部大学校親臨	東京日日	明一一・七・一六
明一二	一八七九	四	一〇	王子印刷局抄紙部行幸	東京曙	明一二・四・一一
明一二	一八七九	四	二二	東京大学医学部開業式臨御	東京日日	明一二・四・二三
明一二	一八七九	七	四	前米大統領グラントと引見	東京日日	明一二・七・七
明一二	一八七九	八	二五	上野公園臨幸	東京日日	明一二・八・二六
明一二	一八七九	一二	一二	光格天皇四〇年祭参拝	朝野	明一二・一二・九
明一二	一八七九	一二	二三	島津家犬追物天覧	東京日日	明一二・一二・二四
明一三	一八八〇	二	五	地方官会議臨席	東京日日	明一三・二・六
明一三	一八八〇	六	九	赤羽根工作分局行幸	東京日日	明一三・六・一一
明一三	一八八〇	六	一六	山梨、三重、京都巡幸出発	東京日日	明一三・六・一七
明一三	一八八〇	六	二〇	山梨県庁、裁判所、勧業場、製糸場巡覧	東京日日	明一三・六・二四
明一三	一八八〇	七	一六	京都後月輪御陵参拝	東京日日	明一三・七・二〇
明一三	一八八〇	七	一六	大仏妙法院へ臨幸	東京日日	明一三・七・二九
明一三	一八八〇	七	二三	東京へ	東京日日	明一三・七・二四
明一三	一八八〇	八	五	呉祥端の陶器を天覧	東京曙	明一三・八・五

明一三	一八八〇	一一	一八	青山御所の園会	東京日日	明一三・一一・一八
明一四	一八八一	三	一	内国勧業博覧会に親臨	東京日日	明一四・三・二
明一四	一八八一	八	一	埼玉へ到着	東京日日	明一四・八・一
明一四	一八八一	八	一九	盛岡へ到着	東京日日	明一四・九・七
明一四	一八八一	九	三	千歳、苫小牧、巡幸	東京曙	明一四・九・二六
明一四	一八八一	九	四	室蘭に到着	東京曙	明一四・九・二七
明一四	一八八一	一〇	一一	真駒内で屯田兵農業を視察	東京曙	明一四・九・二八
明一四	一八八一	一〇	一一	東京へ還幸	東京日日	明一四・一〇・一二
明一五	一八八二	一一	二八	近衛兵の検閲式天覧	時事	明一五・一一・二九
明一六	一八八三	二	二八	農業書に深い関心	東京日日	明一六・二・二八
明一六	一八八三	四	一六	近衛隊の運動会天覧	郵便報知	明一六・四・一七
明一六	一八八三	五	二六	農商務省に行啓	郵便報知	明一六・五・二六
明一六	一八八三	六	四	戸山学校競馬場で天覧競馬	東京日日	明一六・六・五
明一六	一八八三	六	九	興農競馬会社大競馬に臨幸	郵便報知	明一六・六・一一
明一六	一八八三	七	二七	日比谷練兵場、近衛兵除隊式	官報	明一六・七・二八
明一六	一八八三	一一	六	横浜競馬場へ行幸	東京日日	明一六・一一・七
明一七	一八八四	二	二四	相撲天覧	朝野	明一七・二・二四
明一七	一八八四	四	二	海軍のボート競漕会に臨席	東京日日	明一七・四・四
明一七	一八八四	六	一七	日本鉄道会社・上野高崎間開通式行幸	郵便報知	明一七・六・二六
明一七	一八八四	一一	一一	横浜大競馬に臨幸	時事	明一七・一一・一〇
明一八	一八八五	三	二四	福岡行幸	東京横浜毎日	明一八・三・二四
明一八	一八八五	七	七	高輪伊藤博文邸に臨幸	東京日日	明一八・七・八

明一八	一八八五	一〇	一九	山県有朋邸に臨幸	東京日日	明一八・一〇・二一
明一八	一八八五	一〇	二七	日比谷練兵場行幸・近衛歩兵に軍旗を親授	官報	明一八・一〇・二八
明一八	一八八五	一一	二七	黒田清隆邸行幸・相撲を天覧	東京日日	明一八・一一・二八
明一八	一八八五	一二	二六	有栖川宮邸へ行幸	東京日日	明一八・一二・二九
明一九	一八八六	七	九	利根川の巨大鉄橋、栗橋を天覧	東京日日	明一九・七・一三
明二〇	一八八七	一	三〇	孝明天皇御式年祭のため京都行幸	東京日日	明二〇・一・二六
明二〇	一八八七	二	一八	修学院離宮へ行幸	大阪日報	明二〇・二・二〇
明二〇	一八八七	二	二五	京都より還幸	東京日日	明二〇・二・二五
明二〇	一八八七	五	二五	日本赤十字社第一回総会に金五千円下賜	東京日日	明二〇・五・二七
明二〇	一八八七	一〇	一四	松方正義邸へ臨幸	東京日日	明二〇・一〇・一五
明二〇	一八八七	一〇	一四	徳川邸行幸、古式能天覧	めさまし	明二〇・一〇・一四
明二〇	一八八七	一一	一二	不忍池畔大競馬に臨幸	東京日日	明二〇・一一・一五
明二三	一八九〇	三	二八	陸海軍総合大演習統監	東京日日	明二三・三・二九
明二三	一八九〇	四	三	名古屋本願寺別院大夜会出席	毎日	明二三・四・八
明二三	一八九〇	四	九	疏水竣工式臨御	中外電報	明二三・四・一〇
明二三	一八九〇	四	一八	神戸の観艦式に出席	東京日日	明二三・四・二三
明二三	一八九〇	一一	一	大山巌別荘へ行啓	東京日日	明二三・一一・一
明二三	一八九〇	一一	二九	帝国議会開設親臨	東京日日	明二三・一一・三〇
明二四	一八九一	二	一〇	「節約を旨とする」記事	朝野	明二四・二・一〇
明二四	一八九一	二	一九	三条実美病床に臨幸	東京日日	明二四・二・一九
明二四	一八九一	五	一二	ロシア皇太子見舞い京都へ	東京日日	明二四・五・一二
明二四	一八九一	五	一四	病床のロシア皇太子を慰問	大阪毎日	明二四・五・一四

明二四	一八九一	五	一九	ロシア軍艦上でロシア皇太子と会食	東京日日	明二四・五・二〇
明二四	一八九一	一一	一六	池田章政邸へ行幸	官報	明二四・一一・一〇
明二五	一八九二	六	四	高輪の後藤邸へ行幸	東京日日	明二五・七・五
明二七	一八九四	三	九	大婚二十五年祝典挙行	時事	明二七・三・一〇
明二七	一八九四	九	一三	大元帥として広島へ進発	時事	明二七・九・一四
明二八	一八九五	五	七	大本営会議臨御	報知	明二八・五・八
明二八	一八九五	一二	一七	靖国神社臨時大祭参拝	時事	明二八・一二・一八
明二九	一八九六	一二	二二	東大行幸	東京日日	明二九・一二・二三
明三〇	一八九七	四	一七	京都行啓	官報	明三〇・四・一〇
明三一	一八九八	七	八	ロシアのキルリ殿下と対面	国民	明三一・七・一〇
明三二	一八九九	五	一〇	根岸競馬場にて競馬天覧	国民	明三二・五・一〇
明三二	一八九九	五	一〇	横浜に行幸	国民	明三二・五・一〇
明三三	一九〇〇	四	二九	紀淡海峡にて海軍大演習を親閲	時事	明三三・四・三〇
明三四	一九〇一	一一	六	宮城県下へ行幸	官報	明三四・一一・三
明三五	一九〇二	一一	七	熊本県下へ行幸	官報	明三五・一〇・三〇
明三六	一九〇三	一一	一二	舞子大本営に入る	東京朝日	明三六・一一・一三
明三七	一九〇四	七	一一	東大に行啓、御沙汰を賜る	官報	明三七・七・一二
明三九	一九〇六	四	三〇	凱旋の大観兵式挙行、臨御	東京朝日	明三九・四・三〇
明三九	一九〇六	一〇	一四	日露戦役凱旋奉告のため伊勢神宮へ行幸	東京日日	明三八・一一・一五
明四〇	一九〇七	一一	一四	陸軍特別大演習で茨城県へ行幸	官報	明四〇・一一・一一
明四一	一九〇八	一〇	二一	米司令長官ら参内、豊明殿で御陪食	国民	明四一・一〇・二一
明四一	一九〇八	一一	九	陸軍大演習、観艦式親閲のため関西へ	東京朝日	明四一・一一・一〇

明四三	一九一〇	七	八	前田利為邸へ行幸	東京朝日	明四三・七・九
明四五	一九一二	七	一〇	東大卒業式に行幸	東京朝日	明四五・七・一一
明四五	一九一二	七	三〇	明治天皇崩御	東京朝日	明四五・七・三〇

■資料4　明治年間の皇太后の行動に関する報道

〈行なわれた年月日〉				〈トピック〉	〈媒体〉	〈掲載日〉
明五	一八七二	三	二二	京都出発、東都行啓	日新真事誌	明五・四・二
明五	一八七二	六	五	隅田川遊覧	新聞雑誌	明五・六
明六	一八七三	三	三	黛・お歯黒廃止	東京日日	明六・三・七
明六	一八七三	三	七	蒲田梅林行啓	東京日日	明六・四・一八
明六	一八七三	六	一九	富岡製糸場行啓（予定）	郵便報知	明六・六・一五
明六	一八七三	一一	七	浜離宮行啓	新聞雑誌	明六・一一
明七	一八七四	一	二八	青山御所へ移転	東京日日	明七・一・三一
明八	一八七五	八	三	ご真影を京都へ	郵便報知	明八・八・一二
明一〇	一八七七	一	一一	西京へ出発	朝野	明一〇・一・一二
明一〇	一八七七	一	三〇	泉山孝明天皇陵にて大祭	東京日日	明一〇・二・一
明一〇	一八七七	二	三	桂宮臨幸、能天覧	東京日日	明一〇・二・五
明一〇	一八七七	二	九	女紅場行啓	郵便報知	明一〇・二・一六
明一〇	一八七七	五	二二	東京へ着御	東京日日	明一〇・五・二三
明一〇	一八七七	一一	二六	女子師範学校幼稚園に行啓	東京日日	明一〇・一一・二八
明一一	一八七八	二	二七	亀戸に行啓	東京曙	明一一・二・二八

明一二	一八七九	四	二〇	華族の女子に養蚕伝習の募集	朝野	明一二・四・二〇
明一二	一八七九	四	二〇	養蚕を華族の婦女子へ奨励	朝野	明一二・四・二〇
明一二	一八七九	五	一〇	青山御所養蚕所に養蚕司を招く	東京日日	明一二・四・一六
明一二	一八七九	五	一〇	茶摘み・田植えを御覧	東京日日	明一二・五・一〇
明一二	一八七九	一二	一二	光格天皇四〇年祭参拝	朝野	明一二・一二・九
明一四	一八八一	一〇	二六	新宿植物御苑内養蚕所行啓	いろは新聞	明一四・一〇・二六
明一七	一八八四	三	一	京都へ行啓	東京日日	明一七・二・二五
明一七	一八八四	三	二五	杉田梅林に行啓	東京日日	明一七・三・二五
明一八	一八八五	一一	一九	鹿鳴館行啓・婦人慈善会行啓	東京日日	明一八・一一・二〇
明二七	一八九四	二	一六	能保存のため五百円下賜	時事	明二七・二・一六
明二八	一八九五	三	一七	広島へ行啓	官報	明二八・三・一五
明二八	一八九五	三	一八	兵士に義足を下賜	毎日	明二八・三・二一
明三〇	一八九七	一	一一	皇太后崩御	官報	明三〇・一・一二

■資料5　明治年間の皇后の行動に関する報道

〈行なわれた年月日〉				〈トピック〉	〈媒体〉	〈掲載日〉
明二	一八六九	九		東京へ行啓（予定）	太政官日誌	明二・八・二四
明四	一八七一	二		東京城内吹上御苑にて蚕を飼う	新聞雑誌	明四・五
明四	一八七一	三		上州から女四人選び指導受ける	新聞雑誌	明四・五
明五	一八七二	六	五	隅田川遊覧	新聞雑誌	明五・六
明五	一八七二	六	一五	箱根温泉湯治	新聞雑誌	明五・六

明五	一八七二	七	二〇	箱根湯治	東京日日	明五・七・二〇
明六	一八七三	三	三	黛、お歯黒廃止	東京日日	明六・三・七
明六	一八七三	六	一九	富岡製糸場行啓（予定）	郵便報知	明六・六・一五
明六	一八七三	一〇	二三	下田歌子皇后宮に出仕	京都新聞	明六・一
明六	一八七三	一〇	二三	下田歌子皇后宮に出仕	郵便報知	明六・九・一三
明六	一八七三	一〇	二三	下田歌子皇后宮に出仕	新聞雑誌	明六・一二
明六	一八七三	一一	七	浜離宮行啓	新聞雑誌	明六・一一
明六	一八七三	一二	二九	開成学校行啓、女学校行啓	新聞雑誌	明六・一二
明八	一八七五	一	二二	種痘を清元佐登美太夫の子息から	読売	明八・一・二二
明八	一八七五	二	五	女子師範設立に手許金を下賜	読売	明八・二・五
明八	一八七五	八	三	ご真影を京都へ	郵便報知	明八・八・一二
明八	一八七五	一一	二九	東京女子師範学校開校式行啓	東京日日	明八・一二・二
明九	一八七六	五	五	静寛院邸で能を天覧	郵便報知	明九・五・六
明九	一八七六	五	九	上野公園開院式に臨御	東京曙	明九・五・一〇
明九	一八七六	一一	二一	西京へ出発	郵便報知	明九・一一・二一
明一〇	一八七七	一	三〇	泉山孝明天皇陵にて大祭	東京日日	明一〇・二・一
明一〇	一八七七	二	三	桂宮臨幸、能天覧	東京日日	明一〇・二・五
明一〇	一八七七	二	九	女紅場行啓	郵便報知	明一〇・二・一六
明一〇	一八七七	七	二八	神戸着、広島丸へ乗船	東京日日	明一〇・七・三〇
明一〇	一八七七	七	三〇	西京及び大和の国行幸から東京へ還幸	東京日日	明一〇・七・三一
明一〇	一八七七	七	三〇	西京大和の国行幸から東京へ還幸	東京曙	明一〇・七・三一
明一〇	一八七七	一一	二六	女子師範学校幼稚園に行啓	東京日日	明一〇・一一・二八

明一二	一八七九	三	一三	東京女子師範学校第一回卒業式行啓	朝野	明一二・三・一四
明一二	一八七九	三	一八	青山御所で養蚕	東京日日	明一二・三・二四
明一二	一八七九	五	一〇	青山御所養蚕所に養蚕司を招く	東京日日	明一二・四・一六
明一二	一八七九	五	一〇	茶摘み、田植えを御覧	東京日日	明一二・五・一〇
明一二	一八七九	一二	一二	光格天皇四〇年祭参拝	朝野	明一二・一二・九
明一三	一八八〇	四	二六	ドイツ皇后へ狆（洋犬）を贈呈	東京曙	明一三・四・二六
明一三	一八八〇	一一	一八	青山御所の園会	東京日日	明一三・一一・一八
明一四	一八八一	一〇	二六	新宿植物御苑内養蚕所行啓	いろは新聞	明一四・一〇・二六
明一五	一八八二	一	二	カルタ遊び	時事	明一五・一・二九
明一七	一八八四	三	二五	杉田梅林に行啓	東京日日	明一七・三・二五
明一七	一八八四	四	二	海軍のボート競漕会に臨席	東京日日	明一七・四・四
明一八	一八八五	一	二	皇后の思し召しにて華族女学校四谷仲町に開校予定	東京日日	明一八・一・二
明一八	一八八五	六	七	青山御所内に製糸所を設ける	東京日日	明一八・六・七
明一八	一八八五	一一	一三	華族女学校の開校式臨席	官報	明一八・一一・一四
明一八	一八八五	一一	一九	鹿鳴館行啓、婦人慈善会行啓	東京日日	明一八・一一・二〇
明二〇	一八八七	一	一七	女子の服装についての御思召書	朝野	明二〇・一・一九
明二〇	一八八七	一	三〇	孝明天皇御式年祭のため京都行幸	東京日日	明二〇・一・二六
明二〇	一八八七	二	二五	京都より還幸	東京日日	明二〇・二・二五
明二〇	一八八七	三	八	東京慈恵医院、皇后の監督下で運営	朝野	明二〇・三・八
明二〇	一八八七	三	二七	「金剛石」の歌を華族女学校へ下付	郵便報知	明二〇・三・二七
明二〇	一八八七	五	九	東京慈恵医院開業式、臨席	郵便報知	明二〇・五・一〇
明二〇	一八八七	五	二五	日本赤十字社第一回総会に金五千円下賜	東京日日	明二〇・五・二七

明二一	一八八八	一	二三	日本赤十字社行啓	官報	明二一・一・二五
明二一	一八八八	六	二一	日本赤十字社・第二回総会臨席	東京日日	明二一・六・二七
明二三	一八九〇	四	九	疎水竣工式臨御	中外電報	明二三・四・一〇
明二三	一八九〇	一一	一	大山巌別荘へ行啓	東京日日	明二三・一一・一
明二四	一八九一	五	四	菓子パン発明の瓜生岩子にお言葉	朝野	明二四・五・八
明二五	一八九二	五	一四	川上音二郎の芝居高覧、慈恵病院総集会	都	明二五・五・五
明二七	一八九四	三	九	大婚二十五年祝典挙行	時事	明二七・三・一〇
明三〇	一八九七	四	一七	京都行啓	官報	明三〇・四・一〇
明三七	一九〇四	六	二一	陸海軍負傷者に対し御手製の包帯下賜	東京朝日	明三七・六・二一
明三九	一九〇六	四	三〇	凱旋の大観兵式挙行、臨御	東京朝日	明三九・四・三〇
明四一	一九〇八	一〇	二一	米司令長官ら参内、豊明殿で御陪食	国民	明四一・一〇・二一
明四五	一九一二	七	二一	皇后陛下、徹夜で御看病	時事	明四五・七・二一

■資料6　天皇及び皇后・皇太后の行動（明治四五年まで）

●天皇

〈軍事〉――海軍、兵部省、軍艦、近衛兵引率、練兵、海軍始の式、習志野練兵、鎮台分営演習兵、大阪鎮台、大本営会議、満州軍総司令部凱旋、神戸港観艦式、飾隊行軍、近衛兵運動会、勲章授与式

〈産業〉――造船所、鉄道開通式、灯台、ガス灯、王子抄紙会社、勧業場、京都博覧会、内国勧業博覧会、製糸場、利根川鉄橋、栽培試験所、屯田兵農業、漁猟、裁判所、農商務省、地方官会議開院式、福島県庁、地方官会議、赤羽根工作分局、華族会館

〈教育〉――小学校、中学校、女紅場、開成学校、工部大学校、東京大学医学部開業式、駒場農学校、東京大学、東京大

学卒業式、美術展、博物館
〈**参拝**〉――伊勢神宮、靖国神社、招魂社、京都後月輪陵
〈**私邸**〉――三条邸、黒田邸、旧有栖川邸、岩倉邸、大久保邸、木戸邸、山県邸、伊藤邸、松方邸、徳川邸、池田邸、後藤邸、前田邸、島津家
〈**遊楽**〉――金星観測、隅田川、上野精養軒、犬追物見物、競馬、相撲、箱根温泉、白川旧城内、中尊寺、大仏妙法院、修学院離宮、浜離宮

●皇后及び皇太后
〈**看護・慰問**〉――婦人慈善会、種痘、東京慈恵医院開業式、日本赤十字社総会、兵士に義足下賜、負傷兵に手製包帯下賜、天皇の徹夜看病
〈**産業**〉――養蚕、富岡製糸場、青山養蚕所、新宿御苑内養蚕所、青山御所内製糸所
〈**教育**〉――開成学校、女学校、女子師範学校開校式、女紅場、女子師範学校幼稚園、女子師範学校卒業式、華族女学校開校式
〈**遊楽**〉――隅田川遊覧、箱根湯治、カルタ遊び、芝居、能保存、杉田梅林、茶摘み見物、田植え見物

●天皇・皇后・皇太后
〈**軍事**〉――海軍ボート競漕会、凱旋の大観兵式
〈**参拝**〉――泉山孝明天皇陵、光格天皇四十年祭、孝明天皇御式年祭
〈**式典**〉――上野公園開院式、疎水竣工式、大婚二十五年祝典
〈**遊楽**〉――蒲田梅林、御所園会、能、浜離宮

参考文献一覧

凡例

本一覧の構成は以下の通りである。

Ⅰ　同時代文献資料（各章別、年代順）

Ⅱ　編纂資料、事典、辞書

Ⅲ　単行書

Ⅳ　論文

Ⅴ　カタログ

なお、本一覧は論文執筆にあたって主に参照した同時代文献資料をあげているが、明治期に刊行された手芸テキストの一覧は「資料」に記載している。

Ⅰ　同時代文献資料

第1章

坂牧勇助「女子の実業教育」『日本之女学』第一七号、一八九九、一

――「女子の実業教育」『日本之女学』第一八号、一八九九、二

岸田俊子「祝詞」『女学雑誌』第一六三号、一八八九、五

下田歌子『泰西婦女風俗』一八九九

――『女子手芸要訣』博文館、一八九九

――『泰西所見　家庭教育』一九〇一

――『女子の技芸』冨山房、一九〇五
――『婦人常識の養成』実業之日本社　一九一〇
――『日本の女性』実業之日本社、一九一三

第2章

「蚕を養う」『新聞雑誌』一八七一・五
「青山御所で養蚕」『東京日日新聞』一八七九・三・二四
『朝野新聞』一八七九・四・二〇
「岩倉公、産業興隆に華族の発奮を説く」『朝野新聞』一八八〇・八・五
『いろは新聞』一八八一・一〇・二六
「富岡竹次郎が養蚕所教師に」『東京日日新聞』一八八三・一・一六
「富沢市太郎、養蚕改良を図る」『東京日日新聞』一八八三・一・二
福沢諭吉「士族の授産は養蚕製絲を第一とす」『福沢諭吉全集』第九巻、初出時事新報論集二、一八八三・九
「御養蚕」『女学新誌』二号、一八八四・七
「天鳶絨の織はじめ」『女学新誌』六号、一八八四・九
「御織物」『女学新誌』一一号、一八八四・一一
「皇后宮」『女学新誌』一二号、一八八四・一二
『東京日日新聞』一八八五・五・七
『東京日日新聞』一八八五・六・七
「養蚕女教師」『女学新誌』二三号、一八八五・六
「養蚕の心得」『日本之女学』第七号、一八八八・三
服部徹「女子社会の殖産事業」『日本之女学』第二五号、一八八九・九

伊藤武寿「衣縫孝女の伝を読みて所思を述ぶ」『女鑑』第一九号、一八九二・七
「家庭に於ける手工」『家庭雑誌』第二号、一八九二・一〇
「皇后宮陛下の御仁慈」『女鑑』第三二号、一八九三・一
三輪田眞佐子「うれしさのあまり」『女鑑』第三二号、一八九三・二
松琴生「絲ぐるま」『家庭雑誌』第五〇号、一八九五・三
「蚕業の歴史」『女鑑』一三年二四号、一九〇三・一二
「家庭科学　蚕の飼育法」『女鑑』一四年三号、一九〇四・二
「養蚕術」『家庭雑誌』第二七号、一八九四・四
「養蚕術」『家庭雑誌』第二八号、一八九四・四
「養蚕術」『家庭雑誌』第二九号、一八九四・五
「養蚕術」『家庭雑誌』第三〇号、一八九四・五
「養蚕術」『家庭雑誌』第三一号、一八九四・六
「養蚕術」『家庭雑誌』第三二号、一八九四・六
「養蚕術」『家庭雑誌』第三三号、一八九四・七
「養蚕術」『家庭雑誌』第三四号、一八九四・七
「養蚕術」『家庭雑誌』第三五号、一八九四・八
「少子部連蜾蠃」『日本の家庭』三巻四号、一九〇六・五
上田景二『照憲皇太后史』公益通信社、一九一四
『上毛新聞』一九二二・一二・一九
下田歌子「歴代皇后宮の御坤徳」『太陽』第二八巻八号、「皇室の光輝」一九二二・六
熱田梅子「紅葉山御養蚕所を拝して——光栄に感激しつつ——」『家庭』第四巻七号、一九三四・七
細井和喜蔵『女工哀史』岩波書店、一九五四

第3章

『日本之女学』第二〇号、一八八九・四
アーサー・マックウェル『手芸教育論』峯是三郎訳、金港堂、一八八九
ブュフネル・ルイゼ『女子之務』中川重麗訳、尚友社、一八八九
「発行の趣旨」『女鑑』第一号、一八九一・八
「女子教育の要旨」『女鑑』第三号、一八九一・一〇
前川弘一郎「女子宜しく徳本を養ふへし」『女鑑』第一二号、一八九二・四
「教育は人事の母なり」『女鑑』第二七号、一八九二・一一
三輪田眞佐子「女子要言」『女鑑』第二九号、一八九二・一二
「皇后陛下の御徳」『女鑑』第三四号、一八九三・三
須永金三郎『婦女手芸法』博文館、一八九三
「女子工芸奨励会」『女鑑』第五七号、一八九四・二
大橋柳湖生「裁縫の唱歌」『家庭雑誌』第七五号、一八九六・四
恕哉「家政と裁縫」『家庭雑誌』第七五号、一八九六・四
大橋柳湖「裁縫の唱歌」『家庭雑誌』第七五号、一八九六・四
「婦人の美術心」『家庭雑誌』第七五号、一八九六・四
「婦人手芸品博覧会の出品奨励」『女鑑』第一四八号、一八九八・一
「婦人手芸共進会」『女鑑』第一五二号、一八九八・三
下田歌子『女子手芸要訣』博文館、一八九九
橒渓道人編『裁縫と手芸』家庭全書第五篇、一八九九
河辺重臣「本分と技芸」『女鑑』第二〇九号、一九〇〇・七

梶田錠次郎「婦人と図案」『婦人界』第一巻第一号、一九〇二・七
鏑木かね子編『新撰女子の手芸』魚住書店、一九〇二
湯本武比古「女子と技芸教育」『女鑑』一三年六号、一九〇三・三
「美術と婦人」『女鑑』一三年七号、一九〇三・四
あや子「裁縫に就て」『女鑑』一三年八号、一九〇三・四
青木文造「女子の手芸に就き」『女鑑』一三年一八号、一九〇三・九
「淑女協会」『女鑑』一三年二二号、一九〇三・一一
東京女子手芸教育会編『高等女学校用造花手芸教科書』敬業社、一九〇三
東京女子手芸教育会編『女子造花手芸教本』目黒書店、一九〇四
山田興松『実用造花術指南』博文館、一九〇四
森村市右衛門「女子と実業」『女鑑』一五年五号、一九〇五・五
「東京裁縫女学校成績品展覧会」『女鑑』一五年五号、一九〇五・五
好学女史「共立女史職業学校」『女鑑』一五年一一号、一九〇五・一一
下田歌子「女子の美育」『女鑑』一五年一二号、一九〇五・一二
下田歌子『女子の技芸』冨山房、一九〇五
加藤弘之・中島徳蔵『明治女大学』一～四、大日本図書、一九〇五
「同人閑話　女子と美術教育」『光風』二年三号、一九〇六・六
岡本蝶子編『造花のおけいこ』造花研修会、一九〇八
たみ「主婦と手芸」『婦人之友』二巻一二号、一九〇九・一二
吉住春子『実用造花自在一名造花秘密の鍵』吉住商店、一九一一
嘉悦孝子『女四書詳解』尚文館、一九一一
藤井達吉「趣味と実用を兼ねた素人彫刻」『主婦之友』一九二一・一

藤井達吉「素人に出来る風雅な蒔絵式彫刻」『主婦之友』一九二一・二
藤井達吉「自分の趣味に生きる高雅な帯の刺繍」『主婦之友』一九二一・五
藤井達吉「素人にも出来る家庭図案」『主婦之友』一九二二・六
藤井達吉『家庭手芸品の製作法』主婦之友社、一九二三
藤井達吉『美術工芸の手ほどき』博文館、一九三〇

II　編纂資料、事典、辞書

『グランド現代百科事典』学習研究社、一九七二
『大日本百科事典』小学館、一九六九
明治ニュース事典編纂委員会編『明治ニュース事典』毎日コミュニケーションズ、一九八六
『皇室辞典』明玄書房、一九七六
『増補皇室辞典』冨山房、一九七九
『皇室辞典』東京堂出版、一九八〇
宮内庁『明治天皇紀』吉川弘文館、一九六八
歴史百科編集部『皇室の百科事典』新人物往来社、一九八八
『五十年史』跡見女学校、一九二五
『創立五〇年』東京女高師付属高女、一九三二
実践女子学園八十年史編纂委員会編『実践女子学園八十年史』実践女子学園、一九八一
青山学院編『青山学院九十年史』一九六五
青山さゆり会編『青山女学院史』一九七三
明治文化研究会編『明治文化全集』第二四巻文明開化篇、日本評論社、一九六七

松崎敏弥・小野満『日本の皇室事典』主婦の友社、一九八八
下川耿史『近代子ども史年表　一八六八―一九二六　明治・大正編』河出書房新社、二〇〇二
『養蚕秘録・蚕飼絹篩大成・蚕当計秘訣』日本農書全集三五、農山漁村文化協会、一九八一
故下田校長先生伝記編纂所編『下田歌子先生伝』大空社、一九八九
国立史料館編『明治開化期の錦絵』東京大学出版会、一九八九
高橋五郎『いろは辞典』一八八八、『明治期国語辞書大系』飛田良文他編、大空社、一九九七―一九九九
大槻文彦『日本辞書言海』一八八九―九一、『明治期国語辞書大系』飛田良文他編、大空社、一九九七―一九九九
山田美妙『日本大辞書』一八九二―九三、『明治期国語辞書大系』飛田良文他編、大空社、一九九七―一九九九
物集高見纂『日本大辞林』一八九四、『明治期国語辞書大系』飛田良文他編、大空社、一九九七―一九九九
藤井乙男、草野清民編『帝国大辞典』一八九六、『明治期国語辞書大系』飛田良文他編、大空社、一九九七―一九九九
林甕臣、棚橋一郎編『日本新辞林』一八九八、『明治期国語辞書大系』飛田良文他編、大空社、一九九七―一九九九
井上輝子・上野千鶴子・江原由美子・大沢真里・加納実紀代編『岩波　女性学事典』岩波書店、二〇〇二

Ⅲ　単行書

青山なを「福沢諭吉と女大学」『東京女子大論集Ⅳ』一九五六
飛鳥井雅道『明治大帝』筑摩書房、一九八九
荒木幹雄『日本蚕糸業発達とその基盤――養蚕農家経営――』ミネルヴァ書房、一九九六
フィリップ・アリエス『「子供」の誕生――アンシャン・レジーム期の子供と家族生活』杉山光信・杉山恵美子訳、みすず書房、一九八〇
飯塚信雄『手芸の文化史』文化出版局、一九八七
井川克彦『近代日本製糸業と繭生産』東京経済情報出版、一九九八

池田忍『日本絵画の女性像』筑摩書房、一九九八
石井寛治『日本蚕糸業史分析』東京大学出版会、一九七二
石川謙校訂『養生訓、和俗童子訓』岩波文庫、一九六一
出雲井晶『エピソードでつづる昭憲皇太后』錦正社、二〇〇一
伊田広行『性差別と資本制――シングル単位社会の提唱――』啓文社、一九九五
伊藤智夫『ものと人間の文化史　絹Ⅰ・Ⅱ』法政大学出版局、一九九二
絲屋寿雄『講座近代日本女性のあゆみ第一巻　明治維新と女性の夜明け』汐文社、一九七六
井上哲次郎『女大学の研究』東亜協会、一九一〇
井上輝子・上野千鶴子・江原由美子編『日本のフェミニズム三　性役割』岩波書店、一九九五
上野千鶴子『家父長制と資本制』岩波書店、一九九〇
――『ナショナリズムとジェンダー』青土社、一九九八
エンゲルス『家族・私有財産・国家の起源』戸原四郎訳、岩波書店、一九六五
アン・オークレー『家事の社会学』佐藤和枝・渡辺潤訳、松籟社、一九八〇
王家驊『日本の近代化と儒学』農山漁村文化協会、一九九八
大口勇次郎編『女の社会史』山川出版社、二〇〇一
大越愛子『近代日本のジェンダー　現代日本の思想的課題を問う』三一書房、一九九七
大森真紀『イギリス女性工場監督職の史的研究――性差と階級』慶応義塾大学出版会、二〇〇一
小河織衣『女子教育事始』丸善、一九九五
小田部雄次『四代の天皇と女性たち』文芸春秋、二〇〇二
小野二郎『ウィリアム・モリス研究』小野二郎著作集一、晶文社、一九八六
笠原一男編『日本女性史七　近代の女性群像』評論社、一九七三
片野真佐子『皇后の近代』講談社、二〇〇三

片山清一『明治三〇年代の女子教育論』一九七四
菊池城司『近代日本の教育機会と社会階層』東京大学出版会、二〇〇三
北澤憲昭『眼の神殿』美術出版社、一九八九
北澤憲昭・木下長宏・イザベル・シャリエ・山梨俊夫『美術のゆくえ、美術史の現在――日本・近代・美術』平凡社、一九九九
教育史編纂会『明治以降教育制度発達史』竜吟社、一九三八
W・E・グリフィス『ミカド』亀井俊介訳、岩波書店、一九九五
小山静子『良妻賢母という規範』勁草書房、一九九一
――『家庭の生成と女性の国民化』勁草書房、一九九九
――『子どもたちの近代　学校教育と家庭教育』吉川弘文館、二〇〇二
坂本太郎・家永三郎・井上光貞・大野晋校注『日本書紀　三』岩波書店、一九九四
佐藤道信『〈日本美術〉誕生　近代日本の「ことば」と戦略』講談社、一九九六
――『明治国家と近代美術――美の政治学――』吉川弘文館、一九九九
下川耿史編『近代子ども史年表　明治・大正編』河出書房新社、二〇〇二
下見隆雄『儒教社会と母性――母性の威力の観点でみる漢魏晋中国女性史』研文出版、一九九四
――『孝と母性のメカニズム――中国女性史の視座――』研文出版、一九九七
ジェーン・シュナイダー／アネット・B・ワイナー『布と人間』ドメス出版、一九九五
エドワード・ショーター『近代家族の形成』田中俊宏他訳、昭和堂、一九八七
私立東京裁縫女学校『東京裁縫女学校一覧』東京裁縫女学校出版部、一九〇九
ジョーン・W・スコット『ジェンダーと歴史学』荻野美穂訳、平凡社、一九九二
鈴木杜幾子、千野香織、馬渕明子編『美術とジェンダー　非対称の視線』ブリュッケ、一九九七
L・ストーン『家族・性・結婚の社会史』北本正章訳、勁草書房、一九九一

隅谷三喜男編著『日本職業訓練発達史』上、日本労働協会、一九七〇
大日本蚕糸会編『日本蚕糸業史』第二巻、一九三五
高木博志『近代天皇制の文化史的研究――天皇就任儀礼・年中行事・文化財』校倉書房、一九九七
たかせ　とよじ『官営富岡製糸所工女史料』たいまつ社、一九七九
高野俊『明治初期女児小学の研究――近代日本における女子教育の源流――』大月書店、二〇〇二
多木浩二『天皇の肖像』岩波書店、一九八八
玉川寛治『製糸工女と富国強兵の時代　生糸がささえた日本資本主義』新日本出版社、二〇〇二
マリアローザ・ダラ・コスタ『家事労働に賃金を――フェミニズムの新たな展望――』伊藤久美子・伊藤公雄訳、インパクト出版会、一九八六
オリーヴ・チェックランド『天皇と赤十字――日本の人道主義　〇〇年――』工藤教和訳、法政大学出版会、二〇〇二
津田茂麿『明治聖上と臣高行』一九二八
常見育男『家庭科教育史』光生館、一九五九
東京国立文化財研究所編『人の〈かたち〉人の〈からだ〉』平凡社、一九九四
ドロシー・トムプスン『階級・ジェンダー・ネイション――チャーティズムとアウトサイダー』古賀秀男・小関隆訳、ミネルヴァ書房、二〇〇一
中谷文美『「女の仕事」のエスノグラフィ　バリ島の布・儀礼・ジェンダー』世界思想社、二〇〇三
中村春作『江戸儒教と近代の「知」』ぺりかん社、二〇〇二
西川武臣『幕末・明治の国際市場と日本――生糸貿易と横浜――』雄山閣出版、一九九七
西川長夫・松宮秀治編『幕末明治期の国民国家形成と文化受容』新曜社、一九九五
西川祐子『近代国家と家族モデル』吉川弘文館、二〇〇〇
布目順郎『養蚕の起源と古代絹』雄山閣、一九七九
――――『絹の東伝――衣料の源流と変遷』小学館、一九八八

――『倭人の絹――弥生時代の織物文化』小学館、一九九五
花井信『製糸女工の教育史』大月書店、一九九九
ジューン・パーヴィス『ヴィクトリア時代の女性と教育――社会階級とジェンダー――』香川せつ子訳、ミネルヴァ書房、一九九九
ジュディス・バトラー『ジェンダー・トラブル――フェミニズムとアイデンティティの攪乱』竹村和子訳、青土社、一九九九
エリザベス・W・バーバー／中島健訳『女の仕事――織物から見た古代の生活文化――』青土社、一九九六
リンダ・バリー『ウィリアム・モリスのテキスタイル』多田稔・藤田治彦訳、岩崎美術社、一九八八
――『決定版　ウィリアム・モリス』多田稔監修、赤尾秀子・鈴木美幸・長門石幸子訳、河出書房新社、一九九八
樋田豊次郎『明治・大正期における図案集の研究――世紀末デザインの移植とその意味――』平成一一年度――平成一三年度科学研究費補助金基盤研究研究成果報告書、独立行政法人国立美術館東京国立近代美術館、二〇〇二
深谷昌志『良妻賢母主義の教育』黎明書房、一九九八
シュラミス・ファイアストーン『性の弁証法』林弘子訳、評論社、一九七二
パトリシア・フィスター『近世の女性画家たち――美術とジェンダー』思文閣出版、一九九四
パット・フェレロ、エレイン・ヘッジス、ジュリー・シルバー『ハーツ　アンド　ハンズ――アメリカ社会における女性とキルトの影響』小林恵・悦子・シガペナー訳、日本ヴォーグ社、一九九〇
T・フジタニ『天皇のページェント』米山リサ訳、日本放送出版協会、一九九四
J-L・フランドラン『性の歴史』宮原信訳、藤原書店、一九九二
堀井正子『近代文学にみる女と家と絹物語』オフィス・エム、一九九五
グリゼルダ・ポロック、ロジカ・パーカー『女・アート・イデオロギー』萩原弘子訳、新水社、一九九二
ジャン・マーシュ『ウィリアム・モリスの妻と娘』中山修一・小野康男・吉村健一訳、晶文社、一九九三
E・ホブズボウム／T・レンジャー編著『創られた伝統』前川啓治・梶原景昭他訳、紀伊国屋書店、一九九二

マリア・ミース、C・v・ヴェールホフ、V・B＝トムゼン編『世界システムと女性』古田睦美・善本裕子訳、藤原書店、一九九五
マリア・ミース『国際分業と女性――進行する主婦化』奥田暁了訳、日本経済評論社、一九九七
水谷千秋『謎の大王継体天皇』文芸春秋、二〇〇一
源了圓編『明治思想史』燈影舎、一九九九
ジュリエット・ミッチェル『精神分析と女の解放』上田昊訳、合同出版、一九七七
三好信浩『日本の女性と産業教育――近代産業社会における女性の役割』東信堂、二〇〇〇
ケイト・ミレット『性の政治学』藤枝澪子訳、ドメス出版、一九八五
村上重良『天皇の祭祀』岩波書店、一九七七
村上信彦『明治女性史　中巻後篇』理論社、一九七二
明治神宮編『昭憲皇太后さま』二〇〇〇
文部省教育調査部『高等女学校関係法令の沿革』一九四一
柳宗悦『工芸文化』岩波書店、一九八五
山崎純一『教育からみた中国女性史資料の研究――『女四書』と『新婦譜』三部書――』明治書院、一九八六
山崎朋子『アジア女性交流史　明治・大正期篇』筑摩書房、一九九五
山辺知行監修『明治の文様　染織』光琳社出版、一九七九
横田英『富岡日記』中公公論社、一九七八
吉見俊哉『博覧会の政治学――まなざしの近代』中央公論社、一九九二
吉村寅太郎『日本現時教育』一八九八
フェデリコ・ルイジーニ『女性の美と徳について』岡田温司・水野千依編訳、ありな書房、二〇〇〇
冷泉為人『瑞穂の国・日本』淡交社、一九九六
若桑みどり『薔薇のイコノロジー』青土社、一九八五

――『象徴としての女性像――ジェンダー史から見た家父長制社会における女性表象』筑摩書房、二〇〇〇
――『皇后の肖像――昭憲皇太后の表象と女性の国民化』筑摩書房、二〇〇一
脇田晴子編『母性を問う　下』人文書院、一九八五
私たちの歴史を綴る会編『婦人雑誌からみた一九三〇年代』同時代社、一九八七
Pen Dalton, *The Gendering of Art Education : Modernism, Art Education and Critical Feminism*, 2001.
Rozsika Parker, *THE SUBVERSIVE STITCH, Embroidery and the Making of the Feminine*, 1984, London.
Paola Gianturco, Toby Tuttle, *In Her Hands : Craftswomen Changing the World*, 2000, USA.
Barbara Burman, *The Culture of Sewing : Gender, Consumption and Home Dressmaking*, 1999, New York.
Judith Plaskow, Carol P. Christ, *Weaving the Visions : New Patterns in Feminist Spirituality*, 1989.
Davidoff, L. and Hall, C. (1987). *Family Fortunes, Men and Women of the English Middle Class 1780-1850*, London.

Ⅳ　論文

飯田晴康「室内装飾としての刺繍――一七世紀イギリスの場合――」『愛知大研究論集』二、一九八〇・一、三九―四四頁
――「愛の刺繍」『愛知大研究論集』三、一九八〇・三、六三―七二頁
――「キルトの歴史」『愛知大研究論集』六、一九八三・一〇、一五―四二頁
市川久美子「刺繍論――刺繍の体系についての――考察――」『文化女大研究紀要』二、一九七〇・一一、七〇―八一頁
板垣弘子「下田歌子著作題目一覧――『をんな』『なでしこ』『大和なでしこ』――」『実践国文学』三九、一九九一、一一―一五頁
――「下田歌子著作題目一覧（二）――『婦人世界』――」『実践国文学』四一、一九九二、七九―八八頁
井野瀬久美恵「表象の女性君主――ヴィクトリア女王を中心に」網野善彦、樺山紘一、宮田登、安丸良夫、山本幸司編

『天皇と王権を考える　七　ジェンダーと差別』岩波書店、二〇〇二
岩井忠熊「天皇祭祀と即位儀礼について」『日本史研究』一九八七・八
岩堀容子「明治中期欧化主義思想にみる主婦理想像の形成」『ジェンダーの日本史』下、東京大学出版会、一九九五
上野千鶴子「差異の政治学」井上俊、上野千鶴子、大沢真幸、見田宗介、吉見俊哉編『現代社会学　第一一巻　ジェンダーの社会学』岩波書店、一九九五
海野弘「明治のモダン・デザイン」山辺知行監修『明治の文様　染織』光琳社出版、一九七九、二一〇―二一二頁
江口玲子「日本刺繍の歩みについて」山陽学園研究論集一〇、一九七八・一二、一三―二八頁
大関啓子 "The "Hill Difficulty" —Women's Higher Education in England—"『実践女子大学文学部紀要』三五、一九九三・三
―――「『まよひなき道』――下田歌子　英国女子教育視察の軌跡――」『実践女子大学文学部紀要』三六、一九九四・三
大塚寿子「手芸に対する意識調査」『和洋女子大学紀要』二九、家政系編、一九八九・三、二三七―二四三頁
小木曽元子「帯の刺繍研究について」『共立女子大学紀要』（家政）一四、一九七一・二、六七―七五頁
―――「帯の刺繍研究について」『共立女子大学紀要』（家政）一五、一九七二・二、五八―六五頁
奥平志づ江「日本刺繍の歴史的考察」『文教大女研究紀要』一二、一九六九・一二、五三―五八頁
奥平志づ江／原ますみ「パッチワーク・キルトについて」文教大女家政研究一三、一九八一、一二一―一三二頁
奥武則「『国民国家』の中の女性――明治期を中心に――」『男と女の時空・近代』藤原書店、一九九五
長志珠絵「天子のジェンダー――近代天皇像にみる〝男らしさ〟――」西川祐子、荻野美穂編『男性論』人文書院、一九九九、二七五―二九六頁
何瑋「下田歌子の女子教育論とその活動――下層女子教育の視点をめぐって――」お茶の水女子大学修士論文、一九九七
上沼八郎「下田歌子と中国女子留学生――実践女子学校「中国留学生部」を中心として――」『実践女子大学文学部紀要』

二五、一九八三・三、六一―八九頁
河島一恵「生活のなかの手芸――二人の女性作家の人生と作品をとおして――」『共立女子大学家政学部紀要』四五、一九九九・三、八三―九〇頁
片野真佐子「近代皇后像の形成」富坂キリスト教センター編『近代天皇制の形成とキリスト教』新教出版社、一九九六、七九―一三二頁
――「初期愛国婦人会考――近代皇后像の形成によせて」大口勇次郎編『女の社会史』山川出版社、二〇〇一
――「近代皇后論」『天皇と王権を考える　第七巻　ジェンダーと差別』岩波書店、二〇〇二
神崎清『現代婦人伝』一九四〇年、中央公論社
神田美年子「手工レースについて」『相愛女研究論集』三-一、一九五六・三、一一九―一四三頁
北澤憲昭「工業・ナショナリズム・美術「美術」概念形成史素描」『学問のアルケオロジー』東京大学出版会、一九九七、二七二―二九二頁
小林昭子「手編み手芸について」大谷女紀要一三、一九七〇・三、一一三―一一八頁
近藤信彦「明治の染織文様」山辺知行監修『明治の文様　染織』光琳社出版、一九七九、二三三―二四九頁
桜井映乙子「近代学校成立期における手芸教育」和洋女子大学大学紀要一三、一九六七・一二、五一―六四頁
――「明治期女子中等学校における手芸教育の制度ならびに教材に関する研究」和洋女子大学大学紀要二一、一九七八・五、一―二〇頁
佐藤道信「明治美術と美術行政」『美術研究』二五〇、一四二
沢山美果子「近代日本における『母性』の強調とその意味」『女性と文化』白馬出版、一九七九
沢山美果子「近代的母親像の形成についての一考察」『歴史評論』第四四三号、一九八九
志村光広「モスリンと友禅染の出会い――明治期における羊毛工業の移植と捺染技術の導入」山辺知行監修『明治の文様　染織』光琳社出版、一九七九、二五〇―二五九頁
ショーウォーター「共通の糸」『姉妹の選択――アメリカ女性文学の伝統と変化』みすず書房、一九九六

白石和己「新しい工芸を求めて――大正時代の藤井達吉」『藤井達吉展――近代工芸の先駆者』カタログ、東京国立近代美術館、一九九六、一一頁
新城理恵「絹と皇后――中国の国家儀礼と養蚕」『天皇と王権を考える第三巻　生産と流通』岩波書店、二〇〇二、一四一―一六〇頁
関口すみ子「演説する女たち　その二――明治日本と「フォーセット夫人」」『未来』三九九、一九九九、一二
染野光美「日本刺繍の変遷」『戸板女研究集報』四、一九六一・一一、八九―一〇一頁
高木博志「明治維新と大嘗祭」『日本史研究』一九八七・八
高橋紘「創られた宮中祭祀」『昭和初期の天皇と宮中』第六巻、岩波書店、一九九四
高道清「日本刺繍――文献を辿って日本刺繍の歴史的探求」『釧路紀要』三、一九七五・一一、二七―三二頁
――「日本刺繍――文献を辿って日本刺繍の歴史的探求」『釧路紀要』四、一九七六・一一、二七―三二頁
――「日本刺繍――文献を辿って日本刺繍の歴史的探求」『釧路紀要』五、一九七八・三、三一―三六頁
谷本きよ「編み物の変遷について　史的一考察」『山脇学園紀要』二、一九六四・六、一四三―一五八頁
田母神礼子／畠山好子「レースについて手工レースの変遷」『三島学園女研究報告』一六、一九八〇・一二、六三―七五頁
寺井みつの「刺繍」『湊川女紀要』一、一九六七、三、三九―四〇頁
富樫慧子「レースの美学　服飾手芸に関する試論」『文化女大研究紀要』六、一九七五・一、三一―三八頁
内藤和美「日本社会のジェンダー差別の構造」『差別の社会理論』弘分堂、一九九六
中村その「手芸論」『相愛女研究論集』二‐二、一九五五・一二、九七―一一五頁
畑沢正子「日本刺繍の変遷」『聖霊女紀要』八、一九八〇・一二、一七―二三頁
福島邦道「下田歌子伝のために」『実践国文学』四四、一九九三・一〇、一二七―一三八頁
藤墳チエ「ロココ期の手芸について」『江南女紀要』七、一九七八・三、一一七―一二二頁
――「日本刺繍における仏教の影響について」『江南女紀要』七、一九七八・三、一一一―一一六頁
――「ルネサンス期よりバロック期に至る手芸の変移」『江南女紀要』八、一九七九・三、八一―八八頁

――「十二単の刺繍について」『江南女紀要』八、一九七九・三、七三―八〇頁
――「ゴシック期の刺繍」『江南女紀要』九、一九八〇・三、一二七―一三二頁
船崎恵美子「編み刺しの歴史と油彩刺画」『実践女評論』四、一九八一・二、六三―六九頁
――「学祖　下田歌子「香雪叢書」他にみられる家庭教育と女性の社会進出についての一考察」『実践女子短大評論』一五、一九九四・一
ノーマ・ブルード「ミリアム・シャピロとフィメージ」『美術とフェミニズム』パルコ出版局、一九八七
サリー・ヘイスティング「皇后の新しい衣服と日本女性、一八六八―一九一二」時実早苗訳『日米女性ジャーナル』二六号、一九九九、三―一四頁
牟田和恵「戦略としての女――明治・大正の「女の言説」を巡って」『思想』一九九二・二
「家族国家観とジェンダー秩序」網野善彦、樺山紘一、宮田登、安丸良夫、山本幸司編『天皇と王権を考える七　ジェンダーと差別』岩波書店、二〇〇二
山崎明子「明治国家における女性役割と「手芸」『女性の技芸と労働をめぐる性差構造――特に「紡ぐ女・織る女」のイメージとその意味について――』千葉大学社会文化科学研究科研究プロジェクト報告一、一九九八
山下雅子「下田歌子著「家庭文庫」に於ける『女子普通文典』について」『実践国文学』三〇、一九八六・一〇
――「下田歌子の歌集「雪の下草」及び「竹の若葉」について」『実践国文学』三六、一九八九、一三三―一三六頁
――「下田歌子の和歌についての一考察」『実践国文学』三九、一九九一、三―九頁
八束清貫「皇室祭祀百年史」『明治維新神道百年史』第一巻、一九六六、神道文化会
山村あい子「手芸指導の理念と実際」『共立女紀要（家政）』一四、一九七一・二、五八―六六頁
若桑みどり「女性と織り――労働における性的差異の構造」『女性の技芸と労働をめぐる性差構造――特に「紡ぐ女・織る女」のイメージとその意味について――』千葉大学社会文化科学研究科研究プロジェクト報告一、一九九八
Linda Nochlin, "Miriam Schapiro: Recent Work," Arts Magazine, 48. no. 2, November 1973, pp. 38-41.
Rachel Maines, "Fancywork: The Archaeology of Lives," The Feminist Art Journal, Winter 1974-75, pp. 1, 3.

Melissa Meyer and Miriam Schapiro, "Wast Not/Want Not: Femmage," Heresies: A feminist Publication on Art and Politics, no. 4. Winter 1978, pp. 66-69.

Patricia Mainardi, 'Quilts: The Great American Art', Feminist Art Journal, Winter 1973, p. 1.

V　カタログ

"IMAGING MEIJI, EMPEROR AND ERA 1868-1912" College, Philadelphia, Pennsylvania, 1997.

『イギリス工芸運動と濱田庄司展図録』萬木康博、長田謙一監修、イギリス工芸運動と濱田庄司展実行委員会、一九九七

『ウィリアム・モリス展カタログ』鈴木博之監修、ウィリアム　モリス展カタログ委員会、一九八九

『藤井達吉展――近代工芸の先駆者』カタログ、東京国立近代美術館、一九九六

『モダン・デザインの父　ウィリアム・モリス』内山武夫編集監修、ＮＨＫ大阪放送局、ＮＨＫきんきメディアプラン、一九九七

あとがき

本書は、二〇〇三年に私が千葉大学の社会文化科学研究科に提出した博士論文を加筆訂正したうえで、いくらかの問題を加えてまとめたものである。八年半にもおよぶ博士課程の期間、自分の思うままに女性と美術の問題を考え続けているうちに、行き着いたところが「手芸」であった。

手芸は、現在も広く一般的に親しまれている「趣味」（それが単なる「趣味」でないことは、本書を通じて繰り返し述べてきたが……）とみなされている。本書が論じている明治期から現在にいたるまで、手芸の制作者のほとんどは女性であり、知る限りの図像でも手芸をしているのは女性ばかりである。自分が手芸をするかどうか、好きか否か、得意か不得意か、こうした問いに対して女性の多くはなんらかの答えを用意しているのだが、男性の多くは自らを手芸をする主体としてこれらの問いと向き合うことはない。これは、手芸がジェンダーと不可分なものであり、女性性と深く結び付けられてきたためである。

手芸とは何であろうか。この研究のすべてはこの問いから始まったのだが、実のところ私が求める手芸の概念を説明した書物に出会うことはなかった。これは浅学ゆえかもしれないが、手芸を実際にしている人たちも「手芸とは何ぞや」という問いに答えられる人は少ないのではないだろうか。

そもそも、なぜ研究テーマが「手芸」なのか。美術史を学び近代史を学ぶ中で、圧倒的に女性のモノの作り手が少ないことに気づかされる。では女性がモノを作ってこなかったかといえば、そうではない。ほとんどの女性たちは裁縫をし、手芸をし、料理をし、養蚕もした。問題を美術に近づけるならば、女性たちは根付などの小さな彫り物を制作したし、絵も描いてきた。さらに、造花や刺繍や織物などの多くは女性の手によって作られてきた。きわめて美的な要素を持ち、装飾品や実用品として用いられるこれらの手芸品は女性によって作られながらも、「美術史」の中で「工芸品」として位置づけられることはほとんどなかった。一部染織品を除けば、無数の女性たちが作り出す手芸品は、美術でもなく工芸でもない。つまり乱暴な言い方をすれば、「美術」という価値の体系において「手芸」とは無価値なものと見なされてきたのである。

しかし、それでも多くの女性が手芸をし続けてきた。女性だけが手芸をし続けてきたのである。その背景には、本書で述べてきたように国家規模の奨励策があった。教育システムや大衆メディア、そしてそれらにメッセージを発していくイデオローグたちは、「女性は手芸をすべきである」と繰り返し述べてきた。そして、彼らは文化表象の中に女性と手芸を結びつける強い関係性を構築してきたのである。下田歌子も、皇后の養蚕も、教育もメディアも同様である。

なぜ、モノとしての価値がないにも拘わらず、執拗に女性に手芸を奨励し続けるのか。なぜ、あくまでアマチュアの制作者として作り続けなければならないのか、この不当で矛盾した構造を知りたいというのが、本書の始まりであった。

これだけ奨励されているにも拘わらず、手芸品はあくまで家庭において家族のために制作するものであり、経済的価値を生み出さないものと考えられてきた。この仕組みは現在まで続いている。一つの例をあげておこう。

現在、日本では大規模な手芸のイベントが年に数回開催されている。（もちろん小さな展示は数え切れないほど行なわれている。）どの程度の規模かといえば、屋内野球場や国際展示場を一週間程度貸し切りで、数百・数千点の手芸作品を展示するほどのもので、それはもはや美術団体の展示さえも及ばない規模のものである。これが、年に数回日本各地で行なわれ、常に来場者（ほとんどが女性）があふれ、美術館の特別展示並みの金額のチケットが購入され、メディアにも取り上げられている。

しかし奇妙なのは、そこに展示された作品のほとんどは、その場でもそして将来的にも売買の対象として作られていないだけでなく、展示する意図も売るためではないのである。出品者は、作品を出すにあたって安くない（もちろん価値観の違いはあろうが）料金を払い、展示してもらっている。来場者もまたお金を払って見に来る。展示場の周囲にはテナント料を支払って手芸店が出店を出し、来場者に手芸材料を売る。手芸店は当然、宣伝になり儲けがあるであろうが、出品者たちは、なぜその場に作品を展示するのであろうか、疑問を持たざるを得ない。こうした催しは、女性たちを徹底した消費者へと仕立て上げる格好の場となっている。彼女たちは、手芸の材料を購入し、お金を払って教室に通い、技術が向上したあかつきにはお金を払って作品を展示させてもらう。しかし、決して売らない。売れるものとは考えない。膨大な労力と時間と金銭を度外視して作り出された作品は、自分自身と家族のためにあるのである。さらに言えば、彼女たちはお金を払い続けながら手芸を続ける。つまり手芸とは「モノを作ること（生産）」ではなく、行為そのものが消費の連続なのである。

これらの問題を整理すると、第一に、手芸は美術の価値付けの外に置かれていること、第二に、女性たちは常に熱心に手芸をし続けてきたこと、第三に手芸は「ものづくり」でありながら経済的価値を決して生み出さないことであると言える。この究極の形が前述した手芸のイベントであり、この構造は明治以来着々と形成されてきたのである。

私は、手芸が経済的価値を産むものになればいいとか、美術品として扱われればいいといいたいのではない。美術や経済というシステムはジェンダーと不可分でありながら、徹底した女性に対する排除と無視によって不可視化されてしまった部分を持っている。手芸をめぐる構造は、美術と資本主義と家父長制という三つのシステムの交差する地点にぽっかりと空いた穴のようなもので、誰もが容認し、誰もが無視していられるようなトポスになっているのと思うのである。

その意味で、僭越ながら、私は本書を日本近代のジェンダー論として、また美術制度の問題として、そして女性労働の一つの問題として書いている。その論証が十分でないのは、ひとえに私の力不足であり、今後も謙虚に研究を続けていく所存である。


本書を書き上げるにあたってお世話になった多くの方々にお礼を申し上げたい。

千葉大学名誉教授・現川村女子学園大学教授の若桑みどり先生には、修士課程からの指導教官として本書の多くをご指導いただいた。先生は、十年以上にわたり私の不安定な研究生活を支えてくださり、本書の出版を一番喜んでくださるものと信じている。

東京農工大学附属繊維博物館助教授の田中絹代先生には、繊維博物館の収蔵の養蚕錦絵について多くのご配慮と拙論へのコメントをいただいた。

同じく千葉大学の池田忍先生、上村清雄先生、お茶の水女子大学ジェンダー研究センターの舘かおる先生、お名前をあげればきりがないが、多くの先生方のご指導の下、研究生活を続けてこられたことを深く感謝するとともに心からお礼申し上げたい。そして、千葉大学の美術史研究室、発表の場を与えていただいた学会研究会にも心からの感謝を述べたい。

また、東京農工大学工学部附属繊維博物館、早稲田大学附属図書館、東京家政学院大学附属図書館、千葉県立図書館、さらに女子美術大学同窓会には、図版史料の複写にあたって大変お世話になり、ここに各機関のご厚意に改めてお礼申し上げたい。

この拙い論文を出版する機会を与えてくださったのは世織書房の伊藤晶宣氏である。伊藤氏にお声をかけていただかなければ本書が活字になるにはもっと時間がかかったであろう。氏の数々のご配慮に深く感謝している。

そして最後に、本書のテーマと私を結びつけてくれた母と祖母。幼い頃から私の服を作り、世界に二つとないものを着せてくれた母。私の持ち物にいつも見事で愛らしい刺繍をほどこしてくれた祖母。母たちの手仕事への愛着とエネルギーに魅せられた私は、本書を書くうえで、決して「手芸」を批判するだけでは何も明らかにならないと自らを戒めてきたつもりである。創造することの喜びを最も豊かに知っている母たちに、これが決して批判の書ではなく、多くの女性たちの営みを見つめ直すものであることをわかってもらえることを心から願っている。

二〇〇五年八月十五日

著者

著者紹介

山崎明子（やまさき・あきこ）

1967年、京都府に生まれる。千葉大学社会文化科学研究科博士課程修了。博士（文学）。千葉大学非常勤講師、港区立男女平等参画センター非常勤専門員。専攻は、日本近代美術史、ジェンダー論。共著に『『青鞜』を読む』（學藝書林、1998年）、論文に「下田歌子の社会構想と手芸」（『女性学』12号 2005年）、"The National Encouragement of Handicrafts in the Meiji Period" (*Womanly Expertise : Women's Skills and the Modernization of Japan.* 科研費報告書、千葉大学、2005年）、「〈天狗煙草〉ポスターにみる女性の裸体表象」（『「たばこをめぐる女性」の表象』（財）たばこ総合研究センター・お茶の水女子大学ジェンダー研究センター、1997年）など。

近代日本の「手芸」とジェンダー

2005年10月15日　第1刷発行 ©

著　者	山崎明子
発行者	伊藤晶宣
発行所	（株）世織書房
組　版	（有）銀河
印　刷	（株）マチダ印刷
製本所	協栄製本（株）

〒224-0042　神奈川県横浜市西区戸部町7丁目240番地　文教堂ビル
電話045(317)3176　振替00250-2-18694

落丁本・乱丁本はお取替いたします　Printed in Japan
ISBN4-902163-22-5